FÉ& ESPERANÇA PARA CADA DIA

VERSÃO 2025

FÉ & ESPERANÇA PARA CADA DIA

FLAVIO **VALVASSOURA**

REFLEXÕES DIÁRIAS
PARA INSPIRAR SUA
JORNADA ESPIRITUAL

Fé e esperança para cada dia: reflexões diárias para inspirar sua jornada espiritual

1ª edição: Novembro 2024

Autor:
Flavio Valvassoura

Produção editorial:
Gisele Romão da Cruz

Preparação de texto:
Gisele Romão da Cruz, Allis, Amanda Santos, Bruna Gomes, Emanuelle Malecka, Francine Torres, Nilda Nunes, Renata Vaes

Revisão:
Gisele Romão da Cruz, Elaine Freddi, Emanuelle Malecka, Nilda Nunes, Sônia Lula

Projeto gráfico e diagramação:
Patrícia Lino

Capa:
Rafael Brum

Impressão:
Plena Print

DADOS INTERNACIONAIS DE CATALOGAÇÃO NA PUBLICAÇÃO (CIP)

Valvassoura, Flavio
Fé e esperança para cada dia : reflexões diárias para inspirar sua jornada espiritual / Flavio Valvassoura. – Porto Alegre : Citadel, 2024
416 p.

ISBN 978-65-5047-552-9

1. Devoções diárias 2. Vida cristã 3. Deus 4. Orações I. Título.

24-5374 CDD 242.2

Angélica Ilacqua - Bibliotecária - CRB-8/7057

Produção editorial e distribuição:

CITADEL Grupo Editorial

contato@citadel.com.br
www.citadel.com.br

Um novo ano cheio de fé e esperança!

Ao pensar sobre tudo aquilo de que precisamos como seres humanos, cheguei à conclusão de que fé e esperança nos são essenciais. Assim como você, enfrento dificuldades, temores, tentações e situações conflitantes com frequência, pois nossa condição de vida terrena nos deixa suscetíveis a tais intempéries. Apesar de não termos controle sobre a grande maioria das circunstâncias que acontecem conosco ou com aqueles a quem amamos, temos pleno poder sobre como será a nossa reação.

É para ajudar você a lidar diante das diversas situações do seu dia a dia que este livro foi concebido. Meu desejo é que este seja um meio pelo qual diariamente sua fé seja alavancada e sua esperança seja ampliada. Que você possa receber paz, sabedoria, discernimento e edificação para a sua vida e o seu lar.

Seja bem-vindo!

Flavio Valvassoura

Aproveite seu tempo devocional!

Para extrair o máximo potencial deste livro, tenho algumas sugestões.

1

Sempre que possível, faça seu devocional assim que acordar. Nesse período, a mente está mais tranquila e ainda não foi tomada por diversas informações, podendo, desse modo, absorver tudo aquilo com o qual você pode nutri-la para o dia todo. Assim como acontece com o alimento físico em relação ao corpo, o alimento espiritual garante a alma sã.

2

Deixe uma Bíblia física junto com seu livro. A Bíblia digital certamente existe para nossa edificação, mas também fica instalada em um aparelho que nos apresenta diversas distrações. Por esse motivo, usar uma impressa pode colaborar para que você consiga se concentrar sem devaneios.

3

Tenha caneta, lápis, marca-texto e outros itens decorativos dos quais gostar em mãos. Este livro foi preparado com espaço para você fazer suas anotações acerca das suas reflexões e dos seus aprendizados.

4

Indico que você comece com a leitura bíblica, siga para a reflexão e, em sequência, para a oração. Caso haja disponibilidade, um tempo de silêncio meditativo em solitude permitirá absorção maior de tudo que foi preparado em oração para o seu dia.

5

Leia sempre o texto indicado para o dia que marcar no calendário. Ainda que você não comece em 1º de janeiro, poderá ou ler o atual pela manhã e um anterior no final do dia, ou ler somente um por dia e finalizar no ano seguinte.

Em algumas páginas, você encontrará informações ou atividades adicionais. Espero que aproveite cada uma delas.

Nada será mais importante do que ter o coração disposto para ler, ouvir e obedecer ao que Deus falar diretamente ao seu coração.

Tenha uma boa jornada!

OPORTUNIDADE

JANEIRO

Meu planejamento

Meta

Plano

Leitura bíblica do livro

Atividade em família

Refeição especial

Avaliação alimentar

Tempo de qualidade com amigos

Um filme/série

Um livro/*podcast*

Um médico a agendar

Nota da minha saúde emocional

Atividade física pelo menos três vezes por semana

Participação semanal na comunidade espiritual

Ingestão diária de água

Gestão das finanças pessoais

LEITURA BÍBLICA
1Coríntios 1:5-7

01
JANEIRO

Um testemunho visível ao mundo

Começar um novo ano com jejum e oração não é uma mera prática religiosa ou um ritual vazio. Pelo contrário, é uma oportunidade concreta de crescimento espiritual. O processo de amadurecimento da vida cristã também está intimamente ligado ao hábito de buscar a Palavra de Deus, meditar em seus ensinamentos todos os dias e aplicá-los em nossa vida. Quando nos dedicamos a essas práticas, reconhecemos o poder que elas têm de operar uma mudança em nós e nos aproximar ainda mais de Deus.

Na luta contra as inclinações da carne, o jejum e a oração, aliados ao estudo da Palavra, são ferramentas poderosas que revelam a voz de Deus e nos ajudam a vencer as lutas do dia a dia. Quando ouvimos a voz de Deus e guardamos sua Palavra no coração, somos transformados e fortalecidos para resistir ao pecado.

Neste ano que se inicia, aceite o desafio de ser continuamente transformado pelo poder de Deus. Jejue, ore e busque a Palavra para que a vida de Cristo transborde em você, na sua maneira de pensar, agir e enxergar o mundo ao seu redor. Lembre-se de que você foi chamado para ser um testemunho visível da transformação que Deus opera em nós. Ofereça a Deus um coração dedicado e disposto a crescer espiritualmente, e ele certamente se alegrará.

Ore comigo

Senhor Deus, permita que minha vida transborde a transformação de Cristo e que eu seja um testemunho visível e verdadeiro da obra grandiosa que operaste em minha vida. Amém.

LEITURA BÍBLICA
João 8:11

De agora em diante

Não podemos voltar no tempo e apagar o passado. Muitas vezes remoemos os nossos erros, as coisas que dissemos, porém é impossível voltar atrás. Quando nos encontramos com Jesus, descobrimos que não é o nosso passado que precisa mudar, e sim quem somos e quem seremos. A decisão de seguir a Cristo deve produzir transformação de vida.

Algumas pessoas passam anos vivendo sob o peso da culpa e da vergonha do passado, mas Jesus já as libertou dessas coisas. Temos de encarar as nossas frustrações e os nossos erros como oportunidades para que Deus nos mostre que, com ele, a história muda. A partir do momento que decidimos andar com Cristo, precisamos deixar para trás o que passou e nos permitir ser transformados pela ação do Espírito Santo em nós. Como está escrito em Romanos 8:1: "Portanto, agora já não há condenação para os que estão em Cristo Jesus". Fomos libertos da condenação e da culpa do pecado, o que importa é como viveremos de agora em diante.

A história de João 8 nos mostra que não existe ninguém tão tomado pelo pecado que não possa ser salvo pela graça de Deus. Tampouco existe alguém tão corrompido que Jesus não possa transformar. Não somos merecedores do perdão, ainda assim, Deus nos perdoou. Éramos dignos de condenação, mas Jesus a tomou sobre si em nosso lugar. Assim como disse àquela mulher, ele nos diz: "Eu também não condeno [você]. Vá e, de agora em diante, abandone a sua vida de pecado".

Ore comigo

Senhor Deus, ajuda-me a viver uma vida transformada, uma vida distante do pecado e da culpa. Em nome de Jesus Cristo, amém.

Com Cristo no barco

Hoje o avanço da ciência permite que, na maioria das vezes, as tempestades sejam identificadas com antecedência, embora nem sempre seja possível calcular a força e a intensidade delas com precisão. Por outro lado, as tempestades da vida quase sempre nos surpreendem.

Quando menos esperamos, os ventos fortes sopram, a chuva cai e a água agita o nosso barco de um lado para o outro. Por isso, por mais que não possamos prevê-las ou evitá-las, podemos e devemos aprender a maneira correta de enfrentá-las.

O fato de a tempestade chegar não significa que Jesus nos abandonou ou não se importa conosco. Algumas pessoas se revoltam por pensarem que o Senhor não está com elas nesses momentos. Porém, se decidimos caminhar com Jesus, ele não nos abandonará quando o tempo difícil nos alcançar; pelo contrário, passará por ele ao nosso lado.

As tempestades servem para Deus provar e amadurecer a nossa fé. É muito fácil crer quando tudo vai bem. Quando os ventos contrários começam a soprar, nossa fé é colocada à prova. No entanto, se Jesus está conosco, não temos o que temer.

Talvez você esteja passando por uma tempestade neste momento. Pode até parecer que ela o derrubará, mas isso não acontecerá enquanto Jesus estiver no barco com você. Os ventos e as chuvas fortes não podem destruí-lo, pois o Senhor de toda a criação está ao seu lado e tem poder para acalmar a tempestade. Portanto, se Jesus é com você, não tema, pois tudo ficará bem. Confie!

Ore comigo

Senhor Jesus, eu creio em ti. Creio que tens o poder para acalmar a tempestade na minha vida e no meu interior! Amém.

LEITURA BÍBLICA
Atos 11:19

Uma igreja imparável em meio à perseguição

A igreja em Antioquia nasceu em um contexto desafiador. Após a morte de Estêvão, a perseguição contra os cristãos aumentou, espalhando os discípulos por diversas regiões. Em vez de recuarem, eles levaram as boas-novas do evangelho por onde quer que fossem. A perseguição não os silenciou; ao contrário, impulsionou-os a avançar com mais fervor. Em Antioquia, alguns discípulos judeus começaram a compartilhar o evangelho com os gentios, algo inovador e desafiador para a época, quebrando barreiras culturais e religiosas para tornar a mensagem de Jesus acessível a todos.

A igreja de Antioquia simboliza uma igreja imparável, que não se dobra diante das dificuldades. Aqueles discípulos entenderam que o evangelho não podia ser retido, mas devia ser espalhado, apesar das circunstâncias. A perseguição e as adversidades serviram de combustível para que o "ide" se cumprisse e o evangelho fosse levado para todas as criaturas, inclusive para os gentios. Essa ousadia resultou em grande impacto e crescimento espiritual; a perseguição foi vista como oportunidade para compartilhar a graça divina, e não como impedimento.

Hoje, enfrentamos dificuldades e desafios de diversas naturezas. Podemos sentir medo ou querer recuar, mas a história da igreja em Antioquia nos inspira a permanecer firmes e a confiar no poder de Deus. Que possamos ser como esses discípulos: corajosos e determinados a levar a Palavra a todos, confiantes de que Deus nos sustenta e nos fortalece.

Ore comigo

Senhor, dá-me coragem e força para ser Igreja, mesmo diante das perseguições e dificuldades. Amém.

A presença de Jesus em nossas conversas

No caminho de Emaús, dois discípulos estavam imersos em uma conversa cheia de tristeza e desânimo, sem perceber que Jesus caminhava ao lado deles. Muitas vezes, também nos envolvemos em conversas que refletem apenas preocupações, problemas e ansiedades, sem perceber que Cristo está ali, presente e ouvindo cada palavra.

Em momentos de dificuldade e angústia, é comum acreditarmos que estamos sozinhos tendemos a ser dominados pela desesperança. No entanto, a passagem de Lucas 24:13-35 nos mostra que Jesus está sempre conosco, pronto para transformar nossas conversas e nossas perspectivas. Ele não é um espectador distante, mas um companheiro que deseja participar de cada detalhe da nossa vida, basta percebermos sua doce presença.

Quando Jesus participa das nossas conversas, nos dá a oportunidade de desenvolver nova visão. O que antes parecia sem solução, passa a ser visto sob a ótica do cuidado do Senhor. Muitas vezes, assim como os discípulos, não reconhecemos a presença de Cristo ao nosso lado. Busquemos, pois, incluir nosso Mestre em cada momento, até mesmo numa simples conversa. A companhia do Senhor traz orientação e sabedoria para toda e qualquer circunstância de nossa vida.

Ore comigo

Senhor Jesus, sou grato por sempre estar ao meu lado, mesmo quando eu não percebo. Ajuda-me a reconhecer tua presença em cada momento da minha vida e permitir que o controle dos meus pensamentos e palavras esteja em tuas mãos. Que minhas conversas sejam sempre edificadas por tua sabedoria. Em teu nome eu oro, amém.

LEITURA BÍBLICA
João 20

Viva o plano de Deus

Muitas vezes, nos trancamos por dentro, impedidos de viver as promessas de Deus por medo e limitações autoimpostas. Assim como os discípulos, que se esconderam com as portas trancadas, somos nós que nos fechamos para os planos de Deus. Eles estavam assustados com as ameaças ao redor, mas esqueceram das promessas de Jesus. Quantas vezes não fazemos o mesmo? Permitimos que o medo, a dúvida e as ameaças espirituais nos limitem, nos levando a pensar que não há mais saída ou esperança.

Quando permitimos que o medo domine nossa vida, fechamos portas que nunca deveriam ter sido trancadas. Em vez de enfrentarmos nossos medos, preferimos nos confinar em um espaço seguro, mas falso. Essa é uma das táticas mais letais do inimigo: convencer-nos de que tudo o que Deus prometeu não se cumprirá.

No entanto, o texto de João 20 nos mostra que, mesmo com as portas fechadas, Jesus entra no meio deles e se manifesta, mostrando suas mãos feridas e seu lado perfurado, provando que o sacrifício já havia sido feito e que ele venceu a morte, e o medo dos discípulos é transformado em fé e esperança.

Jesus continua a nos encontrar em nossos momentos de maior fragilidade, nos chama para sair do confinamento e viver o plano que Deus tem para nós. Ele venceu a morte, e, com ele, somos mais do que vencedores.

Ore comigo

Senhor, muitas vezes, o medo e as dúvidas me paralisam e me impedem de viver tuas promessas. Hoje, porém, te peço que entres em meu coração, como fizeste com os discípulos, trazendo tua paz e me libertando de toda limitação. Em nome de Jesus, amém.

Louvor na adversidade

Você já enfrentou situações desesperadoras e ameaças, mesmo não tendo feito nada errado? Talvez esteja passando por isso agora, e a dor é intensa porque você sabe que está vivendo para Deus, como Paulo e Silas. Eles estavam obedecendo ao chamado divino, pregando o evangelho em Filipos, quando foram injustamente açoitados e presos. A situação era extrema e desfavorável, mas eles mantiveram a fé firme.

À meia-noite, muitos estavam desesperados, mas Paulo e Silas oravam e cantavam a Deus. Suas correntes não impediram seu louvor, sua fé trouxe a presença de Deus ao cárcere. E depois? Um terremoto. Cadeias se romperam, portas se abriram. O carcereiro desesperou-se, preparando-se para tirar a própria vida, mas Paulo lhe garantiu que todos estavam ali. O resultado foi que o carcereiro e toda a sua família foram salvos.

Nossa obediência em tempos difíceis é um poderoso testemunho de fé. Às vezes, as circunstâncias parecem insuportáveis, mas é nesse momento que nossa essência se revela. Deus permite situações difíceis para nos moldar e preparar para algo maior. Paulo e Silas eram livres no Senhor, mesmo estando na prisão.

Como você reage diante das dificuldades? Lembre-se de que Deus está sempre presente, mesmo em meio à escuridão. Louvar e orar trazem libertação a você e alcançam aqueles ao seu redor. Que sua fé brilhe em meio às trevas.

Ore comigo

Senhor, fortaleça a minha fé nos momentos difíceis. Que eu possa sempre te louvar, apesar das circunstâncias. Amém.

LEITURA BÍBLICA
Mateus 6:34

Vivendo a simplicidade do evangelho

A vida cristã pode parecer tão complexa que é comum nos sentirmos incapazes de compreendê-la e vivê-la em sua plenitude. Essa dificuldade geralmente resulta da maneira complicada como algumas pessoas insistem em expor as coisas de Deus. Na contramão dessa perspectiva, Jesus revelou a simplicidade do evangelho, ao compartilhar os princípios do reino por meio de uma linguagem simples e acessível a qualquer um que se dispusesse a ouvi-la.

O modo como Jesus promovia uma genuína identificação entre os ouvintes e o valioso ensinamento contido em sua mensagem nos deixam uma importante lição: sim, o evangelho é simples! E é justamente nessa simplicidade que encontramos os fundamentos indispensáveis para o dia a dia de uma vida cristã saudável.

Isso não significa que devemos adotar um estilo de vida espiritual insustentável, como se estivéssemos correndo uma maratona. Quando o ritmo estiver acelerado demais, lembre-se de que a vereda do justo é uma caminhada cuja intensidade dos passos aumenta a cada novo dia. Dê um passo de cada vez e leve em consideração o que Jesus nos ensinou: basta a cada dia o seu próprio mal. Assim, ao longo de sua jornada, não se apresse, mas preocupe-se em viver os fundamentos do evangelho no dia a dia para estabelecer um relacionamento cada vez mais profundo e íntimo com Deus. Simples assim.

Ore comigo

Senhor, ajuda-me viver a simplicidade do teu evangelho a cada dia. Ensina-me a perseverar em minha vida cristã de modo que eu tenha um relacionamento sincero e profundo contigo. Que eu ande na luz da tua verdade, crescendo na fé, um passo de cada vez. Amém.

Conduzidos por Deus

O ano começou agora, cheirando à novidade, ainda com muitos meses e dias à sua espera. E o que será que Deus espera de nós? Qual é a nossa parte quando estamos na presença de Jesus? Talvez você esteja buscando algo novo, um milagre. Quero ajudá-lo a enxergar o que pode ser o início de uma grande transformação em sua vida.

Para viver um ano de expansão, a primeira coisa que precisamos fazer na presença de Jesus é permitir que ele nos conduza. Por vezes, deixamos de viver o milagre porque ouvimos a Palavra, somos tocados e abençoados por ela, mas insistimos em permanecer na direção de nossa vida, sem deixar que Jesus a conduza.

Você já reparou que uma pessoa cega só se deixa conduzir por alguém que tenha sua confiança e permissão? Isso acontece porque ela não sabe qual direção seguir, o que a torna vulnerável a pessoas mal-intencionadas. Assim como o cego precisa confiar em seu condutor e permitir que ele o conduza, também somos convidados a confiar plenamente em Jesus e permitir que ele igualmente nos guie.

Podemos confiar plenamente em Jesus e em suas intenções espirituais, pois mais que qualquer outra pessoa, ele tem pensamentos de paz a nosso respeito e sabe exatamente para onde temos de ir. Acredite, vai valer a pena depositar toda nossa confiança em Cristo. Sem reservas, entregue a sua vida nas mãos do Senhor, confie nele e o todo o resto ele fará.

Ore comigo

Pai, eu confio em ti. Toma-me pela mão e conduza-me ao lugar de milagre que tens reservado para aqueles que confiam e esperam no Senhor. Amém.

LEITURA BÍBLICA
João 2:13-15

Restaurando o propósito do templo

Durante o ministério de Jesus, ele foi ao templo duas vezes para confrontar a corrupção que encontrou. Em João 2:13-15, no início do seu ministério, e novamente em Mateus 21:12-13, na semana de sua crucificação, Jesus expulsa os cambistas e os vendedores, mostrando que a casa de Deus tinha perdido seu propósito original.

Esta mensagem permanece importante para nós hoje. Jesus nos lembra que a essência do templo é a oração e a adoração, não a conveniência ou os interesses pessoais. A igreja — e cada um de nós como templos do Espírito Santo — deve ser um lugar onde a comunhão com Deus é a prioridade.

Todas as vezes que algo sai do seu devido lugar, seja na vida pessoal ou na igreja, normalmente é porque o fundamento da Palavra foi perdido. Uma vida ou uma igreja sem o alicerce das Escrituras entra em confusão espiritual, perdendo seus referenciais e seu propósito. Podemos até criar rituais, cenários e liturgias que parecem piedosos, mas se não estiverem ancorados na palavra de Deus, serão vazios e não agradarão ao Senhor.

Paulo nos lembra que somos o templo do Espírito Santo (1Coríntios 6:19), mas sem a centralidade das Escrituras, corremos o risco de nos afastar do verdadeiro alvo. Que possamos sempre retornar ao que "está escrito" como nossa direção segura. Precisamos, constantemente, retornar à palavra de Deus e à oração, que são a base da nossa fé.

Ore comigo

Senhor, ajuda-me a ser um templo puro e verdadeiro, onde o teu Espírito habita e onde a tua Palavra é central. Em nome de Jesus, amém.

LEITURA BÍBLICA
Mateus 15:28

11
JANEIRO

Perseverar diante do silêncio de Deus

Nesta passagem, uma mulher cananeia reconhece quem Jesus é e se dirige a ele da forma correta: "Senhor, Filho de Davi". Embora ela estivesse fora do povo de Israel, demonstrava grande entendimento da promessa messiânica. Ela venceu barreiras culturais, preconceito e até o silêncio de Deus.

Mesmo quando Jesus não respondeu inicialmente, essa mulher persistiu. Às vezes, nós também enfrentamos períodos de silêncio em nossas orações, quando parece que Deus não está ouvindo. No entanto, somos chamados a continuar crendo e buscando a Deus, mesmo quando não temos respostas imediatas.

Além do silêncio, essa mulher enfrentou o desprezo dos discípulos e um possível motivo para se sentir ofendida, quando Jesus comparou sua situação com a dos "cachorrinhos" que comem as migalhas caídas da mesa dos filhos. Mas ela, em humildade, aceitou sua posição e, com fé, respondeu que até as migalhas do poder de Deus seriam suficientes para trazer cura à sua filha.

Essa atitude de humildade e perseverança foi o que levou Jesus a reconhecer a grande fé daquela mulher e conceder-lhe o milagre. Sua fé nos ensina que Deus não despreza aqueles que, mesmo diante de barreiras e do silêncio, continuam a confiar ele.

A verdadeira fé se mantém firme mesmo diante dos obstáculos, mas quanto maiores eles forem, maior será a oportunidade de nossa fé crescer.

Ore comigo

Senhor, Filho de Davi, obrigado por me ensinar a perseverar, mesmo quando o silêncio parece ser a única resposta. Em nome de Jesus, amém.

LEITURA BÍBLICA
Jeremias 29:11

Há esperança no plano de Deus

Desde a queda do homem, o pecado se instalou no mundo e tem domínio sobre a carne, conduzindo nossas vontades. Assim, nascemos escravos das paixões, dos desejos e dos prazeres que dominam nosso coração. Muitos estão acorrentados, presos aos seus pecados, sem ver esperança de libertação. Deus, porém, nos traz uma palavra poderosa: há esperança!

Essa esperança vem do fato de que ele tem um plano de redenção. A única forma de viver um futuro de esperança é descobrir e seguir o plano de Deus para a nossa vida. Em Jeremias 29:11, o Senhor nos lembra: "Eu é que sei os pensamentos que tenho a vosso respeito, planos de paz e não de mal, para vos dar um futuro e uma esperança". Quando entregamos nossos caminhos a Deus, trocamos nossas incertezas e fraquezas por um futuro garantido e cheio de esperança.

Deus se importa com o seu clamor, vê suas lágrimas e promete que há um futuro de paz para você. Mesmo quando os outros desistem de nós, ou até nós mesmos, Deus nos diz: "Não chore mais. Há esperança para o seu futuro". Só ele tem o poder de transformar o impossível, vencer as batalhas que você não pode vencer e garantir que, em meio às dificuldades, você encontrará a vitória.

Ore comigo

Senhor, entrego meus planos, meus medos e minhas incertezas em tuas mãos. Acalma meu coração, enxuga minhas lágrimas e fortalece minha fé. Em nome de Jesus, amém.

LEITURA BÍBLICA
Salmos 121:1-2

13
JANEIRO

De onde vem o seu socorro?

Quando as crianças se machucam, têm alguma dificuldade ou precisam de ajuda, na maioria dos casos, elas procuram os pais. Desde pequenos, os filhos aprendem que podem confiar nos pais para intervir em situações que eles não conseguem resolver sozinhos. É por isso que os vemos correr para os braços da mãe quando caem ou procuram a presença reconfortante do pai quando estão com medo.

Esse princípio sobre o relacionamento entre pais e filhos tem muito a nos ensinar sobre a confiança em nosso Pai celestial. Se os pais terrenos, embora falhos, se dedicam a cuidar de seus filhos, quanto mais o nosso Pai perfeito se dedica a cuidar de nós. Ele nos envolve em seu abraço acolhedor, em sua presença reconfortante e responde ao nosso pedido de ajuda.

O verdadeiro socorro vem do Senhor, como lemos em Salmos 121. Muitos correm atrás de um milagre quando somente precisavam clamar a Deus e esperar nele.

O relacionamento entre pai e filho envolve confiança, dependência e vulnerabilidade. Temos em Deus aquele em quem podemos confiar em qualquer ocasião, aquele que não nos decepcionará ou falhará, aquele que está sempre disposto a nos ouvir e consolar, aquele cujos olhos estão sempre atentos em nós. Em momentos de dificuldade, descanse na certeza de que o seu socorro vem do Senhor. Ele é um Pai protetor e amoroso.

Ore comigo

Pai amado, eu preciso de ti! Ajuda-me a me apoiar na tua Palavra em momentos de dificuldade, para que eu me lembre da tua fidelidade e do teu amor. Em nome de Jesus, amém!

LEITURA BÍBLICA
Romanos 10:14-15

Cumprindo o ide

Existe um chamado comum para todos os discípulos, e foi o próprio Senhor Jesus quem nos comissionou: "[...] Vão pelo mundo todo e preguem o evangelho a todas as pessoas" (Marcos 16:15). Você não pode dizer que é um verdadeiro seguidor de Cristo se não obedece ao mandamento de se tornar um evangelista, se o seu coração não está cheio de amor e compaixão por aqueles que ainda não conhecem a verdade.

Para se tornar um evangelista, não é necessário fazer seminário teológico para anunciar as boas-novas. Todos nós somos chamados para pregar o evangelho. A nossa fé não pode se restringir às quatro paredes da igreja ou ao nosso momento particular de comunhão com Deus, porque o nosso Senhor nos chamou para ir além e torná-lo conhecido ao mundo.

Os verdadeiros discípulos estão empenhados em cumprir seu chamado e em contribuir para a frutificação da igreja. Eles se compadecem pelos que têm padecido sem conhecer a salvação, pelos que não ouviram falar da esperança da eternidade, pelos que não desfrutam de uma nova vida com Cristo.

A pregação do evangelho é uma consequência do nosso amor por Deus e pelo próximo. Por meio de palavras, gestos e do nosso testemunho, devemos pregar a todas as pessoas, em todos os lugares e situações. Se esse é um aspecto com o qual você tem dificuldade, peça a Deus que lhe dê ousadia e sabedoria. Que o Espírito Santo o encoraje e capacite a cumprir o seu chamado.

Ore comigo

Senhor, dá-me estratégias e ousadia para pregar o evangelho às pessoas com quem eu me encontrar. Em nome de Jesus, amém.

O caminho para a felicidade

Não existe verdadeira felicidade para aqueles que estão presos nas garras do pecado. Só Jesus pode trazer alegria genuína, pois ele é o único que tem o poder de perdoar pecados e transformar vidas.

Quando Cristo entra na vida de uma pessoa, ele limpa o coração, tira as amarras do pecado e traz uma nova perspectiva de vida. Ele nos chama a viver em pureza, nos afastando das trevas e caminhando na luz da sua verdade. Como igreja, somos chamados a ser a coluna e o baluarte da verdade, a proclamar o evangelho e a apontar para o único caminho de esperança: Jesus Cristo.

Como cristãos, somos chamados a sermos militantes na defesa da verdade, armados com a palavra de Deus. O mundo jaz no maligno, e muitas vezes nos pegamos valorizando coisas que ofendem o Senhor. Precisamos fazer uma autoanálise e pedir a graça de Deus para nos libertar das amarras do pecado.

É tempo de examinarmos nosso interior. Deus nos chama para vivermos em santidade, purificando nossas mãos e nosso coração.

Que hoje possamos nos comprometer a viver de acordo com os princípios do Reino, resistindo ao Diabo e buscando a santidade.

Ore comigo

Senhor Jesus, reconheço que somente tu podes trazer verdadeira felicidade e libertação do pecado. Que a tua luz brilhe em mim, para que eu possa ser um exemplo vivo do teu amor e da tua verdade. Em teu nome eu oro, amém.

LEITURA BÍBLICA
2Timóteo 1:7

Superando o medo que nos aprisiona

O medo é uma arma poderosa que pode aprisionar nosso coração e nos afastar de nossa verdadeira identidade em Deus. Esse medo, como vimos na história de Gideão, muitas vezes nos impede de viver o pleno propósito de Deus para a nossa vida.

Gideão era um homem marcado pelo medo, escondido, malhando trigo em um lagar, temendo os midianitas. Quando o anjo do Senhor apareceu para ele, sua primeira reação foi listar suas decepções e traumas. Ele questionou por que Deus havia permitido tanto sofrimento. Gideão havia perdido a esperança e sua perspectiva estava obscurecida pelo medo.

Da mesma forma, muitos de nós somos governados pelo medo. Crescemos ouvindo que não somos bons o suficiente, que falharemos, e, assim, o medo nos paralisa. Esse espírito de medo é uma arma do inimigo, destinada a nos impedir de viver o propósito que o Senhor tem para nós.

No entanto, a resposta de Deus a Gideão foi clara: "O Senhor está com você, poderoso guerreiro" (Juízes 6:12). Deus não nos vê como nossas circunstâncias nos definem, mas como ele nos criou para ser. Assim como Deus chamou Gideão de "guerreiro corajoso", ele também nos chama para sermos livres do medo e vivermos em vitória. A verdade de quem somos em Cristo é a chave para vencer as mentiras que o medo nos impõe.

Ore comigo

Senhor, obrigado porque em ti não há lugar para o medo. Que eu possa viver confiante, sabendo que o Senhor está comigo em todas as batalhas e reafirma em meu coração a identidade que tenho em Cristo. Em nome de Jesus, amém.

LEITURA BÍBLICA
Mateus 25:21

17
JANEIRO

Fidelidade no pouco para crescer no muito

A vida cristã é um constante chamado ao crescimento. Hebreus 6 nos alerta para a necessidade de deixarmos os ensinamentos básicos e buscarmos maturidade espiritual.

O desenvolvimento espiritual é semelhante ao crescimento em outras áreas da vida. Um estudante não pode permanecer para sempre nas lições básicas de leitura e escrita. Da mesma forma, na vida cristã, não podemos viver eternamente apenas com os ensinamentos iniciais. Precisamos avançar, aprendendo a ser fiéis nas pequenas coisas para que Deus nos confie coisas maiores. Jesus nos ensina isso claramente em Mateus 25: "Foste fiel no pouco, sobre o muito te colocarei". Quando recebemos um certo nível de conhecimento e pequenas coisas que, à primeira vista, parecem simples e básicas, devemos enxergá-las como sementes de crescimento espiritual. Essas verdades iniciais que Deus nos concede são fundamentais para que possamos construir uma vida de fé sólida.

Não há nada de errado em desejar o melhor que Deus tem para nós: crescer espiritualmente, ser fiel no básico e ansiar pelo melhor de Deus. Ele tem mais para nós, e esse "mais" é revelado à medida que seguimos em frente, nos aprofundando no seu propósito para a nossa vida.

Ore comigo

Senhor, que tudo o que eu fizer seja para a tua honra e glória, e que eu possa crescer em maturidade espiritual a cada passo.
Em nome de Jesus, amém.

LEITURA BÍBLICA
1João 1:9

Caminhando em obediência

A história de Acã, descrita em Josué 7, é um poderoso lembrete das consequências do pecado e da importância da obediência a Deus. Movido pela cobiça, Acã tomou para si aquilo que não lhe pertencia, desobedecendo às ordens divinas. Sua vida terminou em tragédia, e sua desobediência o impediu de experimentar as bênçãos prometidas a Israel. Mas, assim como Acã se apresentou diante de Josué, somos chamados a nos apresentar diante do nosso Senhor, Jesus Cristo, que é nosso verdadeiro Salvador.

Ao confessarmos nossas falhas, não encontramos condenação, mas misericórdia e perdão. É um convite para que possamos não apenas reconhecer nossos erros, mas também abandoná-los e buscar uma nova vida de obediência ao Senhor. Cristo pagou o preço por nossos pecados na cruz, e seu sangue nos purifica de toda a injustiça. A confissão é o caminho para a restauração.

Deus nos oferece uma jornada triunfante, uma vida que brilha como a luz da aurora. Cada dia é uma nova oportunidade de decidir andar na presença de Deus, viver em sua dependência e experimentar suas bênçãos.

Ao refletirmos sobre as escolhas que temos feito, devemos nos perguntar: "O que em minha vida pode estar me afastando da promessa maior, que é a vida eterna?" Que possamos ter a coragem de nos aproximar do altar de Deus, confessar nossas falhas e permitir que ele transforme nossa história.

Ore comigo

Senhor, diante de ti reconheço minhas falhas e as escolhas que tenho feito. Transforme minha vida, e que eu possa caminhar em retidão, glorificando o teu nome. Em nome de Jesus, amém.

LEITURA BÍBLICA
2Coríntios 1:9-11

19
JANEIRO

Onde está a sua confiança?

Em certas situações da vida, temos a sensação de que estamos encurralados. Olhamos ao redor e não vemos saída. Parece que tudo está perdido e que não há mais solução. No entanto, podemos encontrar orientações bíblicas que nos mostram como proceder em situações nas quais nos sentimos sem esperança.

Para sobreviver a esses tempos difíceis e sair deles mais fortalecidos em Deus, temos de entender que a fragilidade humana é real e não é confiável. Muitas vezes temos a sensação de que somos impotentes, e de fato somos. Precisamos, então, entender que as coisas não dependem única e exclusivamente da nossa própria força.

Devemos, sim, nos esforçar e fazer a nossa parte, mas é necessário entendermos que os nossos recursos são limitados. Há momentos na vida em que o nosso melhor ainda não é o suficiente. Temos de tirar a nossa confiança de nós mesmos e depositá-la em Deus, pois, embora sejamos limitados, ele não é.

As adversidades tendem a direcionar nossa atenção ao epicentro do problema. Olhamos para nós mesmos, para a nossa dificuldade, para a nossa dor, quando deveríamos, na verdade, olhar para o alto, de onde vem o socorro. Não podemos colocar nossa confiança e esperança em nós, na economia, nos familiares, na igreja ou em nada que provenha de homens. Se temos de confiar em algo, que seja na força e no poder do Senhor onipotente. Por mais que as dificuldades sejam grandes, o Deus a quem servimos é infinitamente maior.

Ore comigo

Senhor, tu és o Deus de toda provisão e o tens sido por toda a história. Eu decido hoje confiar em ti e no teu poder infalível. Amém.

LEITURA BÍBLICA
Marcos 6:35-44

Aprendendo a lidar com os problemas

Como você costuma lidar com os problemas que surgem? Algumas pessoas tendem a se esquivar das dificuldades, veem o problema e optam por não fazer parte da solução.

Em Marcos 6, vemos uma multidão reunida para ouvir os ensinos de Jesus. Conforme a noite se aproximava, os discípulos sugeriram que Jesus despedisse a multidão para que esta fosse comprar comida e descansar. É como se eles pensassem que cada um tinha de resolver o próprio problema, pois eles não tinham nada a ver com a fome daquelas pessoas

O que os discípulos não sabiam é que quem foge de problemas não vive milagre, pois as dificuldades são oportunidades de ter uma experiência sobrenatural com Deus. No versículo 37, encontramos outra forma de lidar com as adversidades: pensar que o dinheiro resolve tudo. O dinheiro pode, sim, ser uma bênção para ajudar a resolver alguns problemas, mas não podemos jamais depositar nele a nossa esperança. Aqueles que depositam sua confiança nos recursos materiais nunca viverão a experiência dos recursos celestiais.

O Senhor deseja que façamos parte da solução dos problemas e que contemplemos a manifestação de seu poder em situações que parecem estar perdidas, depositando nossa confiança naquele que tem poder para operar o impossível.

Ore comigo

Obrigado, meu Deus, por me dar a chance de contemplar o teu poder e de fazer parte daquilo que tens feito. Ajuda-me a enxergar um milagre diante dos problemas. Amém!

LEITURA BÍBLICA
Marcos 10:47

21
JANEIRO

A fé prática de Bartimeu

A história de Bartimeu, o cego que foi curado por Jesus, traz lições preciosas para quem enfrenta dilemas e situações aparentemente impossíveis de serem resolvidas. Se hoje você está diante de uma dificuldade, talvez a experiência de Bartimeu seja útil para você.

O primeiro passo de Bartimeu foi reconhecer que ele tinha uma necessidade. Muitas vezes, a solução para um problema só começa a aparecer quando admitimos que existe um problema. Assim, sua fé prática começou com o reconhecimento do seu estado. Da mesma forma, o primeiro passo para qualquer mudança em nossa vida é reconhecer onde estamos falhando ou precisando de ajuda.

Quando Bartimeu ouviu que Jesus estava passando, ele não hesitou em gritar por socorro, mesmo quando foi repreendido por outros. Isso nos ensina a não permitir que as circunstâncias ou opiniões alheias nos calem diante de Deus. Quando sabemos que Jesus é nossa solução, precisamos ser claros em nosso pedido, assim como Bartimeu foi.

Jesus perguntou: "O que queres que eu te faça?" E Bartimeu respondeu: "Mestre, eu quero ver" (Marcos 10:51). Sua fé não era complicada, era direta e objetiva. Da mesma forma, precisamos ser claros sobre nossas necessidades diante de Deus. Reconhecer o problema e pedir ajuda de forma direta é o início da solução.

Ore comigo

Senhor, obrigado pela tua presença em minha vida. Que eu não me deixe abater pelas circunstâncias, mas que, a cada dia, eu possa crer, cada vez mais, que tu és poderoso para suprir minhas necessidades. Em nome de Jesus, amém.

LEITURA BÍBLICA
2Coríntios 4:17

Fé na adversidade

As adversidades da vida são inevitáveis, mas a Palavra de Deus nos garante que elas não são em vão. O apóstolo Paulo, em sua segunda carta aos coríntios, nos lembra que as tribulações que enfrentamos, por mais difíceis que possam parecer, são momentâneas e produzem uma glória eterna em nós. O propósito de Deus é nos transformar e, muitas vezes, ele usa as lutas e os desafios da vida como ferramentas de crescimento e edificação espiritual.

Muitas vezes, queremos fugir das situações difíceis e pedimos a Deus que as retire do nosso caminho. Mas o Senhor, em sua infinita sabedoria, permite que certas aflições aconteçam para que possamos amadurecer e nos aproximar mais dele. Pois é no tempo de dificuldade que somos lembrados de nossa completa dependência de Deus.

Quando nossas forças se esgotam, quando não vemos saída, é o momento em que mais nos voltamos para o Senhor e buscamos direção. Paulo diz ainda, em sua carta aos Coríntios: "Minha graça é suficiente para você, pois o meu poder se aperfeiçoa na fraqueza" (cf. 2Coríntios 12:9). É em nossa fraqueza que o poder de Deus se manifesta de maneira mais plena.

Deus está trabalhando em algo maior em sua vida. A dor e o sofrimento que você enfrenta agora estão produzindo em você uma fé mais forte. Cada lágrima, cada oração silenciosa, cada clamor a Deus vale a pena. Ele é fiel para transformar as adversidades em bênçãos.

Ore comigo

Senhor Deus, ajuda-me a enxergar além da dor momentânea e a confiar plenamente em ti. Aumenta a minha fé e ajuda-me a crer que a tua graça é suficiente em minha vida. Em nome de Jesus eu oro, amém.

LEITURA BÍBLICA
Romanos 6:23

23
JANEIRO

O engano do pecado

O pecado, muitas vezes, entra na vida de alguém de forma sorrateira, mas, com o tempo, ele revela seu poder destrutivo. No caso do homem gadareno, relatado em Marcos 5, vemos como o pecado e a opressão demoníaca destruíram sua vida por completo. O ambiente no qual ele habitava refletia a condição de sua alma: ele estava espiritualmente morto, cercado pela escuridão e pelo desespero.

O homem gadareno é um exemplo claro de como o pecado e a ação maligna podem devastar uma vida. Seu comportamento agressivo, autodestrutivo e sua morada entre os mortos são símbolos da morte espiritual que o dominava.

Essa passagem nos alerta para o poder corrosivo do pecado. Ele não é algo com o qual podemos brincar ou minimizar. O pecado separa-nos de Deus, de nós mesmos e das pessoas que amamos.

No entanto, a boa notícia é que Jesus tem o poder de quebrar as correntes do pecado e da opressão. Quando ninguém mais podia ajudar o homem gadareno, Jesus o libertou. Que possamos refletir sobre as áreas de nossa vida que precisam da libertação de Jesus. Assim como o gadareno foi restaurado, podemos experimentar a transformação completa que Jesus oferece.

Ore comigo

Senhor, reconheço o poder destrutivo do pecado em minha vida e em meu coração. Perdoa-me por todas as vezes que dei espaço ao mal e perdi o controle das minhas decisões. Em nome de Jesus, amém.

LEITURA BÍBLICA
Gálatas 5:16

Viva pelo Espírito

O apóstolo Paulo apresenta à igreja da Galácia uma fórmula infalível para viver uma vida agradável a Deus: "[...] vivam pelo Espírito, e de modo nenhum satisfarão os desejos da carne" (Gálatas 5:16). A nossa natureza é pecaminosa, ou seja, nossas vontades e desejos estão inclinados para o pecado. Naturalmente entregues a nós mesmos, estamos fadados à autodestruição. A Bíblia diz que o salário do pecado é a morte (cf. Romanos 6:23), e não podemos sair dessa condição senão pelo sacrifício de Jesus Cristo em nós e pela ação do Espírito Santo de Deus.

A carne é usada para retratar nossa humanidade caída, o velho eu, que, de tempos em tempos, dá as caras de novo. Às vezes ficamos até assustados com algumas das nossas falas, ações e pensamentos. Sentimos vergonha do que fizemos ou dissemos em um momento de raiva, insatisfação ou mágoa. É nessas horas que percebemos que dependemos do Espírito, pois não podemos agradar a Deus sozinhos.

Desse modo, para deixar de satisfazer os desejos da carne, para sair do domínio que ela exerce sobre nós, temos de entregar o domínio da nossa vida para o Espírito, pela fé em Jesus e em seu sacrifício na cruz. Contrário ao desejo da carne, o Espírito Santo deseja satisfazer a vontade do Pai, que é sempre boa, perfeita e agradável (cf. Romanos 12:2). Deus nos chamou para viver uma vida de santidade, e não podemos alcançá-la se não formos conduzidos pelo Espírito Santo. Essa é a vida que agrada a Deus.

Ore comigo

Faz a tua obra em mim, Espírito Santo! Transforma-me e capacita-me a viver de maneira agradável a Deus. Em nome de Jesus Cristo, amém.

Livre acesso

O Diabo é mestre em falsificar a verdade e desviar-nos do caminho correto. No entanto, quando a verdade de Deus nos é revelada, nossos olhos se abrem e somos transformados.

A Bíblia, como revelação do plano de Deus para a humanidade, é uma fonte inesgotável de encorajamento. Talvez você esteja se sentindo desmotivado, cansado ou até mesmo sobrecarregado com os desafios da vida. Mas saiba que, assim como os discípulos do passado enfrentaram insultos e sofrimentos, eles também encontraram em Deus uma força renovada para seguir adiante.

O autor de Hebreus nos dá uma orientação clara: “Vocês precisam perseverar” (Hebreus 10:36). Desistir não é uma opção. Como podemos perseverar? A resposta está no próprio texto bíblico: “Aproximemo-nos de Deus com um coração sincero e em plena certeza de fé” (Hebreus 10:22).

Quando a caminhada se torna difícil, devemos correr para a presença de Deus. Se o fardo estiver pesado, se a jornada estiver cansativa, vá até Jesus. Ele é aquele que nos sustenta, nos fortalece e nos renova.

Portanto, não desanime. Use o acesso que você tem a Deus e busque a força que só ele pode oferecer.

Lembre-se: Jesus está com você em cada passo, sustentando-o em cada desafio. Persevere e confie.

Ore comigo

Senhor, em meio às minhas lutas e ao cansaço, eu corro para os teus braços. Que eu nunca esqueça que em ti encontro refúgio e descanso. Em nome de Jesus, amém.

LEITURA BÍBLICA
1Reis 18:30

Restauração do altar em nossa vida

A vida de Elias nos dá uma poderosa demonstração de fé e persistência. O povo de Israel havia se afastado do Senhor. Após um longo período de seca, o profeta recebe uma mensagem de esperança: a chuva está a caminho. Elias busca a Deus em oração, subindo ao monte Carmelo para clamar por sua intervenção. Ele se dirige ao povo, pedindo que se aproxime dele e, assim, inicia o processo de reconciliação com Deus.

A insistência de Elias em enviar seu servo sete vezes ao mar é um emblema da perseverança que devemos ter em oração. Mesmo diante da ausência de sinais, Elias não desistiu; ele sabia que a resposta viria. E, quando finalmente o servo trouxe a notícia de uma nuvem pequena, como a palma de uma mão, Elias soube que a grande bênção iria chegar. Assim como ele, somos desafiados a crer, mesmo quando as circunstâncias parecem desfavoráveis.

Às vezes, nos esquecemos de buscar a presença do Senhor através da oração, da meditação na Palavra e da adoração a Deus. Elias, em sua fé, não hesita em clamar ao Senhor, preparando um altar e oferecendo um sacrifício.

Assim como Elias, somos chamados a restaurar nosso altar: aproximar-se de Deus, abrir nosso coração e permitir que ele opere em nossa vida. É nesse espaço que encontramos renovação, restauração e milagres.

Ore comigo

Senhor, hoje venho a ti pedindo que me ajudes a restaurar o meu altar. Que a tua presença me envolva e que eu possa ver a tua glória sendo revelada. Em nome de Jesus, amém.

Permanecendo na videira verdadeira

Jesus nos lembra, por meio da metáfora da videira, que nossa vida espiritual depende da nossa permanência nele. A verdadeira fonte de vida, poder e propósito é o próprio Cristo. Qualquer outra fonte, seja ela a religião, tradições ou filosofias humanas, são videiras falsas que não podem nos nutrir e nos fazer crescer espiritualmente.

Jesus enfatiza: "Permaneçam em mim". Essa permanência implica em uma vida de obediência, devoção e intimidade com ele. Ao permanecermos nele, somos podados para dar mais frutos. Isso glorifica o Pai e mostra que somos verdadeiros discípulos.

Para os discípulos da época, essa afirmação era um desafio, já que em breve Jesus não estaria mais presente fisicamente. Ainda assim, ele os conforta com a promessa do Espírito Santo, Aquele que traria poder e entendimento. Isso se estende a nós ainda hoje, pois o mesmo Espírito habita em cada um dos que creem. Ele é quem nos capacita a viver de modo que o nome de Jesus seja glorificado em tudo o que fazemos.

Hoje, muitos são tentados a buscar sentido em "outras videiras" — seja no sucesso, no reconhecimento ou nas ideologias. Mas somente em Cristo encontramos a verdadeira vida. Como discípulos, precisamos confiar e permanecer nele, permitindo que suas palavras moldem nossa vida, nossas decisões e nossa caminhada de fé.

Ao permanecermos nele, descobrimos que somente em Cristo encontramos verdadeira vida e propósito.

Ore comigo

Senhor Jesus, obrigado por ser a videira verdadeira. Que a minha vida esteja seja ligada a ti e traga glória ao teu nome. Em teu nome eu oro, amém.

LEITURA BÍBLICA
Colossenses 1:3-8

A Igreja de Cristo

Em algumas partes do mundo, tem havido um crescimento no número de igrejas, o que indica uma expansão do evangelho. Por outra lado, Europa e Estados Unidos infelizmente têm experimentado um declínio nesse número. Diante dessas estatísticas, é comum nos perguntarmos como uma igreja pode corresponder ao padrão de Deus neste mundo caído.

A igreja de Colosso nasceu em um cenário de paganismo e secularismo, porém, a vida das pessoas começou a ser transformada pela influência da igreja. O apóstolo Paulo, ao se dirigir aos colossenses, elogiou algumas características daquela igreja, e podemos aprender muito com elas.

O primeiro princípio que temos de levar em consideração é o compromisso com a pregação do evangelho puro. Uma igreja que não prega e anuncia o evangelho enfraquece cada vez mais. A igreja forte e saudável, por sua vez, cresce, frutifica e produz discípulos saudáveis.

Outra característica importante da Igreja de Cristo é a centralidade de sua fé. A igreja é uma comunidade de fé em uma mesma pessoa, Jesus. Quando ela deixa de crer, orar e confiar em Deus, deixa de viver os propósitos e desígnios dele. Uma igreja precisa ter confiança de que Jesus continua a operar grandes coisas.

Por fim, a igreja firmada em Deus não é somente aquela cujo pilar é o evangelho, não é somente uma igreja de fé fervorosa. Uma igreja fortalecida chora com os que choram, se alegra com os que se alegram e estende a mão aos necessitados.

Ore comigo

Senhor, graças te dou por poder fazer parte do teu corpo, a igreja. Ajuda-me a permanecer firme na pregação do evangelho, na fé e no amor. Amém.

LEITURA BÍBLICA
1Pedro 1:13-14

29 JANEIRO

Mente preparada

Em sua primeira carta, Pedro descreve o padrão de vida espiritual que Deus espera de nós. Então, ele fornece passos práticos para que alcancemos esse modo de viver. Ele inicia o versículo 13 desta forma: "Portanto, estejam com a mente preparada, prontos para agir [...]". Aqui, torna-se claro que a intenção do apóstolo era nos mostrar que a vida de santidade começa na nossa maneira de pensar.

A preparação da mente vem daquilo com que a alimentamos. Temos de alimentá-la com as coisas do alto, o que vem de Deus. Portanto, o que deve ocupar a nossa mente é a Palavra, de modo que o nosso coração se encha de esperança, como o apóstolo Pedro escreveu na sequência: "[...] mantenham-se alertas e ponham toda a esperança na graça que será dada a vocês quando Jesus Cristo for revelado". Um discípulo de Deus precisa entender com clareza o que edifica e o que polui a sua mente. Se nossa mente estiver firmada na esperança da graça vindoura, estaremos mais preparados para viver de maneira que agrade a Deus.

No versículo 14, Pedro orientou: "Como filhos obedientes, não se deixem moldar pelos maus desejos de antes, quando viviam na ignorância". Os valores, princípios e prazeres deste mundo não podem mais ocupar a nossa mente, uma vez que optamos por uma vida de santidade. Assim, precisamos nos afastar do antigo modo de vida e viver segundo o padrão de Deus.

Ore comigo

Senhor, conforma a minha mente à tua vontade e santifica cada um dos meus pensamentos. Em nome de Jesus, amém.

Em ação e em verdade

Uma das características mais perceptíveis de Jesus no decorrer de sua vida e ministério é a compaixão (cf. Mateus 9:36, 14:14, 15:32, 20:34; Lucas 7:13, 19:41-42). Como seguidores de Cristo, temos de buscar uma vida cada vez mais semelhante à dele, isto é, desenvolver em nós um caráter e um estilo de vida como os do Mestre.

Infelizmente, temos visto um mundo cada vez mais insensível e inerte quanto à dor e ao sofrimento dos outros. Muitas pessoas permanecem apáticas ainda que o próximo esteja enlutado, ferido, enfermo, perdido, desolado. Não se comovem, tampouco levantam um dedo para ajudar.

No entanto, o caráter de Cristo nos ensina que não podemos ser indiferentes. Precisamos sentir a dor do outro como se fosse nossa e, a partir disso, agir em favor do próximo. O apóstolo Tiago nos ensina que a verdadeira religião é socorrer os órfãos e as viúvas em meio ao sofrimento (cf. Tiago 1:27).

Como poderíamos dizer que amamos a Deus e amamos o próximo se não nos sensibilizamos com os que sofrem, não estendemos a mão para ajudar os necessitados e não intervimos pelos injustiçados? A compaixão é uma consequência do amor, é uma das maneiras pelas quais refletimos que não pertencemos a este mundo frio e indolente. Como está escrito em 1João 3:18, que o nosso amor não seja "da boca para fora, mas em ação e em verdade". Portanto, que o nosso modo de viver seja coerente com aquilo em que cremos.

Ore comigo

Senhor, torna-me sensível e compassivo com relação à dor do meu próximo. Que eu possa refletir o teu amor em todas as coisas. Em nome de Jesus, amém.

LEITURA BÍBLICA
Salmos 128:1-2

31
JANEIRO

Os frutos da obediência

O temor ao Senhor e a obediência aos seus caminhos são fontes de verdadeira felicidade e prosperidade. Assim como Salomão foi encorajado por Davi a trabalhar com dedicação e compromisso para a obra do Senhor (cf. 1Crônicas 22), também somos chamados a servir a Deus e a viver conforme seus princípios. Ele nos promete que, ao andar segundo seus caminhos, veremos o fruto do nosso trabalho e seremos recompensados com paz e alegria.

Isso não significa apenas prosperidade material, mas uma prosperidade completa, que envolve paz, alegria e contentamento em todas as áreas. Podemos estar certos de que ele vê o nosso esforço e transforma em bênçãos duradouras.

Além disso, o fruto do trabalho com Deus impacta não apenas a nossa vida, mas também a das pessoas ao nosso redor. Quando testemunhamos a bondade de Deus no servir, refletimos seu amor e cuidado, mostrando que o sucesso genuíno é aquele que está fundamentado em Sua graça e verdade. Assim, cada ação nossa pode se tornar um testemunho vivo da bondade do Senhor.

Ao entregarmos nossa vida e nossos esforços ao Senhor, confiamos de forma plena que ele transformará cada esforço em bênçãos sem medidas.

Ore comigo

Amado Deus, que eu possa honrar o teu nome com o trabalho das minhas mãos e sentir a alegria de servir em tua obra em todo momento. Ajuda-me a testemunhar a tua bondade todos os dias. Em nome de Jesus, amém.

ESPERANÇA

FEVEREIRO

Meu planejamento

Meta

Plano

Leitura bíblica do livro

Atividade em família

Refeição especial

Avaliação alimentar

Tempo de qualidade com amigos

Um filme/série

Um livro/*podcast*

Um médico a agendar

Nota da minha saúde emocional

Atividade física pelo menos três vezes por semana

Participação semanal na comunidade espiritual

Ingestão diária de água

Gestão das finanças pessoais

O preço da ignorância

A vida com Deus é uma jornada. Quando dizemos sim ao seu convite de vida eterna, passamos a caminhar na estrada que nos leva até ele e, como diz a Palavra em Oseias 6:3, passamos a ter como alvo conhecê-lo e prosseguir conhecendo-o mais e mais. O trajeto trará à nossa alma alguns questionamentos, e, muitas vezes, desejaremos explicações até mesmo para o que é inexplicável.

O fato é que não teremos resposta para todas as coisas, e haverá momentos em que só nos restará confiar na graça e na soberania de Deus. Não há problema em questionar. O Senhor não se incomoda quando fazemos perguntas, pois deseja que todos alcancem o conhecimento. Aliás, uma das coisas mais perigosas é a ignorância, no sentido literal de seu significado: falta de conhecimento. Enquanto o conhecimento liberta, o preço da ignorância é a escravidão!

Ainda que te tirem bens e riquezas, o que uma vez foi aprendido, jamais pode ser roubado. Porém, de tudo o que podemos saber, o conhecimento sobre quem é Deus, é o mais importante.

Por mais que nossa mente humana não seja capaz de compreender todas as coisas, a falta deste conhecimento específico nos levará ao sofrimento. Por não querer que soframos na jornada, Deus nos promete auxílio, transformando nossa mente e nosso coração. Não perca a chance de, ainda hoje, receber tamanha riqueza que é o conhecimento de Deus. Quem o conhece sabe o quanto vale a pena crer!

Ore comigo

Senhor, eu te agradeço por se fazer tão acessível a mim. Obrigado por me ajudar na jornada que é te conhecer. Ajuda-me a saber cada dia mais quem tu és. Em nome de Jesus. Amém!

LEITURA BÍBLICA
João 2:10

O Deus fiel

Quantas vezes nós, mesmo conhecendo as histórias relatadas na Bíblia, duvidamos que os mesmos feitos milagrosos podem nos alcançar? O tempo se mostra implacável, as objeções dos que nos querem mal nos desanimam e parece que a única coisa que nos resta é enterrar nossos sonhos e promessas.

A leitura de hoje nos fala do primeiro milagre realizado por Jesus e em como é dele o poder de pegar histórias com capítulos tristes, aparentemente sem solução, e dar um final feliz. Jó 42:2 relata com propriedade como isso foi feito em sua vida — um homem comum, como todos nós — e de como nenhum dos planos do Senhor pode ser frustrado.

É quando nos deparamos com situações adversas, em que a solução parece impossível, que precisamos nos lembrar da fidelidade de Deus. Não há o que ele já tenha dito que não vá se cumprir. Foi assim com José, com Lázaro e com os amigos de Daniel na fornalha. Todos estes, e tantos outros, conhecidos por um milagre que só surgiu ao se depararem com um cenário de impossibilidade.

O que Deus falou irá se cumprir. Todas as promessas, uma a uma, ganharão vida, pois as tentativas contrárias é que serão frustradas, os planos de Deus, não! Portanto, não desista dos sonhos que um dia o Senhor te entregou. Aquele que prometeu é fiel para cumprir!

Ore comigo

Senhor, perdoe a minha incredulidade. Neste dia, eu decido agir como os fiéis de outrora e crer na tua soberania e poder. O Senhor não é como o homem que mente ou se arrepende, tu és fiel. Assim creio, em nome de Jesus. Amém!

LEITURA BÍBLICA
1Pedro 2:9

03
FEVEREIRO

O poder da Palavra

O conhecimento da Palavra de Deus é essencial àquele que busca conhecê-lo. Foi justamente por isso que o Senhor a deixou para nós. Um livro capaz de nos revelar quem Deus é e, também, revelar quem somos nele. Jesus é o verbo vivo que desceu do céu. Ele é a Palavra; o cumprimento de todas as promessas. Ele é a vida — aliás, o caminho, a verdade e a vida. Nele cremos e existimos e, sem ele, nada do que existe se fez.

Conhecer a Palavra vai além de conhecer a letra ou ter versos decorados. Jesus a deixou para nós como uma bússola para nos guiar no caminho e a um futuro eterno com ele. Sem ela, nos perderemos, seremos enganados e pereceremos. A Palavra nos diz, em João 8:21, que a verdade é capaz de nos libertar e o oposto disso é que, enquanto não a conhecermos, estaremos presos.

É a Palavra que decide quem eu sou e o meu propósito, não o mundo ou as circunstâncias. Quem olha para você e para as suas lutas não consegue identificar aquilo que Deus já disse a seu respeito e tudo o que ele ainda fará para glória de seu nome.

Você pertence a Deus e existe para anunciar as grandezas daquele que te chamou das trevas para a luz! Pareça, prossiga crendo na Palavra e na unção liberada a seu respeito. Conheça a Palavra e o Deus da Palavra! Só assim, deixará de ser refém das mentiras do Diabo e provará do futuro seguro, de paz e bem que Deus já preparou para você.

Ore comigo

Senhor, a tua Palavra é a verdade. Ensina-me os teus caminhos e revela-me seus pensamentos sobre mim. Quero contar ao mundo as suas boas notícias, pois só nelas há verdadeira liberdade. Em nome de Jesus, Amém!

LEITURA BÍBLICA
Eclesiastes 3:1

O bom uso do tempo

O mundo anda com pressa. As vinte e quatro horas de um dia parecem não ser mais suficientes, e de Natal a Natal, quase não percebemos os dias passarem. Existe uma urgência e a ordem é para que as coisas aconteçam mais rapidamente. Por quê?

A Palavra de Deus é sábia em nos ensinar sobre o tempo. Deus, em sua perfeita onisciência, nos alertou que dias como esses chegariam, mas também nos ensinou que, em vez da pressa, poderíamos optar pelo bom uso do tempo. Passado, presente e futuro estão diante dele; o seu tempo não é como o nosso. Nada é desperdiçado, e o Senhor não está atrasado!

Em nossa leitura do dia, entendemos a soberania divina e nela podemos descansar, afinal, para todas as coisas existe um tempo. Não é preciso preocupar-se, tampouco render-se à ansiedade. O Pai cuida de nós! Antes, podemos aproveitar os dias vendo nelas a oportunidade de crescer em seu amor e comunicá-lo aos perdidos.

Existe uma mensagem que está aquém do tempo, uma mensagem eterna que aguarda por ser propagada: a mensagem de um Deus que amou o mundo e que a todos quer salvar. Mas como crerão se não há quem pregue?

Há tempo para todas as coisas, mas todo o tempo é tempo para o amor. Jamais perderemos nosso tempo se o gastarmos em favor da causa de Cristo. Ele nos chama para isso, a fazer bom uso do tempo que nos dá, todos os dias, desde o levantar até o nosso deitar.

Ore comigo

Senhor, obrigado por mais este dia de vida. Ajuda-me a fazer bom uso do tempo que me deste e a não viver ansioso, pois os dias são maus. Confio em teu amor e quero viver para ti. Em nome de Jesus, amém!

Vivendo uma vida salva

A nossa salvação nos é garantida pela fé. Ao crermos em Jesus e em um futuro eterno com ele, somos salvos e passamos a viver uma nova vida que carrega em si a transformação do nosso proceder. Se houve uma conversão genuína, é impossível seguir a mesma rota; o caminho, inevitavelmente, será outro.

A leitura de hoje nos traz a importância de um comportamento diferenciado e nos esclarece que, mesmo vivendo aqui nesta terra, tudo o que um discípulo de Jesus faz é um serviço a Deus. Muito embora tenhamos que prestar conta a homens, a intenção do nosso coração deve ter o Senhor como alvo central.

Nisso podemos compreender a necessidade — e porque não dizer convocação — de a igreja ser Igreja tanto da porta para dentro quanto da porta para fora. O apóstolo Paulo deixa claro, em suas cartas, as instruções de um novo proceder, pautado no verdadeiro evangelho, visando, principalmente, a transformação do modo de vida.

Uma vez conhecedores da verdade, não mais apenas cremos; vivemos como quem crê. Isso incute em nós, homens e mulheres nascidos de novo, um proceder alinhado com o propósito de Deus, pois só assim seremos Igreja de verdade. Só assim iremos refletir a glória de Deus, a fim de que o mundo reconheça que só Jesus Cristo é o Senhor.

Ore comigo

Senhor, sei que és um Deus que se importa e me ama. Não quero mais viver uma vida de acordo com os padrões do mundo. Antes, desejo viver uma vida digna, que agrade ao Senhor e traga glória ao nome de Jesus Cristo. Amém!

LEITURA BÍBLICA
Atos 2:47

O bom proceder

No princípio da Igreja, conhecida também como a Igreja Primitiva, vemos um povo que, além de cheios da presença e do poder de Deus, tinha um modo de vida bem característico. Os discípulos da época destacavam-se dos demais pelo seu proceder, baseado, sobretudo, no amor.

Isso não deveria mudar. Ser um discípulo de verdade é pensar além de si próprio; é pensar nos outros e, principalmente, na propagação do evangelho. É por isso que tantas vezes somos alertados na Palavra a sermos sábios, principalmente, com os de fora.

É através da sabedoria de Deus que seremos agentes de transformação na sociedade que vivemos. Por meio da oração adquirimos sabedoria do alto e, assim, partindo de um lugar de discernimento, o Espírito nos guia em tudo o que devemos fazer ou dizer.

Muitos são os que não se unem à Igreja por causa da igreja e não se rendem ao evangelho por conta de seus representantes. Nós somos chamados a viver conforme disse Jesus, como sal e luz, sendo agradáveis e úteis ao Reino de Deus.

Viver tudo isso dentro da nossa comunidade de fé é bom, mas não é o suficiente. Para ser mais claro, não é nem o que somos chamados a fazer. Não haverá sentido se nosso proceder não ganhar as ruas da cidade!

Ore comigo

Senhor, ajude-me a proceder de maneira adequada, refletindo quem tu és. Que a minha vida seja um testemunho agradável aos de fora, inspirando-os a buscarem a verdadeira vida que só é possível em ti. Assim oro, no precioso nome de Jesus. Amém!

LEITURA BÍBLICA
1Tessalonicenses 5:17

07
FEVEREIRO

Botão de emergência?

Os benefícios da oração já não são mais um segredo. Recentemente, a própria medicina reconheceu o quanto a prática auxilia, inclusive, na saúde do cérebro humano. Porém, é importante salientar que a oração é muito mais que um botão de emergência.

Apesar de ser o principal recurso nos momentos de incerteza, preocupação e medo, a oração não serve só para isso. Ela é o ponto central da vida dos discípulos de Deus. É impossível viver uma vida com Deus sem orar! O apóstolo Paulo, em sua primeira carta aos Tessalonicenses, instrui: "Nunca parem de orar", e essa é a forma que devemos fazer uso da oração: em todo o tempo. Nossa força só vem de uma vida de oração contínua, isso porque orar é estar conectado com Deus.

A oração vai além de uma sessão de lamúrias, e de maneira nenhuma é para fazer com que Deus veja as coisas do nosso jeito, mas para que vejamos as coisas do jeito de Deus. É através da oração que vamos compreendendo seus planos e, pouco a pouco, tendo os nossos corações alinhados ao dele.

Isso não precisa ser apenas uma obrigação, mas algo leve e prazeroso, afinal, trata-se de uma conversa com Deus, um relacionamento e não um discurso. É nesses momentos que sou amado e fortalecido. Percebendo a bondade do Pai, sou grato!

Ore comigo

Senhor, obrigado porque Jesus deixou aberto o caminho pelo qual eu posso falar contigo. Ajuda-me a manter-me alerta e a não me distrair com coisas vãs, mas orar em todo o tempo, como me compete fazer. Em nome de Jesus, amém.

LEITURA BÍBLICA
Colossenses 4:3

Alimento para todos

Paulo, o apóstolo mais proeminente das Escrituras, encontrando-se preso, escreve às Igrejas. São treze o número delas e em nenhuma encontraremos um pedido de socorro. Em vez disso, ele pede oração para que a mensagem seja proclamada.

Jesus, quando veio a este mundo, afirmou ser o pão da vida, e tanto eu como você sabemos bem que depois de sua vinda nunca mais tivemos fome. Fomos supridos com seu amor e misericórdia; de fato, ele nos é suficiente! Deus sempre se preocupou com o alimento do seu povo, e nunca deixou faltar a eles o maná. Quando vemos Paulo pedindo oração para que a mensagem seja anunciada, vemos nele o mesmo coração desejoso de que todos recebam o pão da vida.

Nós, os que cremos, fomos comissionados a ir e pregar o evangelho, fazer a mensagem conhecida, mas como fazê-lo? A oração é nossa principal ferramenta, afinal, antes de falar de Deus para as pessoas, eu falo das pessoas para Deus. Somos agentes de Deus durante a semana em algum lugar e não podemos nos esquecer que é fundamental que haja alimento para todos.

Ore comigo

Senhor, obrigado por me manter alimentado, por ser o pão da vida e me nutrir. Dá-me as estratégias necessárias para alimentar os famintos e um coração disposto a interceder pelos perdidos. Que haja alimento para todos, em nome de Jesus, amém!

A agenda de Deus

A história do mundo é marcada por agendas. Entidades governamentais se mobilizam em calendários para fazer valer seus propósitos, assim como as grandes instituições financeiras, corporativas e, até mesmo, eu e você.

Se é sabido que o mundo se move por agendas, será que Deus também tem a dele? Sim. Deus tem uma agenda! Ao mergulharmos nas páginas sagradas, percebemos que Deus é um Deus de detalhes, de eras e estações. Ele é um Deus de tempo para todas as coisas.

Nosso papel como filhos de Deus é buscar o alinhamento de nossos planos, inclusive submetendo os nossos aos dele. A Palavra nos diz, em Jeremias 29:11, que o Senhor é quem conhece os planos para nós, planos de nos fazer prosperar, não de nos causar dano, mas de esperança para um futuro.

Existe um propósito maior para nós, os que creem; a vida não se resume a boletos ou conquistas terrenas. É preciso olhar além e pedir ao Espírito Santo que nos instrua a cooperar com a agenda do Pai, assim como fez Jesus. Os tempos são difíceis, mas é quando o evangelho se torna mais necessário.

Que possamos viver um evangelho de interesse ao próximo, sem triunfalismo excêntrico, mas cheio do amor e da esperança que só existe em Jesus Cristo. Amá-lo sobre todas as coisas e ao próximo como a nós mesmos... é isso que está na agenda de Deus.

Ore comigo

Senhor, não compreendo seus planos, mas decido confiar. Tu és soberano e eu adequo minha agenda à tua. Faze-me conhecer os seus caminhos e ajuda-me a submeter-me à sua vontade, vivendo sempre em amor. Em nome de Jesus, amém!

LEITURA BÍBLICA
João 16:33

Dias maus

A vida é uma boa professora e, dentre as lições apresentadas, estão os dias maus. Nem tudo vai ser sempre festa. Haverá dias de tristeza, de dor, lágrimas e sofrimento. Jesus não nos escondeu tal fato, contudo, deu-nos a instrução de como passar por eles.

Entre montes e vales, a jornada cristã não é uma jornada comum. Mesmo com Deus, passaremos por altos e baixos e, por isso, é preciso ter uma fé estável para permanecer firme. Por mais incomum que essa mensagem tenha se tornado nos últimos dias, falar do evangelho de Cristo ainda é falar sobre cruz.

Engana-se quem pensa que não será afligido enquanto estiver neste mundo que, conforme escrito na Palavra, jaz no maligno. O próprio Jesus passou por momentos ruins. Em Mateus 14:13, por exemplo, o vemos buscando ficar um tempo só após receber a notícia da morte de seu primo João Batista.

Em dias como esses, é preciso, mais do que nunca, ter fé naquele que além de nos precaver das aflições, também nos pede bom ânimo. Foi dele o convite da troca de fardos, lançando sobre ele todo o peso que nos sobrecarrega e tornando seu jugo suave e seu fardo leve.

Hoje é dia de nos animar com essas verdades. Aquele que prometeu é fiel e não nos abandonará em tempos de vale.

Ore comigo

Senhor, lanço sobre ti todas as minhas tristezas e preocupações. Só o Senhor pode transformar a tristeza em alegria e fortalecer-me para que eu resista até o fim. Derrama sobre mim a tua força e dá-me o descanso prometido. Em nome de Jesus, amém!

LEITURA BÍBLICA
Marcos 9:23

11
FEVEREIRO

Tudo é possível ao que crê

A fé e a dúvida fazem parte da existência humana. Enquanto uma tem em si uma fonte divina, a outra tem origem no medo. Quando nos deparamos com as dificuldades da vida é que saberemos quem dominará, pois os desafios são também oportunidades para que nossa fé seja testada.

Não há nenhum termômetro para medir o nível da nossa fé, mas o fato é que haverá momentos em que Deus permitirá situações desafiadoras. Não que ele precise delas para saber quem nós somos, pois ele já sabe de tudo. Mas permitirá para que nós saibamos quem ele é!

A Palavra de Deus nos diz, em Provérbios, que se nos mostramos frouxos no dia da dificuldade, limitada é a nossa força. Ou seja, a prova virá, isso é um fato, e, com ela, o resultado evidente do nível da nossa fé. Enquanto o Diabo veio para matar, roubar e destruir, Cristo veio para dar vida, e vida com abundância; vida essa que só acessamos por meio da fé.

Meditando no texto-base de hoje, vemos um pai cansado e cheio de desesperança. Por certo que, ao ouvir falar de Jesus, creu; do contrário, não teria trazido o menino. Porém, ao deparar-se com a falta de resolução por meio dos discípulos, duvidou. É isso que a dor faz conosco: o tempo no sofrimento nos rouba a fé, mas Jesus quer restaurá-la hoje. A incredulidade não mais terá espaço em seu coração, pois é o próprio Jesus Cristo que lhe garante que tudo é possível ao que crê!

Ore comigo

Senhor Jesus, eu me arrependo por ter duvidado do seu poder. Neste dia, eu deixo de lado toda a minha incredulidade e peço-te: ajuda-me na minha falta de fé! Em nome de Jesus, amém!

LEITURA BÍBLICA
Salmos 25:14

Segredos

O profeta Isaías já havia profetizado que, vindo o Messias, ainda que ouvissem, não o entenderiam; mesmo vendo, não o perceberiam, e isso por conta de um coração insensível. Cristo então, durante o seu ministério, falou por parábolas. Em certo momento, como dito em Mateus 13:10, "Os discípulos aproximaram-se dele e perguntaram: Por que falas ao povo por parábolas?".

A verdade é que nem tudo é dado a conhecer por todos. O nosso Deus é um Deus de revelação, mas também de mistérios. Como vimos na leitura bíblica do dia, existe um por quê! Quando Jesus contou a parábola do semeador, os discípulos, mais uma vez, o chamaram em particular. Eles queriam compreender as palavras do Mestre.

Aos discípulos foi dado o conhecimento do Reino de Deus porque, diferentemente da grande multidão, eles estavam mais perto. Este é o grande segredo: intimidade. O princípio é o mesmo ainda hoje, pois o Senhor não mudou, assim como sua Palavra. Ele continua em busca daqueles que o desejam de todo o coração e anseiam por conhecer os seus segredos.

Deus não tem mistérios porque é misterioso, mas porque deseja revelá-los àqueles que o temem. Assim como em qualquer relacionamento, a confiança é construída na constância, dia após dia. Hoje mesmo há algo específico esperando por você, basta que se achegue ao Senhor.

Ore comigo

Pai querido, eu não quero mais ser como os que andam distante. Meu coração anseia por conhecer-te mais! Por isso, ajuda-me a ser mais íntimo e compreender os seus segredos. Em nome de Jesus, amém!

LEITURA BÍBLICA
Jeremias 29:13-14

13
FEVEREIRO

Maior intensidade

Desde que o mundo é mundo, sabemos que não poucos são os cientistas, filósofos, religiosos e curiosos que já se questionaram quanto à existência de Deus. Ainda há quem insista que ele não existe. Essas pessoas, porém, não experimentaram o único caminho que responde a essa questão.

Se o buscarmos a Deus de todo o coração, com sinceridade e intensidade, certamente o encontraremos. Então, poderemos afirmar, com conhecimento de causa, que ele é real.

No entanto, a Palavra nos fala de como determinadas situações irão exigir mais. No dia fatídico em que os discípulos tentaram expulsar um demônio e não conseguiram, Jesus lhes explicou que aquele tipo só saía com oração e jejum, ou seja, era preciso de mais.

Ao decidir salvar o mundo, o Pai não reteve nada. Ele entendeu se tratar de algo que exigia intensidade e, por isso, não recusou entregar seu próprio Filho, seu único e amado Filho.

Vivemos em um tempo onde uma mentira se alastrou, e as pessoas não se comprometem mais. Dão o mínimo, afinal, é mais seguro não se comprometer.

Deus, porém, nos deu o exemplo de como devemos agir. Em resposta ao Seu tudo, qual o nível de nossa intensidade? Na entrega requerida, não há meio-termo. Com Deus sempre será tudo ou nada!

Ore comigo

Pai, eu te agradeço por sua intensidade e por ter entregado seu Filho Jesus por mim. Eu me arrependo de reter algumas coisas em meu coração, por isso, te entrego tudo! Em nome de Jesus, amém.

LEITURA BÍBLICA
Lucas 9:43

Que todos vejam!

É uma tendência do ser humano valorizar mais as más notícias em vez daquilo que é bom. Nas manchetes dos jornais, páginas e mais páginas de crimes, fraudes, abalos e quedas, e pequenas notas sobre avanços, vitórias e conquistas. Apesar de atual, tal comportamento era o mesmo já nos tempos de Jesus. Quando lemos os evangelhos, sempre vemos grande multidão em torno de um problema, um doente ou um endemoninhado.

Grande alvoroço se fez, por exemplo, quando trouxeram aquela mulher pega em flagrante adultério, quando a filha de Jairo morreu e quando um pai trouxe seu filho endemoninhado para ser liberto. As dores daquelas pessoas ficaram expostas diante daquela multidão e, por certo, era por elas que eram conhecidas.

Talvez isso aconteça em sua vida também. Você tem um nome, mas tem sido conhecido pela dor que carrega, que pode ser uma dívida, um diagnóstico, um divórcio... O fato é que quando Jesus entra em cena, o foco muda. Na leitura de hoje, vemos que foi justamente isso que Jesus fez. O cenário foi totalmente transformado e a multidão, que antes parecia bater palmas para a desgraça, foi obrigada a reconhecer a grandeza de Deus.

Ele não mudou! O Deus que fez grandes coisas no passado ainda é capaz de transformar toda a sua história, de tal forma, até que todos possam ver!

Ore comigo

Pai, eu te agradeço porque o Senhor não é como o mundo, que só aplaude as desgraças. Nesta hora, te peço um novo cenário. Faz de novo o que outrora fizeste, para louvor e honra do nome santo de Jesus. Amém!

Retroceder, jamais!

Você, por acaso, já foi ousado o suficiente para orar dizendo: "Senhor, eu te seguirei onde quer que fores"? Jesus, certa vez, falou de um homem que disse isso a ele enquanto andavam pelo caminho. Era sempre ele quem dizia: Segue-me! Mas, desta vez, houve uma oferta espontânea.

Sabemos que, de fato, o homem do discurso não o colocou em prática. Jesus nunca deixou que alguém decidisse por ele enganado. Antes, fazia questão de deixar claro as consequências de tal decisão. O evangelho de Cristo contém uma cruz e, se assim não for, é qualquer coisa, menos o evangelho dele.

O Senhor espera que, ao nos decidirmos por ele, estejamos convictos de nossa decisão, e é por isso que diz, em Lucas 9:62: "Ninguém que põe a mão no arado e olha para trás é apto para o Reino de Deus". Seguir a Cristo é um caminho sem volta. É tudo ou nada!

Deus espera de nós uma postura convicta e um coração tomado de amor que não nos deixa retroceder. Afinal, para onde iremos se só ele tem as palavras de vida eterna? Existe um convite, mas há também uma recompensa. No meio disso, porém, o perseverar; colheremos no tempo próprio se, porém, não desanimarmos.

Sim, os dias são maus. Mas, ainda assim, a orientação foi para que não nos cansássemos de fazer o bem, persistindo na verdade e agindo em amor. Sigamos, pois, fortalecidos em Deus e bradando em seu nome: retroceder, jamais!

Ore comigo

Querido Deus, os meus olhos estão em ti. Neste dia, restaura as minhas forças e renova em mim esse amor capaz de segui-lo até o fim. Em nome de Jesus, amém!

LEITURA BÍBLICA
Filipenses 4:6

Fale para Ele

Em várias ocasiões, o Senhor nos instrui a não andarmos ansiosos. Em Mateus 6:32, ele chega a comparar tal comportamento com o dos pagãos que, por não crerem, duvidam. Isso nem de longe deveria ser o procedimento dos discípulos de Deus. Antes, estes deveriam conhecê-lo e saber que ele é bom!

Aquele que cuida de sua criação não cuidaria também dos que o temem? É claro que sim! Por isso, em momentos de dificuldades – comum a todos nesta vida – somos orientados a, em tudo, apresentar-lhe nossas súplicas, por meio da oração e da ação de graças. Ainda que conheça o nosso deitar e o nosso levantar, o Senhor anseia por nos ouvir.

Deus está ao nosso lado em todo o tempo, aguardando por uma conversa sincera e de coração aberto. Você pode, inclusive, não ter palavras. Desde que direcione seus pensamentos para ele, acredite, suas lágrimas gritarão! Por isso, não perca mais tempo correndo atrás daquilo que não pode resolver e transformar sua vida.

É muito bom ter pessoas ao nosso lado. Deus, inclusive, pode usá-las para nos ajudar em algum momento de necessidade. No entanto, nada nem ninguém pode tomar dele o lugar de primazia. O diálogo com o Pai deve ser seu primeiro recurso, e não sua última tentativa!

Ore comigo

Senhor, toma o teu lugar! Se em algum momento coloquei qualquer pessoa ou coisa ali, eu os removo nessa hora. Seja o primeiro em minha vida e coração, e faça em mim o teu querer. Em nome de Jesus, amém!

Crê somente!

Os evangelhos são repletos de relatos de milagres, sinais e maravilhas. O ministério de Jesus instaurou de vez uma conexão entre o céu e a terra, onde aquilo que neste mundo não seria possível passa a ser uma realidade natural, através do nome poderoso de Cristo.

Foi isso que ele, inclusive, tentou explicar à Marta, quando disse em João 11:40: "Não lhe falei que, se você cresse, veria a glória de Deus?". Milagres infinitos, que João fez questão de relatar que não caberiam nos registros desse mundo, estavam ali, disponíveis, a distância de um ato de fé.

Foi assim com Jairo. Pela fé, ele correu ao encontro de Jesus suplicando que viesse à sua casa para curar sua filha. Ele viu Cristo agir na vida da mulher do fluxo de sangue e aguardava pacientemente a sua vez.

Contudo, no meio do caminho, a notícia inesperada. A que estava doente agora estava morta. Haveria poder suficiente para essa mudança de cenário? Aquele que cura o doente, ressuscitaria o morto? Sim! E foi justamente o que Cristo fez, pois Jairo manteve-se firme nas palavras do Mestre: não temas, crê somente!

A galeria da fé de Hebreus 11 está repleta de pessoas que, assim como Jairo, decidiram-se pela fé. Hoje, você tem a mesma oportunidade de crer; de, assim como Sara, gerar o impossível por considerar fiel aquele que lhe havia feito a promessa. Basta tão somente crer!

Ore comigo

Querido Deus, quão grandes e incontáveis são os seus feitos! Quero bendizer teu santo nome e dizer que creio em ti! Receba minha porção de fé e faça um milagre em mim. Em nome de Jesus, amém!

LEITURA BÍBLICA
João 15:5

Um dia de cada vez

As coisas espirituais se discernem espiritualmente, e podemos confirmar isso nas Escrituras. Enquanto o mundo corre e planeja o futuro, o Senhor nos alerta que sem ele nada podemos fazer! O homem acorda todas as manhãs, trabalha e junta para si tesouros, contudo, sequer tem o amanhã em suas mãos.

Andando na contramão desse mundo, nós, devemos ter um olhar diferente quanto à vida, entendendo que ela é mais que aquilo que os olhos podem ver e as mãos apalpar. Um olhar centrado nas coisas do Reino pensará nas coisas do alto e, principalmente, terá como objetivo não mais suas próprias vontades, mas a do Pai.

Não precisamos viver afobados e preocupados com o nosso amanhã. Basta-nos, como Jesus nos disse, cada dia o seu mal. Um dia de cada vez e a gente vai vencendo e avançando. Viver uma vida com os olhos no futuro nos priva do presente. A Palavra é clara em dizer que este é o dia que o Senhor fez e, por isso, devemos nos alegrar. Não amanhã, não depois, mas hoje, agora!

O Senhor o convida a ser grato pelo que tem. A reconhecê-lo em todos os seus caminhos e a fazer bom uso do tempo. Você acordou esta manhã, e isso não é outra coisa senão um convite da graça para aquilo que o Senhor já escreveu na sua história. A gratidão agrada o coração de Deus, é reflexo do reconhecimento que temos de que tudo o que o Senhor faz é bom e, sem ele, nada somos.

Ore comigo

Pai querido, eu te dou graças! Obrigado pelo dom da vida e por mais esta oportunidade de testemunhar sua bondade e amor. Entrego a ti todos os meus afazeres e me sinto seguro, pois sei que cuidas de mim. Amém!

LEITURA BÍBLICA
2Coríntios 10:4

19
FEVEREIRO

Armas poderosas

Em muitas oportunidades, o Senhor usou seus servos para nos alertar quanto à necessidade de estarmos atentos, não baixarmos a guarda e vencermos as astutas ciladas do inimigo. Como diz um velho ditado, aquele que considera que não está em uma guerra, já perdeu a batalha.

Não que isso deva nos levar a uma condição de estresse. Se entendemos que o Reino da luz milita contra o reino das trevas, já temos uma ideia de que, enquanto aqui estivermos, a vida não será apenas flores. Contudo, temos ao nosso lado o Senhor dos exércitos e guerreamos já sabendo que, no final, ele vence!

Tudo que o inimigo deseja é que nos esqueçamos dessa verdade. Ele quer que nos deixemos levar por sentimentos e consideremos que as circunstâncias são mais poderosas do que a Palavra de Deus. Não! Nosso posicionamento deve ser como aqueles que sequer consideram tal possibilidade!

A Palavra de Deus é a verdade. No salmo 138, Davi deixa claro que, acima de todas as coisas, Deus exaltou o seu nome e a sua Palavra. O Senhor zela por sua Palavra e jamais se fará mentiroso. Se ele disse que somos mais que vencedores em Cristo, então somos! Que neste dia possamos nos apropriar dessa verdade e assumir posição, munidos de nossas armas, que são poderosas em Deus para destruir toda e qualquer ação do maligno.

Ore comigo

Senhor Deus, obrigado por abrir os meus olhos quanto à verdade. Neste dia, eu me armo com as suas armas. Não temerei o que me possa fazer o inimigo, pois sei que em ti sou mais que vencedor. Em nome de Jesus, amém!

20
FEVEREIRO

LEITURA BÍBLICA
Daniel 12:13

Siga em frente

Um dos entendimentos mais comuns acerca da humanidade é o de que não se sabe nem o dia e nem a hora em que tudo chega ao fim. Seja isso relacionado à volta de Jesus ou ao dia da nossa morte, quem é que pode prever o fim das coisas? Como tudo vai acabar? Ninguém, absolutamente ninguém, sabe dizer.

A única certeza que temos é o dia de hoje, e nada mais! Por mais que nos programemos para o amanhã, a garantia de que esse amanhã chegue não compete a nós. Por isso, Tiago diz: “Vocês que dizem: Hoje ou amanhã iremos para esta ou aquela cidade, passaremos um ano ali, faremos negócios e ganharemos dinheiro. Vocês nem sabem o que lhes acontecerá amanhã!” (cf. Tiago 4:13-14). Contudo, diante dessa verdade, não devemos ter medo.

O Senhor não nos revelou essa condição para nos manter acuados e indecisos, mas para que houvesse temor. Ao meditar no versículo díade hoje, vemos que Deus deseja que sigamos em paz! Daniel acabara de obter revelações grandiosas, coisas demais para ele e que ele sequer entendeu. Diante dos fatos, não houve uma repreensão ou tampouco a explicação do que se tratava. A resposta do Senhor foi apenas: “Quanto a você, siga o seu caminho até o fim”. Isto é o que importa!

Neste dia, o Senhor nos convida a descansar nele. Não em uma posição passiva, de medo, mas ativos, seguindo confiantes de que ele tudo sabe, e isso basta.

Ore comigo

Deus grandioso, rico em poder e que conhece os tempos, eu confio em ti. Não mais terei medo e seguirei em paz, pois sei que cuidas de mim. Obrigado! Oro e entrego em tuas mãos o meu futuro, em nome de Jesus. Amém!

Fiel até o fim

Com certeza, em algum momento da sua vida, você já tomou conhecimento de alguém que tinha tudo para dar certo, mas, no final, não acabou nada bem. Escolhas erradas, influências ruins, desastres... situações inesperadas que mudaram o curso da história de vida daquela pessoa.

A Palavra de Deus é clara em nos dizer que melhor é o fim das coisas que o começo delas. Isso porque, em sua onisciência, o Senhor sabia que nem sempre a nossa trajetória seria linear e um tropeço, um desvio ou até mesmo uma queda no percurso precisavam ser calculados.

Todos nós erramos e aquele que diz que não tem pecado, já pecou, pois mente. Somos humanos e, por isso, falhos. O Senhor, porém, é misericordioso, e como um bom Pai, é paciente com os erros do filho. Com seu amor leal, ele nos atrai de volta ao lugar de onde nunca deveríamos ter saído.

Nós, os que cremos na volta de Cristo, sabemos que compete somente ao Pai o lugar de julgamento. Só ele sabe quem será salvo e quem não será. E é por isso que em Apocalipse – no livro das revelações do fim – ele repete acerca daqueles que persistiram, perseveraram, mantiveram-se firmes até o fim: a estes é dado o direito de receber a recompensa preparada por Deus.

Para todas as coisas existe um jeito, um recomeço. Se não aconteceu ainda é porque não chegou ao fim. O justo pode cair, mas o Senhor sempre o levanta. Portanto, não desista! Ainda não acabou.

Ore comigo

Senhor, obrigado por ser um Deus paciente e rico em misericórdia. Obrigado por ser a rocha segura para onde eu sempre posso voltar. Ajuda-me a manter-me firme até o fim! Assim eu oro, em nome de Jesus, amém!

LEITURA BÍBLICA
Ester 4:14

O tempo que se chama agora

Quando somos mais jovens, nos perdemos no tempo imaginando como será o nosso futuro. Imaginamos nossa casa, nosso cônjuge, nossos empregos, nossas casas e as tão sonhadas férias em família. Então o tempo vai passando, a vida adulta bate à porta e, bem, talvez os dias não sejam assim tão parecidos com os que imaginamos lá atrás.

Temos vivido um tempo em que a sociedade está doente. Médicos relatam que nunca houve tantos casos de doenças, principalmente as emocionais. A sensação de deslocamento é grande e, para aqueles em que a vida parece ter saído dos eixos, a sensação de atraso e impotência impera.

Porém, quando meditamos da Palavra de Deus, vemos que ele é conhecedor de todo o tempo. Em um de seus salmos, Davi relata a consciência de que todos os dias de sua existência já foram escritos no livro de Deus, antes mesmo de qualquer um deles existir (cf. Salmos 139:16); e é exatamente assim para mim e para você.

Deus não se atrasa. Aliás, ele não chega antes e nem depois; seu tempo é perfeito! Na leitura díade hoje, vemos a rainha Ester cercada pelo medo, na indecisão de um futuro que aponta para a morte, até que é lembrada por Mardoqueu desse Deus que conhece todas as coisas e, justamente por isso, pode muito bem ter se antecipado e a colocado em uma posição estratégica.

Deus não é pego de surpresa, e é nessa verdade que você pode descansar. Nada foge ao seu controle, por isso creia e viva em paz o dia que se chama hoje!

Ore comigo

Senhor, eu te agradeço porque posso confiar em sua sabedoria. Nada foge ao teu controle e eu não estou fora do tempo. Viverei confiando em seus planos para mim, dia após dia, em nome de Jesus. Amém!

Novo caminho

Por muito tempo, o povo de Deus peregrinou. Desde o patriarca Abraão, passando por Isaque, Jacó, o povo hebreu, os profetas... Quando passamos aos tempos do Novo Testamento, ao ministério de Jesus, o vemos andando, indo de cidade a cidade, ensinando e anunciando o Reino de Deus. Semelhante ao Mestre são os apóstolos e a Igreja. Nas mais diferentes histórias, a menção de um caminho. O próprio Senhor Jesus disse de si: Eu sou o caminho.

Nossos dias aqui na terra podem ser facilmente comparados a uma jornada. A cada dia vivido, avançamos um pouco mais, seja na estrada principal ou, por vezes, em atalhos. O fato é que estamos em um caminho.

No versículo de hoje, o Senhor nos pede para entregar nosso caminho a ele e confiarmos no seu cuidado para conosco. Porém, muitos não o fazem por achar que é tarde demais, que não há mais como voltar. Pode até ser que você tenha tomado atalhos e se distanciado da rota principal. Porém, ainda assim, Deus faz um convite a você. Ele, através do profeta Isaías, nos diz: "Vejam, estou fazendo uma coisa nova! E já está surgindo! Vocês não reconhecem? Até no deserto vou abrir um caminho" (Isaías 43:19).

Não importa por quais caminhos você tenha andado ou se você se sente tão distante que já nem sabe mais como voltar. Hoje o Senhor tem um novo caminho para você, basta dizer sim!

Ore comigo

Querido Deus, obrigado por preparar um novo caminho para mim. Sempre que penso que não há mais solução, o Senhor ali está! Hoje entrego o meu caminho ao Senhor e confio. Em nome de Jesus, amém!

LEITURA BÍBLICA
Jó 14:9

Verdadeiramente novo

A cada início de ano, não é difícil encontrar pessoas com suas listas de metas e planos. A motivação parece ser maior nos primeiros meses e, aquilo que não vingou no ano passado, agora parece fácil, pelo simples fato do calendário ter mudado. Porém, especialistas em saúde mental denominaram o primeiro mês do ano como janeiro branco, justamente porque as coisas não são tão simples assim. Nem sempre o novo motiva; às vezes, ele assusta!

A verdade é que sem a presença de Deus não há esperança nenhuma de dias melhores; sem a presença de Deus, a espera é nula! O ano pode mudar, os meses podem seguir e, mesmo com as novas oportunidades, não há sentido, pois o verdadeiro sentido não se faz presente. Novo mesmo, só com Deus!

No texto para a meditação de hoje, vemos Jó, um homem de dores, declarar toda sua desesperança e dizer, ao olhar para uma árvore, que, pelo menos para ela, ainda havia esperança. Ele, porém, estava equivocado, cego pelo sofrimento e impossibilitado de entender que, se havia esperança para uma árvore, quanto mais para nós.

Se apenas ao cheiro das águas a planta cortada e de raiz envelhecida volta a brotar, quanto mais nós, que temos nele a fonte de águas vivas! O Senhor deseja remover toda a lamentação e renovar sua esperança. Através do sacrifício de Jesus, temos livre acesso a essa água que nos dá vida para sempre!

Ore comigo

Senhor eu te louvo porque em ti eu posso viver o novo. Entrego ao Senhor os meus dias e não mais confiarei em nada que não seja o Senhor. Em ti coloco minha esperança, em nome de Jesus. Amém!

LEITURA BÍBLICA
Hebreus 13:5

25
FEVEREIRO

Sozinhos, nunca mais!

Algo que cada um de nós deve ter em mente sobre a Palavra de Deus é que ela não é um livro do passado, mas do presente! Há quem diga que ela nos traz as vivências de povos antigos, aproveitando-se desse entendimento para defender a necessidade de atualização. A Bíblia, porém, é atemporal. Uma vez que não é um livro qualquer e seu sentido é fresco, pode ser lido junto ao Autor que, página após página, vai compartilhando seu sentido, aplicação e revelação.

A Palavra de Deus é inerrante e vai além de um bom referencial; ela é literal e para nós, os que creem, a bússola, nosso manual de vida. Sendo assim, é preciso estar atento às mensagens que sorrateiramente contradizem o que está descrito nela.

Os dias são maus, é verdade. Somos traídos, enganados e abandonados, mas não por todos. Do contrário, Deus seria um mentiroso. No texto para a meditação de hoje, Jesus deixa claro que jamais nos abandona ou deixa só, e ele não é homem para mentir. Tal verdade não está condicionada, ele apenas a afirma.

Portanto, não se engane. O mundo pode, sim, tê-lo abandonado, e as circunstâncias podem ser contrárias, mas sozinhos nós nunca estaremos. Não porque merecemos, mas porque é uma promessa, e quem prometeu é fiel. Todos podem tê-lo deixado, mas Cristo não. Ele nunca o abandonará!

Ore comigo

Pai querido, me perdoe por ter dado mais ouvido às palavras do mundo que às palavras que o Senhor diz para mim. Obrigado porque em todo o tempo o Senhor esteve comigo e jamais me abandonará. Amém!

LEITURA BÍBLICA
Salmos 54:4

Ajudador

Ao observarmos uma criança pequena, costumamos dizer que ela cresceu quando não mais necessita de ajuda para determinadas tarefas, como aquela que usava fraldas e passa a ir ao banheiro sozinha. Por algum motivo, o crescimento é atrelado ao significado de independência.

Porém, quando se trata da vida com Deus, quanto mais insistimos em ser independentes, mais parece que as coisas dão errado. Primeiro porque, se entregamos a vida para Deus, de fato, as vontades a serem atendidas já não são mais as nossas. A nós apenas cabe a submissão a esse Deus cuja vontade é boa, agradável e perfeita.

O coração quebrantado que agrada ao Senhor nos faz reconhecer que sem ele nada podemos fazer e precisamos de um ajudador. Jesus nos garantiu que não nos deixaria órfãos, que teríamos quem nos ajudasse no decorrer da caminhada e, por isso, não era preciso temer. Na leitura bíblica de hoje, Davi declara que certamente Deus é o nosso auxílio, é ele o nosso ajudador que nos sustém!

É tempo de abandonar o medo e esse estilo de vida independente que o mundo tenta nos impor. No Senhor temos tudo e podemos ser vulneráveis confessando nossas fraquezas. Ele é o nosso ajudador, socorro bem presente na hora da angústia. Não precisamos fazer tudo sozinhos e nem foi para isso que fomos criados. Deus anseia por um relacionamento; por uma vida de confiança, amor e dependência dele.

Ore comigo

Senhor, neste dia, eu declaro minha total dependência em ti e peço: vem em meu favor, ajuda-me! Não tentarei mais fazer as coisas sozinho, mas caminharei contigo todos os dias da minha vida. Em nome de Jesus, amém!

Não temas!

Há na Bíblia 366 citações do Senhor dizendo: Não temas! Muitos brincam que é uma citação para cada dia do ano, incluindo até mesmo o ano bissexto, e eu não duvido. Uma vez que cremos em um Deus atento e de detalhes, algo assim seria, no mínimo, característico de seu amor leal.

Ao analisarmos nossa vida, porém, encontraremos momentos em que sentimos medo. Aliás, não há ninguém que não passe, pelo menos uma vez na vida, por uma situação que gere temor. São vários os episódios em que tememos, nos esquecemos de sua mensagem e clamamos: Senhor, ajuda-me!

Em nosso versículo do dia vemos Isaías trazendo a Palavra do Senhor, lembrando o povo de que era ele o ajudador de Israel, aquele que fortalece e ajuda mesmo quando não merecemos. Hebreus 13:6 diz: "Podemos, pois, dizer com confiança: O Senhor é o meu ajudador, nada temerei. O que pode fazer contra mim o homem?". Neste dia, o Senhor te convoca a levantar um memorial e declarar: "Ebenézer! Até aqui o Senhor me ajudou". Seja grato e reconheça cada um dos de seus poderosos feitos em sua vida e exalte ao nome do Deus todo poderoso. Por causa dele e de sua bondosa mão, estamos a salvo e não precisamos mais temer.

Ore comigo

Senhor, obrigado por, mesmo não merecendo, o Senhor estar ao meu lado. Se estou aqui hoje é por tua misericórdia, e quero te render graças por isso. Não andarei mais no medo e ouvirei a tua voz que me diz: Não temas! Em nome de Jesus, amém!

LEITURA BÍBLICA
1Reis 18:41

A ordem da bênção

Com certeza você se lembra da regrinha matemática que diz que a ordem dos fatores não altera o produto, certo? Porém, em nossa caminhada com Deus, a regra não é bem essa. Pelo contrário, determinadas coisas só acontecerão se – condição – outras tiverem acontecido antes. Na regra do Senhor, é justamente a ordem dos fatores que altera o produto!

Muitos querem as bênçãos de Deus, mas nem todos querem posicionamento. No sistema do Senhor, bênçãos sempre serão resultado de obediência; é uma reação natural dos céus, uma vez que a regra é obedecida. Na leitura do dia vemos a conhecida história do desafio de Elias no monte Carmelo. Em um cenário de seca, a bênção era a chuva, que só veio após arrependimento, restauração e o reconhecimento de que só o Senhor é Deus!

É preciso pedir ao Espírito Santo que sonde os nossos corações para verificar se há ainda algum caminho mal, algum altar a ser reparado. Se o dever de casa foi feito, então passamos à segunda lição que aprendemos com o profeta Elias: tempo de orar e esperar.

O Senhor tem chuvas de bênçãos sem medidas, chuva pesada, como dito pelo profeta, mas é preciso orar, esperar e crer. O tempo muitas vezes o fará olhar para o céu e não ver nada, mas quando a primeira nuvem der sinal, ainda que pequena, do tamanho da mão de um homem, prepare-se: é sinal de que a bênção já está a caminho!

Ore comigo

Senhor, sonda o meu coração! Veja se há algum caminho mal em mim e ajuda-me a confiar em ti. Que eu possa me manter atento aos sinais, pois o Senhor não falhará e a chuva virá. Em nome de Jesus, amém!

A verdade é que, quanto **mais maduros** em Deus, mais **dependentes** dele **somos**.

SABEDORIA

MARÇO

Meu planejamento

Meta

Plano

Leitura bíblica do livro

Atividade em família

Refeição especial

Avaliação alimentar

Tempo de qualidade com amigos

Um filme/série

Um livro/*podcast*

Um médico a agendar

Nota da minha saúde emocional

Atividade física pelo menos três vezes por semana

Participação semanal na comunidade espiritual

Ingestão diária de água

Gestão das finanças pessoais

O Médico da alma

O sofrimento está presente na humanidade desde que o pecado entrou no mundo. Cada vez mais, as pessoas têm precisado de medicamentos para tratar de seus males. Existe, porém, um tipo de enfermidade para a qual não há remédio. Nem mesmo os institutos mais renomados podem produzir fármacos para tratar de doenças espirituais que afetam a alma. Somente Jesus pode tratar desses problemas.

Lucas 13:10-17 se passa em um sábado, o dia no qual os judeus se reúnem à sinagoga para orar e ler as Escrituras. Jesus ali estava, junto dos outros habitantes da cidade, quando identificou uma mulher que sofria havia dezoito anos com a opressão de um espírito que a fazia andar encurvada.

O autor desse Evangelho, Lucas, era um médico, e ele deixou claro que o problema daquela mulher era espiritual (v. 11), não se tratava de uma condição que podia ser tratada pela medicina. Não bastavam remédios, fisioterapia ou pilates, porque o que a acometia fisicamente tinha origem espiritual.

Muitas pessoas não vivem seu milagre porque não estão lutando na esfera correta. Problemas de ordem espiritual precisam ser combatidos na esfera espiritual, e o único que pode agir nessas situações é Jesus Cristo, o Médico da nossa alma. Cristo nos libertou do pecado e da morte, e somente ele pode nos libertar das consequências do pecado e quebrar as correntes que nos aprisionam.

Ore comigo

Senhor, cura e liberta os acometidos pelo Maligno. Liberta-os, em nome de Jesus Cristo, para a honra e glória do teu nome. Amém.

LEITURA BÍBLICA
Lucas 6:5

A graça que transcende a lei

Jesus confronta a religiosidade e o legalismo dos fariseus. Num sábado, Jesus estava na sinagoga, e ali havia um homem com a mão direita mirrada. Para os fariseus, a lei proibia trabalho ou cura no sábado, mas Jesus, com compaixão e sabedoria, curou o homem, pois a graça de Deus é superior ao legalismo.

Naquela época, o trabalho manual era essencial para a sobrevivência, e a deficiência física representava uma limitação severa. A mão direita, símbolo de produtividade, estava inutilizada. Para os religiosos, as regras do sábado eram absolutas. Ajudar alguém, mesmo com necessidade urgente, era violação da lei. Jesus quebrou regras humanas para aliviar o sofrimento daquele homem. O amor e a compaixão estão acima de regras e tradições.

Nos ambientes de fé e comunhão, é fundamental manter o foco no propósito de servir e amar o próximo. As estruturas e organizações são importantes, mas existem para facilitar o ministério, não para impedir a ação de Deus. A vida com Deus não deve ser um fardo, mas sim um espaço de liberdade, cura e graça.

Que possamos nos lembrar sempre de dar prioridade àquilo que é mais importante para Deus: as pessoas e suas necessidades. Assim como Jesus curou em um sábado, ele continua a nos chamar para sermos instrumentos de sua graça em qualquer situação. Que possamos sempre priorizar o amor e a compaixão acima de qualquer formalidade.

Ore comigo

Senhor, ajuda-nos a enxergar as necessidades ao nosso redor e a não sermos limitados pelas nossas regras e tradições. Em nome de Jesus, amém.

A identidade de um discípulo de Jesus

Se alguém perguntasse sobre a sua fé, sem usar palavras, como você responderia? Sua vida demonstraria sua crença? A identidade cristã deve ser sempre visível. Ser discípulo é viver em amor, integridade e e graça.

Essa identidade é maior que um título. Manifesta-se em atitudes, palavras e testemunho. Em Atos 11.26, lemos que os discípulos foram chamados de cristãos pela primeira vez em Antioquia porque revelavam a presença de Cristo com a própria vida. Eles demonstravam, de maneira tão clara, o amor, a compaixão e a verdade de Jesus que não havia outra forma de descrevê-los senão como "pequenos Cristos".

A transformação visível produzida pelo evangelho era visível. Em cada gesto, decisão e palavra, era evidente que pertenciam a Jesus. E nós, como somos identificados? Será que nossas ações, nossa fala e o tratamento que damos ao outro apontam para Cristo? Ao olhar para nós, as pessoas conseguem ver a diferença que Jesus faz em nossa vida?

Somos chamados para refletir a luz de Cristo em todas as áreas de nossa existência. Isso significa que nossa vida deve ser marcada pelo amor incondicional, pela graça que perdoa e pela verdade que liberta. Que possamos viver de tal forma que as pessoas ao nosso redor vejam em nós a esperança e a paz que só Cristo pode conceder. Que sejamos reconhecidos, não apenas pelo nome, mas pelo caráter transformado que evidencia que somos seguidores dele.

Ore comigo

Senhor, ajuda-nos a viver de maneira que nossa identidade em Cristo seja evidente para todos ao nosso redor. Em nome de Jesus, amém.

LEITURA BÍBLICA
2Coríntios 2:14-15

O aroma de Cristo

Vivemos num mundo repleto de aromas. Estamos sempre rodeados por fragrâncias de conforto e bem-estar. O perfume sempre fez parte da história da humanidade, para embelezar, para simbolizar honra e purificação, e até em rituais de embalsamento. Quando Maria foi ao túmulo de Jesus com perfumes, expressava reverência e amor em meio à dor.

Paulo usa o aroma para descrever nossa relação com Cristo. Assim como o perfume se espalha e deixa marcas, nossa vida deve exalar o conhecimento de Deus e impactar todos ao nosso redor. A Bíblia diz que somos o "aroma de Cristo", percebido de maneiras diferentes: para os salvos, somos um perfume de vida; para os que perecem, cheiro de morte. Que tipo de aroma estamos espalhando? Temos sido um testemunho suave de amor, graça e verdade? Ou nosso comportamento tem produzido um aroma indesejável?

Devemos refletir sobre o aroma da nossa vida diária. Será que o nosso testemunho tem sido um perfume agradável que glorifica a Deus e inspira outros a segui-lo? Ou será que, em vez disso, temos exalado um cheiro que afasta aqueles que precisam de graça? A cada dia, somos chamados a ser um testemunho vivo, levando o "cheiro da vitória" que temos em Cristo para todas as pessoas e uma fragrância agradável a Deus, como oferta que demonstra nossa devoção.

Ore comigo

Senhor, ajuda-me a ser esse aroma de vida que influencia positivamente e atrai pessoas ao conhecimento de Cristo. Em nome de Jesus, amém.

A fé gerada pela Palavra

A fé é um dom precioso, e a única forma de ser gerada é pela exposição à Palavra de Deus. Uma vida sem fé reflete distância da Palavra, pois é nela que encontramos a base e a força para acreditar. Quando nos alimentamos da Palavra, nossa fé se fortalece, cresce e se torna produtiva.

Jesus Cristo sabia ensinar com autoridade e doçura. Falava de maneira prática, com parábolas e histórias do cotidiano para cativar multidões. Sua comunicação era tão envolvente que as pessoas o ouviam com atenção e se maravilhavam. Suas palavras sempre apontavam para o reino de Deus, com ensinamentos profundos e transformadores.

Certa vez, Jesus decidiu usar um barco como púlpito para que um grande público pudesse ouvir sua mensagem. Ele escolheu o barco de Pedro, afastou-se um pouco da praia e começou a ensinar. Pedro, mesmo cansado do trabalho, não tinha escolha a não ser ouvir as palavras que plantavam nele sementes de fé.

Muitas vezes não percebemos o impacto da Palavra de Deus em nossa vida. Se, mesmo desanimados, cansados ou sem expectativa, nos dispusermos a ouvir, o Senhor semeará fé em nosso coração. Não despreze o ensino quando a Palavra de Deus estiver sendo proclamada.

Às vezes, achamos que já ouvimos tudo, mas Deus sempre tem algo para nos ensinar. O Senhor constantemente nos ensina, devemos estar atentos e dispostos a aprender.

Ore comigo

Senhor, obrigado pela Palavra que gera fé em meu coração mesmo quando não vejo os resultados que desejo. Em nome de Jesus, amém.

LEITURA BÍBLICA
1Coríntios 3:2

Uma jornada de crescimento espiritual

Quando Paulo escreveu aos coríntios, tinha uma preocupação: a imaturidade espiritual dominava a comunidade que caminhava com Cristo. Havia divisões e disputas entre os discípulos. Paulo os chamou de "crianças em Cristo", porque lhes faltava a tão esperada maturidade espiritual.

Nascer de novo é apenas o começo do caminho com Jesus. Assim como todos nós começamos a vida como bebês e esperamos crescer e amadurecer; na vida espiritual, Deus espera que também amadureçamos e estejamos prontos para experimentar um relacionamento espiritual mais profundo com o Senhor.

Nascer em um lar cristão é um privilégio, mas não é o suficiente para nos tornar espiritualmente maduros. A maturidade espiritual é resultado de sucessivas experiências com Cristo. O primeiro passo é confessar o Salvador com os próprios lábios, crendo que ele verdadeiramente morreu na cruz por nossos pecados, ressuscitou e voltará para nos buscar.

Em que estágio da vida cristã você está agora? Você ainda se contenta com o leite espiritual, como um recém-nascido? Não permaneça na dieta líquida para sempre, pois ela não o tornará forte o bastante para permanecer de pé ao longo da jornada espiritual. Rompa hoje mesmo com os velhos hábitos que o tornam uma "criança de Cristo" e o impedem de comer alimento sólido. Quem você deseja ser daqui para frente: um bebê na fé ou um cristão maduro à imagem de Deus? A escolha é sua.

Ore comigo

Pai, ajuda-me a renunciar aos hábitos que denunciam minha imaturidade espiritual. Que eu cultive uma relação ainda mais profunda contigo. Amém.

A verdadeira transformação

Certa vez, enquanto Jesus pregava, na sinagoga estava um homem "com espírito imundo" (Marcos 1:23). Dentro da sinagoga. Infelizmente, isso ainda acontece. As igrejas não estão imunes às tentativas dos espíritos malignos, porque não é o ambiente que transforma a realidade de alguém.

Por estar na sinagoga, deduzimos que se tratava de uma pessoa religiosa, que ia àquele local com frequência e provavelmente cresceu naquele ambiente, pois não era mais um menino. Ali, ele teria ouvido o ensino das Escrituras. Talvez você se pergunte como um conhecedor da Palavra, estaria possuído por um espírito impuro.

Muitas vezes as pessoas ouvem o evangelho, mas este entra por um ouvido e sai pelo outro. Ou, ainda, elas ouvem e decidem sair exatamente do mesmo jeito que entraram. O ambiente e a religiosidade desse homem não o ajudaram. Ele estava dentro da sinagoga, porém sob o domínio de um espírito imundo. Conhecia as Escrituras, mas não as praticava. Não é apenas ouvir a Palavra de Deus que transforma a nossa vida, e sim a disposição de se submeter a ela.

Aprendemos com essa história que existe diferença entre estar na igreja e temer a Deus. Existe diferença entre conhecer a Palavra e praticá-la, valorizá-la, amá-la. Existe diferença entre estar em um culto e estar na presença de Deus. O que muda a nossa história é estar na presença do Senhor.

Ore comigo

Deus, não permitas que meu coração se desvie dos teus caminhos nem se afaste da Palavra. Fortalece em mim os teus princípios. Amém.

08
MARÇO

LEITURA BÍBLICA
Jó 3:25

Governando as emoções

O ser humano é dotado das mais diversas emoções, boas e ruins. Dentre elas está o medo. Seja grande ou pequeno, seja rico ou pobre, criança ou idoso, todos somos suscetíveis a essa emoção que nos leva às mais diversas reações. Algumas pessoas podem ter medo de altura enquanto outras não; alguns podem ter pânico de lugares fechados, enquanto para outros isso é indiferente.

Cada um de nós tem seus próprios medos e temores. A Bíblia nos diz que até mesmo Jó, um homem íntegro e elogiado por Deus, tinha temores e por eles foi encontrado. O que fazer, então, quando o medo nos encontra? Como reagir a esse sentimento que, embora seja natural, é, ao mesmo tempo, contrário à fé que agrada a Deus?

Primeiro, precisamos entender que fé não é ausência de medo; mas agir apesar do medo! O medo vem, mas não paralisa, pois a fé logo entra em ação. Na Bíblia vemos muitos homens e mulheres de Deus que sentiram medo e ficaram, inclusive, apavorados, mas a história não acabou assim.

O medo é apenas a constatação da nossa incapacidade, ou seja, a oportunidade perfeita para que o Deus todo-poderoso aja em nosso favor. Hoje o Senhor chama você para ir além das suas emoções. Deixe o medo de lado e creia que Deus jamais o abandonará! O que você mais temia pode ter acontecido, mas o desfecho de tudo sempre estará nas mãos do Senhor, basta confiar.

Ore comigo

Senhor, entrego a ti os meus medos. Não permitirei que eles governem minha vida, pois aqui há espaço para apenas um Senhor! Em nome de Jesus, amém!

A desobediência e suas consequências

A história de Acã nos ensina sobre as consequências da desobediência a Deus. Após a gloriosa conquista de Jericó, um homem desobedeceu à ordem clara do Senhor: não tocar nas coisas separadas para ele. Essa violação trouxe uma derrota humilhante para Israel em Ai.

A desobediência de Acã afetou todo o povo de Israel. Muitas vezes, nossas escolhas parecem pequenas e insignificantes, mas têm impacto profundo. Não podemos brincar com as instruções de Deus, pois há consequências para nós e para os que estão ao nosso redor. Assim como Acã sucumbiu à tentação, podemos ser tentados a agir contra a vontade de Deus. No entanto, devemos nos lembrar que o pecado sempre será revelado e terá consequências: "O teu pecado há de te encontrar" (Números 32:23).

Após a vitória em Jericó, Josué e os espias decidiram que não precisariam de muitos homens para conquistar Ai. Como aconteceu com eles, o excesso de confiança pode nos levar a baixar a guarda, subestimar o inimigo e nos distanciar da dependência de Deus. Quando achamos que podemos resolver tudo sozinhos, também nos esquecemos que nossa vitória vem do Senhor, não da nossa força ou capacidade.

Essa história nos serve de alerta. Precisamos vigiar sempre, buscar a direção de Deus e lembrar que nossas escolhas afetam a nossa vida, a nossa família e o reino de Deus. Que o nosso coração esteja sempre inclinado a obedecer ao Senhor.

Ore comigo

Senhor, obrigado por tua Palavra que nos ensina e adverte. Quero honrar o que é teu e viver segundo a tua vontade. Em nome de Jesus, amém.

LEITURA BÍBLICA
Marcos 10:22

Quem ocupa o trono do seu coração?

Na maioria dos relatos de pessoas que se encontraram com Jesus, aprenderam com ele, foram curadas ou testemunharam algum milagre, vemos a alegria da transformação. Só há uma exceção: o jovem rico se encontrou com Jesus e saiu do encontro abatido, triste.

Normalmente, pessoas ricas acreditam que podem fazer tudo. Ao perguntar o que deveria fazer para herdar a vida eterna, a resposta de Jesus foi decepcionante. O sistema meritocrático era muito intenso, logo, ele se preocupava em agir para salvar a si mesmo. Jesus argumentou com o rapaz com base nos princípios que lhe eram conhecidos, a Lei.

O que o Mestre pretendia mostrar era que o jovem não poderia salvar a si mesmo por mérito próprio. Não era a observância aos mandamentos que lhe daria a vida eterna. Aqueles que vivem sob o jugo da lei não entendem que o que salva é a graça de Deus. Não podemos merecer, comprar ou conquistar a vida eterna, porque ela nos foi dada gratuitamente por Deus, por intermédio de Jesus Cristo.

Contudo, Jesus vai além, ao âmago da questão, e aponta uma coisa que faltava ao homem: vender seus bens, dar aos pobres e segui-lo. Jesus olhou com amor para o rapaz e percebeu que era o dinheiro que exercia o senhorio na vida dele, como fica nítido em sua reação, ao sair desapontado. Entretanto, o trono do nosso coração não pode ser ocupado por outra coisa ou pessoa senão Jesus Cristo.

Ore comigo

Senhor, hoje escolho deixar tudo o que tenho e sou para trás e te seguir. Toma o teu lugar de honra no meu coração, ó Pai! Em nome de Jesus, amém.

LEITURA BÍBLICA
Gênesis 6:9

11
MARÇO

Exemplo de esperança e integridade

Noé era um farol de esperança em um mundo mergulhado na corrupção. O que o tornava especial? Sua integridade e disposição de viver de acordo com a vontade de Deus, mesmo em meio à calamidade. Noé era "justo e íntegro entre os seus contemporâneos". No tempo que a maldade predominava, ele decidiu ser diferente. É possível viver em pureza no mundo corrupto.

Ele não se deixou influenciar pela sociedade, mas manteve-se firmes seus princípios e sua fé. Ele decidiu ser diferente e se tornou um canal de esperança. Como a Bíblia nos ensina, "não vos conformeis com este século, mas transformai-vos pela renovação da vossa mente" (Romanos 12:2). Noé não se conformou.

Íntegro, Noé andava com Deus, em intimidade profunda e pessoal com o Criador. Buscava o Senhor no início do dia; escolheu boas companhias. É como dizem, "Diga-me com quem andas, e eu direi quem és". Ao andar com Deus, abrimos espaço para que ele nos use de maneiras extraordinárias.

Noé nos ensina que o que faz diferença é a decisão de viver para Deus. Para ser instrumentos de transformação, devemos nos afastar das influências corruptas e buscar a santidade. Ao fazermos isso, podemos ser usados por Deus para mudar realidades e impactar vidas. Que possamos seguir o exemplo de Noé, sendo justos e íntegros, olhando para o amanhã com esperança, sabendo que, mesmo em meio à calamidade, Deus pode escrever uma nova história.

Ore comigo

Senhor, agradeço-te pela vida de Noé, que me inspira a não me conformar com este mundo, mas a me renovar em tua presença. Em teu nome, amém.

LEITURA BÍBLICA
Romanos 8:18

Como enfrentar as adversidades

Com o avanço da tecnologia, é quase impossível não recebermos informações de tragédias. Antigamente, não éramos tão impactados com notícias de catástrofes e com os altos números de afetados. Diante de dados tão alarmantes, percebemos que podemos até nos preparar para as adversidades, porém somos incapazes de evitá-las.

No entanto, para enfrentar esses momentos, podemos nos apegar ao que nos dá esperança e nos motiva. Embora as lutas sejam uma realidade, elas não tornam a vida menos abençoada do que é. Não podemos definir quem somos pelas tragédias pelas quais passamos ou pelas dificuldades que tivemos de enfrentar, pois a vida é uma dádiva.

Para enfrentar as adversidades, devemos nos voltar para a Palavra e buscar nela encorajamento e fortalecimento para resistir. Devemos nos lembrar do que pode nos dar esperança (Lamentações 3:21): os sofrimentos terrenos são passageiros e insignificantes se comparados à glória da eternidade (cf. Romanos 8:18, 2Coríntios 4:17, Apocalipse 21:4).

Além disso, precisamos nos dispor a ser moldados por Deus no sofrimento. Todas as circunstâncias, boas ou ruins, alegres ou dolorosas, são oportunidades para que a obra, o poder e a graça de Deus se manifestem em nós e por nosso intermédio. Nossa dor de hoje pode ser nosso testemunho de amanhã, para que outros creiam no poder de Deus.

Ore comigo

Meu Deus, fortalece-me e renova o meu vigor em meio às dificuldades, para que eu continue a perseverar e a glorificar o teu nome. Amém.

LEITURA BÍBLICA
Daniel 12:13

13
MARÇO

Fiel até o fim

O último versículo do livro de Daniel nos instrui a perseverar na fé. Deus lhe diz para seguir seu caminho, assegurando-lhe descanso e herança eterna. Esse mesmo chamado ecoa para nós. Muitos questionam sobre o futuro, especialmente sobre o fim dos tempos, mas nossa maior preocupação deve ser como vivemos agora, alinhados à Palavra e prontos para a volta de Cristo, seja ela quando for.

No nosso tempo, a palavra "apocalipse" é frequente, seja nas conversas, seja na mídia. O fim dos tempos causa curiosidade e até temor. Enquanto pessoas querem prever datas e entender detalhes, Deus nos chama à perseverança, obediência e confiança. Há imoralidade e corrupção crescentes, como predito nas Escrituras. Contudo, Deus nos diz para mantermos os olhos em Cristo e cumprirmos nosso propósito e fé.

A ansiedade quanto ao fim é natural, mas temos de viver o presente com sabedoria. Em vez de sermos consumidos pelo que não sabemos, devemos dedicar nossa vida a refletir o amor e a graça de Cristo, para honra dele. Deus tem o controle dos tempos e estações. Cabe a nós confiar que ele cumprirá todas as coisas conforme lhe aprouver.

Talvez não compreendamos tudo sobre o futuro, mas sabemos que, se permanecermos firmes, no tempo certo, a promessa de Deus se cumprirá. Nossa missão é sermos luz, testemunhas de Cristo, para influenciar o mundo e aguardar com esperança a volta de nosso Senhor.

Ore comigo

Senhor, ajuda-me a seguir fiel, mesmo quando não eu entender os mistérios do futuro. Que a esperança em ti guie meus passos. Em teu nome, amém.

LEITURA BÍBLICA
Colossenses 4:2-3

Vida espiritual plena

Paulo nos aconselha a viver uma vida cristã autêntica, com oração, sabedoria e amor. Devemos "continuar em oração", manter comunicação constante com Deus, pois essa é uma prática de vida. O apóstolo nos convida a vigiar e a ter o coração grato, mesmo nas dificuldades. Não podemos enfraquecer na fé, mas sempre agradecer.

Paulo também pede que oremos por quem anuncia o evangelho, para terem coragem e oportunidade de falar do amor de Deus. É importante intercedermos especialmente por quem dedica a vida ao ministério. Nossas orações os fortalecem e abrem portas para a mensagem de Cristo.

O apóstolo também nos aconselha a agir com sabedoria com os que estão fora da fé e a falar com "palavras agradáveis, temperadas com sal". Nossas atitudes e palavras devem refletir o amor e a sabedoria de Cristo. Temos de ser representantes de Deus em cada conversa e atitude, sempre prontos a responder com graça e bondade.

Assim como na época de Paulo, somos chamados a representar o reino de Deus na sociedade. Que possamos ser cheios do Espírito Santo, e que a nossa vida de oração nos conduza a uma fé prática e visível. Que a graça de Deus nos capacite a viver como luz no mundo que precisa de esperança. Que as instruções de Paulo nos ajudem a viver uma vida cristã coerente, comprometida com a oração e o amor ao próximo, para que nossa vida proclame o evangelho de Jesus Cristo.

Ore comigo

Senhor Deus, obrigado por me proporcionar comunhão contigo. Abençoa-me e dá-me sabedoria e coragem para viver como teu servo. Em nomede Jesus, amém.

LEITURA BÍBLICA
Jó 42:2-3

15
MARÇO

Reconheça a soberania de Deus

Na jornada de Jó — que perdeu filhos, saúde e bens —, vemos que antes ele tinha tudo, mas passou por tribulações inexplicáveis. Ele questionou, buscou entender e até se angustiou. Ao fim de sua provação, Jó concluiu que há planos divinos que vão além do nosso entendimento.

Nos momentos difíceis, questionar é humanamente natural. Contudo, como aprendemos com Jó, nosso conhecimento e entendimento são limitados. As respostas completas pertencem somente a Deus. Nossa limitação nos leva a depositar nossa confiança na soberania do Senhor, a abrir espaço para ele nos fortalecer e transformar nosso sofrimento em algo que nos aproxima dele. Jó, ao fim de sua trajetória, descobriu que Deus era tudo o que ele precisava.

A busca por compreender os planos de Deus, em vez de lutar contra o que não entendemos, nos concede paz genuína. Jó não obteve todas as respostas, mas aprendeu que o poder, a sabedoria e o amor de Deus estão além do que podemos medir. Podemos, então, confiar que ele tem um propósito para nós. Devemos buscar o conhecimento de Deus, pois quanto mais nos aproximamos dele, mais nossa fé e confiança se firmam.

Este é um convite a buscar um relacionamento mais profundo e íntimo com o Senhor. Ele deseja se revelar pela leitura da Bíblia e oração, e nos conceder paz e sabedoria em meio às circunstâncias difíceis. Que possamos, como Jó, declarar: "Sei que podes fazer todas as coisas".

Ore comigo

Senhor, reconheço que meus pensamentos e planos são pequenos perto dos teus. Que eu descanse em tua sabedoria. Em nome de Jesus, amém.

LEITURA BÍBLICA
Salmos 62:6

Ativando a fé

O ponto de partida de todos que decidem viver uma vida pautada nos princípios bíblicos é sempre o mesmo lugar. As histórias podem ser totalmente diferentes, porém todas carregam consigo um ingrediente comum, sem o qual é impossível prosseguir: a fé!

Sem fé é impossível agradar a Deus; sem fé não há nem mesmo razão de crer; sem fé não há caminho ou destino; sem fé não há vida. No verso de hoje vemos que as Escrituras fazem referência àqueles que, apesar de não terem vivido na mesma época nem terem visto Cristo atuar no ministério terreno, creram.

A fé é o antídoto para a dúvida. Ela é o poder que vence o medo; o botão de emergência acionado quando não sabemos o que fazer. Aliás, a fé, às vezes, é tudo o que temos. Isso não é um lamento, mas uma confissão de vitória! Deus jamais nos permitirá passar por guerras desarmados. Quase sempre, ele nos pedirá para ir ao campo de batalha com o que temos nas mãos – e, muitas vezes, não haverá nada além da fé!

Diante das dificuldades, você precisa entrar em ação com aquilo que tem. A fé acionada sempre trouxe resultados! Davi declarou sua fé no único que pode salvar, fez do Senhor sua rocha e torre segura, certo de que jamais seria abalado. Assim como o salmista, devemos crer e declarar que a fé no Senhor é tudo de que precisamos.

Ore comigo

Pai querido, obrigado por manter em mim a chama da fé. Confiar em ti pode transformar minha história. Que eu prossiga com os olhos fixos no Senhor. Em nome de Jesus, amém!

Descansar em Deus

Paulo começa sua carta aos romanos com uma convicção: "Tenho por certo". Ele tem plena certeza que as dificuldades que enfrentamos não se comparam à glória que Deus nos preparou.

Ele compreendia o que era enfrentar sofrimentos: naufrágios, apedrejamentos, prisões, açoites, adversidades, dificuldades. Ele viveu tudo isso, assim como muitos de nós. Talvez você, ao refletir sobre sua semana, se identifique com a sensação de que os dias de sofrimento parecem intermináveis, enquanto os momentos de alegria passam rapidamente.

Paulo descobriu a regra do temporário e baseou sua vida nela: todas as situações difíceis que enfrentamos são passageiras. Ele declara com convicção que os sofrimentos do presente não se comparam à glória futura que será revelada em nós. Ao aplicar essa regra, entendemos que não importa a intensidade da dor ou dificuldade que estamos enfrentando, tudo isso tem fim. A glória de Deus, entretanto, é eterna e imutável.

Quero encorajar você a manter essa perspectiva. Não deixe que as adversidades deste mundo roubem sua paz e esperança. Mantenha seus olhos fixos na glória que há de ser revelada. Vamos viver com a convicção de que estamos esperando por algo muito maior e mais grandioso do que qualquer sofrimento que possamos experimentar agora. E enquanto esperamos, vivamos com fé, esperança e paciência, sabendo que a fidelidade de Deus nunca falha.

Ore comigo

Senhor, ajuda-me a entender que tudo o que enfrentamos é temporário, mas tua glória é eterna e eu posso descansar em ti. Em nome de Jesus, amém.

LEITURA BÍBLICA
Gênesis 15:1-6

A promessa de Deus e a fé de Abrão

A história de Abrão é um exemplo de fé e obediência diante das impossibilidades. A esperança parecia escassa, e a relação com Deus ainda estava em seus primeiros passos, mas o Senhor prometeu ao idoso Abrão que ele seria o pai de uma grande nação.

Apesar da idade avançada e da esposa estéril, Abrão creu. Sua decisão moldou sua trajetória e lhe garantiu um lugar especial na história bíblica como o pai da fé. Em Gênesis 15:1-6, Abrão conversa com Deus, que diz: "Não tenha medo, Abrão, eu sou o seu escudo; sua recompensa será grandiosa". Abrão, ainda sem filhos, questiona: "De que me adianta todas as tuas bênçãos se não tenho um herdeiro?" Deus lhe promete descendência e, mostrando o céu estrelado, afirma: "Conte as estrelas, se for capaz. Assim será a sua descendência". Abrão creu, e isso foi considerado como justiça.

A história de Abrão nos ensina sobre fé e confiança nas promessas de Deus em circunstâncias desfavoráveis. Em muitos momentos, como Abrão, podemos olhar ao nosso redor e nos sentir desencorajados. Podemos pensar que o tempo passou, que as promessas não se cumprirão ou que os desafios são grandes demais.

Deus, no entanto, nos chama a olhar para o céu e contar as estrelas, a olhar além das limitações visíveis e a confiar em suas promessas. Abrão não recebeu uma prova, mas uma promessa. E por crer naquilo que Deus disse, mesmo sem ver, foi considerado justo.

Ore comigo

Senhor, obrigado por tua palavra que nos lembra que tu és fiel mesmo quando enfrentamos desafios e dúvidas. Em nome de Jesus, amém.

Aproximando-se de Deus e respeitando os processos

Josué nos ensina que Deus é um Deus de processos. Desde o princípio, ele guia o povo por etapas específicas, preparando-os para o futuro. O primeiro passo é nos aproximarmos de Deus com o coração disposto a ouvi-lo e obedecê-lo.

Outro processo é o do crescimento físico e espiritual. Não damos alimento sólido a um recém-nascido porque ele ainda não está preparado para recebê-lo: "Eu lhes dei leite, e não alimento sólido, porque vocês ainda não estavam prontos para recebê-lo" (1Coríntios 3:2)

O povo de Israel teve que passar pelo deserto — lugar de tratamento, preparação para o futuro — antes de chegar às margens do Jordão. Muitos murmuraram e não venceram o deserto. Só chegaremos ao Jordão se vencermos o deserto.

À margem do Jordão, devemos estar prontos para o novo de Deus: os sacerdotes que levavam a arca deveriam pôr os pés na água, para a correnteza ser interrompida. Para cada etapa do processo, há uma orientação. O que nos trouxe até aqui não nos levará ao próximo nível.

Aproxime-se e ouça a voz de Deus. Ele tem algo novo para você. O Jordão pode ser um obstáculo, mas também é uma oportunidade para Deus mostrar seu poder e sua fidelidade. Confie nele, siga seus processos e esteja preparado para atravessar em terra seca.

Ore comigo

Pai, obrigado por teus processos em minha vida. Ajuda-me a me aproximar de ti com o coração disposto a ouvir e obedecer. Em nome de Jesus, amém.

Em quem você tem crido?

Nossos relacionamentos são pautados em confiança. Dificilmente confiaremos em estranhos, pessoas que não conhecemos ou que, recentemente, adentraram em nossa vida. A confiança é destinada àqueles que conhecemos. O aposto Paulo alegou conhecer a Deus e, talvez por isso, tenha sido um dos que mais viveram pela fé.

Nossa fé precisa ser coerente e consciente, não emocional e entusiasta. Conhecer ao Deus a quem servimos demanda tempo de relacionamento. Tal entendimento muda nossa visão, nos dá o ângulo correto, e então, passamos a ver a vida não mais a partir dos problemas, mas a partir de quem Deus é. Quando as circunstâncias nos disserem não, é hora de trazermos à memória o que nos traz esperança, e nossa esperança é Cristo. Como lemos em Lamentações 3, a nossa porção é o Senhor; portanto, nele devemos colocar nossa esperança.

O apóstolo Paulo conhecia a Deus. Por isso, declarou nele sua total dependência. Reconhecer a grandeza do Senhor abre portas, leva embora o medo e enche nosso coração de esperança. Grande é o Senhor e boas as suas ações para os que nele esperam.

Neste dia, o Senhor convida você a conhecer mais quem ele é. Deixe os problemas de lado um pouco e foque no que importa, que é conhecer a Deus e prosseguir em conhecê-lo. Assim, dia após dia, os problemas mudarão de proporção; o que era grande, vai se tornando pequeno diante da grandeza do Senhor!

Ore comigo

Querido Deus, ajuda-me a conhecer-te mais, pois só assim os problemas se tornarão pequenos diante de tua grandeza. Peço-te no nome de Jesus. Amém.

A perseguição e o evangelho

Desde o início da história da Igreja, o evangelho tem sido perseguido. Jesus nos alertou que seríamos odiados pelo mundo, assim como ele foi. Muitos mártires e seguidores de Cristo enfrentaram opressão e morte por causa da fé. Diante de Jesus, ninguém fica indiferente: ou há amor e arrependimento, ou ódio e rejeição. A perseguição ao evangelho de Cristo é a resposta natural de um mundo governado pelo pecado.

Vivemos em constante batalha: o reino de Deus *versus* o reino das trevas. O apóstolo Paulo descreve que "o deus deste século" cegou a mente dos descrentes para que eles não possam ver a luz do evangelho (2Coríntios 4:4). Por isso, as forças do mal continuam tentando impedir a expansão do reino de Deus.

Por mais que, muitas vezes, a perseguição pareça avassaladora e injusta, ela também refina a Igreja. Na oposição, o evangelho se espalha, pois a verdadeira luz de Cristo brilha intensamente nas trevas. Somos chamados a nos posicionar, uma vez que nossa luta não é contra carne e sangue, mas contra as potestades espirituais.

Devemos estar preparados. A guerra contra o pecado e o mal começa em nosso coração, e que a única maneira de vencê-la é submetendo-nos ao Espírito de Deus. Mesmo diante da perseguição, sabemos que somos fortalecidos e sustentados pelo Senhor, que prometeu estar conosco até o fim dos tempos. Que possamos, como Igreja, estar firmes na verdade da Palavra.

Ore comigo

Senhor, fortalece a minha fé e capacita-me a resistir à perseguição, pois confio na tua justiça e na vitória final de Cristo. Em nome de Jesus, amém.

LEITURA BÍBLICA
Malaquias 3:6

Imutável

Uma das características de Deus é a imutabilidade. Falar sobre isso num tempo em que tudo muda praticamente todos os dias é desafiador. Contudo, o Senhor nos garante que ele não muda. Tiago também diz que em Deus não há mudança nem sombra de variação (Tiago 1:17), para deixar claro que ele é o mesmo ontem, hoje e eternamente.

Em momentos de dificuldades, muitos de nós às vezes nos deixamos levar pelo desânimo e fraqueza. Contudo, o Senhor afirma ser imutável justamente para trazer esperança ao nosso coração. A Bíblia está repleta de histórias em que ele livrou e salvou seu povo. Ora, se Deus o fez no passado, o que impede que ele faça hoje, comigo e com você?

Esta é a matemática de Deus: Aquele que prometeu não mentiu e segue realizando sinais e prodígios entre os seus. Neste dia, o Senhor convida você a refletir em sua grandeza. Aquele que fez tudo do nada tem o poder de mudar o cenário da sua vida.

Quantas vezes Deus já ajudou você? Quantas vezes ele lhe estendeu a mão quando ninguém mais o fez? Pensar em tudo aquilo que ele já fez é o antídoto para a ansiedade. A soberania de Deus nos fazer entender que nada, absolutamente nada, escapa aos seus olhos. Ele tudo sabe, tudo pode e tudo vê!

Ore comigo

Amado Pai, quão grande é o Senhor! Obrigada por estar comigo desde sempre e por jamais me abandonar. A tua fidelidade é o que me faz viver. Tu és fiel, amém!

Fonte verdadeira

A mensagem do dia é um alento para a alma cansada. Meditar nessa promessa é também pensar em um Deus sempre presente, que tem poder para, mesmo no deserto, fazer brotar mananciais. Ele fez isso com o povo hebreu, durante a peregrinação no deserto (Êxodo 15) e o faz ainda hoje.

Muitos são os que se sentem sedentos na vida. Errantes no caminho escaldante, buscam saciar-se em tigelas quebradas e fontes secas; vagueiam delirantes sem encontrar o Único detentor da água, e água viva. O deserto não é a questão, e sim, onde temos buscado saciar nossa sede.

O amor do Senhor sempre nos guiará, ainda que no deserto (Salmos 136:16). Estar com ele é tudo de que precisamos. Por isso, podemos declarar a sua Palavra frente aos problemas e confiar em sua fidelidade. Há uma aliança de Deus com você, em Cristo Jesus!

O Senhor não foge porque está calor ou as circunstâncias tornaram-se mais difíceis. De todos, ele é o que sempre ficará, jamais o abandonará. Não há um dia sequer que você possa dizer que está só ou murmurar de sede. Cristo é a fonte que jorra ininterruptamente; basta nos achegarmos a ele.

Neste dia o Senhor o chama. Ele não ignora o seu deserto, mas preparou para um manancial para você. Ele o aguarda. Você vem?

Ore comigo

Deus da Eternidade, sou grato por Cristo Jesus e por teu sangue que me deu acesso à tua fidelidade. Neste dia, te apresento minha alma cansada e descanso em teu manancial de amor. Em nome de Jesus, amém!

LEITURA BÍBLICA
Mateus 21:18-22

Vida autêntica com Deus

A leitura de hoje nos leva a refletir sobre nossa autenticidade espiritual. Jesus passa por uma figueira cheia de folhas, mas sem frutos. Cristo, com fome, esperava encontrar alimento, mas a figueira apenas oferecia uma bela aparência. Jesus, então, amaldiçoa a árvore, que seca, o que nos ensina uma lição sobre a vida com Deus.

Quando celebramos a entrada triunfal de Jesus em Jerusalém, pensamos sobre o que ele vê em nós. Ele encontra frutos? Ou somos bonitos por fora, mas sem vida verdadeira por dentro?

Nossa sociedade valoriza a aparência. As redes sociais, a indústria da beleza e as expectativas culturais nos pressionam a manter uma imagem impecável. No entanto, Deus não se impressiona com isso:"O homem vê o exterior, mas o Senhor vê o coração" (1Samuel 16:7). Deus está à procura de frutos verdadeiros.

Jesus espera de nós os resultados de uma vida autêntica e profunda com arrependimento, justiça, amor, bondade e paz. Ele não deseja que nossa fé impressione os outros, mas busca a vida interior que reflita seu caráter.

Os discípulos ficaram admirados com a figueira que secou. Jesus usou a ocasião para ensinar-lhes sobre a fé: "Se vocês tiverem fé e não duvidarem [...] poderão dizer a este monte: 'Levante-se e atire-se no mar', e isso acontecerá. Se crerem, receberão qualquer coisa que pedirem em oração" (Mateus 21:21-22). Jesus nos lembra que a fé genuína está no compromisso interior com Deus, que gera frutos.

Ore comigo

Senhor, faça uma obra completa em mim, removendo qualquer aparência vazia e enchendo-me com a tua vida abundante. Em nome de Jesus, amém.

Adore em todas as situações

Você já se sentiu injustiçado? Temos a tendência de ficar desapontados, enfurecidos e frustrados quando levamos a culpa por algo que não fizemos e sofremos as consequências da injustiça. Ser injustiçado é muito diferente de colher os frutos dos nossos erros e escolhas insensatas. Como crianças, ficamos indignados: "A culpa não é minha! Eu não fiz nada!"

Atos 16, porém, nos revela uma resposta diferente à injustiça. Paulo e Silas seguiam a direção de Deus e se dedicavam ao evangelismo. Ao pregar em Filipos, foram acusados de tumultuar a cidade e, em decorrência disso, foram açoitados e presos injustamente.

Costumo dizer que todo cristão precisa passar pelo processo do sachê de chá: assim como a qualidade do chá se torna evidente quando ele entra em contato com a água quente, Deus às vezes deixa que a água fervente caia sobre nós para ver do que somos feitos. Nossa essência é evidenciada pela forma como lidamos com os momentos difíceis.

Diante da perseguição e da injustiça, a reação de Paulo e Silas mostrou que o coração deles estava alicerçado em Deus. Eles não desanimaram, nem desistiram, tampouco se revoltaram contra as autoridades ou renunciaram a fé. Em vez disso, oraram e cantaram hinos a Deus, de modo que os outros os ouviam. A conduta deles deve ser um exemplo para nós quando passarmos por lutas: orar e louvar àquele que jamais comete injustiças, o Deus fiel, justo e bom.

Ore comigo

Senhor, ainda que eu me sinta injustiçado ou preso, que os cânticos de adoração jamais deixem os meus lábios. Amém!

26
MARÇO

LEITURA BÍBLICA
Lucas 5:12-13

O poder transformador do toque de Jesus

No encontro entre Jesus e o homem leproso, vemos a compaixão e o poder de Cristo. A lepra, símbolo do pecado e da separação, isolava a pessoa do convívio social e religioso. No entanto, Jesus estende a mão e toca o impuro. Assim, revela que Deus vê nossa aflição e está disposto a nos tocar e restaurar, apesar da nossa condição.

O leproso sabia que Jesus podia curá-lo, mas humildemente disse: "Se quiseres [...]" Com bondade, Cristo respondeu: "Eu quero. Seja purificado!". Hoje, Jesus deseja nos curar de todas as feridas que nos separam de Deus. Ele quer tocar nossa vida, nos libertar e restaurar nossa comunhão com o Pai.

Quantas vezes nos sentimos indignos, por carregarmos nossa "lepra" espiritual? Temos de lembrar que Jesus está sempre disposto a nos purificar e renovar. Não há pecado nem dor tão grande que ele não possa curar; seu toque amoroso é capaz de transformar nossa vida.

O ministério de Jesus nos revela seu poder, graça, amor e compaixão. Em apenas três anos e meio, ele impactou o mundo de forma eterna pela intensidade com que viveu e cumpriu a vontade do Pai. Sua missão foi marcada por encontros transformadores, atenção de multidões e mudança de destino de muitos alcançados pela graça.

No início de seu ministério, Jesus demonstrou autoridade ao chamar os primeiros discípulos e formar um grupo que seria testemunha e instrumento de sua obra redentora. Cada detalhe da caminhada de Jesus aponta para quem ele é: o Filho de Deus, o Salvador que continua a transformar vidas.

Ore comigo

Senhor Jesus, eu me coloco aos teus pés, assim como o leproso, pedindo que me purifiques e restaures meu coração. Em teu nome eu oro, amém.

LEITURA BÍBLICA
Salmos 23:6

27
MARÇO

Bondade de Deus

Somos alvo da bondade de Deus, e isso é fato! Do contrário, como lemos em Lamentações 3:22, certamente já teríamos sido consumidos. Deus é bom, e em todo o tempo ele é bom. Todos os dias ele manifesta atos de bondade para conosco e não há uma pessoa sequer que não tenha ao menos um motivo para agradecer.

O salmista declara que a bondade do Senhor o seguirá todos os dias de sua vida, e assim também é conosco, que o temos por pastor. Aqueles que nele se refugiam podem provar e ver tal bondade (Salmos 34:8), pois ela nos cerca e constrange todos os dias.

Os dias difíceis são tão comuns quanto os dias bons e é preciso ter consciência de que, mesmo quando tudo vai mal, Deus permanece o mesmo: bom! As circunstâncias não anulam suas promessas; o Senhor vela pela sua Palavra. Uma vez dito, se cumprirá e não tardará! Estações difíceis passam, mas a Palavra permanece para sempre (Mateus 24:35), por isso não precisamos temer.

Nosso papel diante das dificuldades deve ser apenas um: declarar nossa dependência de Deus. Quando o desespero e o medo vêm querendo nos sufocar, podemos em alta voz declarar: “Dependo de ti, Senhor, e não há nenhum outro em quem eu deposito minha esperança. Estende tua mão poderosa sobre mim e me inunda com sua bondade sem fim!”

Ore comigo

Senhor meu Deus, obrigado por ser sempre um socorro presente e me guiar em todos os dias da minha vida. Declaro minha total dependência em ti e, hoje coloco tudo em tuas mãos. Em nome de Jesus, amém!

LEITURA BÍBLICA
Salmos 136

O poder da adoração

Algo acontece quando alguém adora ao Senhor. Em meio a tantas histórias de luta e sofrimento, também vemos na Bíblia um povo que entendia o poder do louvor e da adoração. Muito provavelmente escrito por Davi, o salmo 136 nos leva a esse lugar, onde declaramos a bondade do Senhor e o seu amor que dura para sempre.

Muitas batalhas no Antigo Testamento foram vencidas sem uma espada sequer. O Deus todo-poderoso de Israel pelejava por seu povo enquanto este o adorava. Foi assim com o rei Josafá que, mesmo cercado por um numeroso exército inimigo, convocou o povo a adorar ao Senhor. Feito isso, a Palavra diz: "Quando começaram a cantar e a entoar louvores, o Senhor preparou emboscadas contra os homens de Amom, de Moabe e dos montes de Seir, que estavam invadindo Judá, e eles foram derrotados" (2Crônicas 20:22).

Há poder no louvor. O Senhor nos convida, a despeito do cenário e dos problemas, a parar tudo, voltar nossos olhos para ele e simplesmente adorá-lo. Nosso Deus não mudou e segue lutando nossas guerras. Por que não confiar tudo a ele?

Acione a sua fé, comece a adorar. Volte os seus olhos para o único que pode livrá-lo do exército inimigo. Veja como o Senhor, o seu Deus, é bom e poderoso, exalte-o. Há tempo para todas as coisas e, por mais que se posicionar e lutar seja importante, o tempo de adoração não deve ser negligenciado, pois no louvor há poder!

Ore comigo

Senhor, eu quero te adorar mesmo em meio aos dias ruins. Eu me rendo completamente ao Senhor, que é o Deus dos Exércitos, o único que pode pelejar por mim. Em nome de Jesus, amém!

LEITURA BÍBLICA
Marcos 5:6

29
MARÇO

A autoridade de Jesus sobre o pecado

Quando um dependente diz “Eu paro quando eu quiser”, é porque não percebe que já perdeu o controle. Uma das mentiras que o pecado nos conta é que ainda estamos no comando. O endemoninhado de Gadara vagava entre os túmulos, gritava e se cortava; ninguém conseguia dominá-lo. O dependente também está em uma prisão invisível, com mente e alma acorrentados; a escolha pessoal logo se revela como escravidão.

Todavia, a graça redentora de Jesus Cristo é maior que o poder destrutivo do pecado. Jesus foi até o endemoninhado intencionalmente, sabia como libertá-lo. Com você não é diferente, Cristo sabe onde você está e o que enfrenta. Ele veio para destruir as obras do Diabo e oferecer libertação verdadeira.

Sem Jesus, não há esperança real. Enquanto ele não chega à sua vida, nada muda de verdade, as soluções são temporárias. Quando Jesus chegou, a transformação daquele homem foi imediata: os demônios se submeteram à autoridade e o poder destrutivo do pecado foi quebrado.

Se você luta contra um vício ou qualquer outra forma de escravidão, Jesus é o único capaz de libertá-lo. A sociedade pode tentar isolá-lo, amarrá-lo ou vigiá-lo, mas apenas Jesus pode realmente libertá-lo. Ele tem poder sobre todo mal e todo pecado. O primeiro passo para a liberdade é reconhecer que você precisa dele. Assim como o homem gadareno correu ao encontro de Jesus, você também deve buscá-lo com todo o seu coração.

Ore comigo

Senhor Jesus, sozinho não consigo vencer as correntes que me prendem. Confio no teu amor e autoridade, por isso, te peço: liberta-me. Em teu nome, amém.

Presente de Deus

O rei Davi ficou conhecido como o homem segundo o coração de Deus (Atos 13:22). Ele era homem comum, falho, mas de coração ensinável e bondoso. Diferentemente dos demais reis, que exterminavam a descendência do inimigo, ele pergunta por algum sobrevivente da dinastia de Saul.

Saul tinha inveja de Davi, o perseguiu por longos anos e foi responsável por muitas tristezas. Davi fugiu de Saul por muito tempo, mesmo sabendo que Deus o havia ungido em seu lugar, tendo assim, direito ao trono. Davi e Jônatas eram grandes amigos, mas quando diz querer exercer bondade, Davi cita Saul.

No versículo que lemos, o desejo de Davi se realizou: Mefibosete, aleijado dos dois pés, foi ao palácio e passou a comer na mesa com o rei. Muitos, infelizmente, têm uma imagem distorcida de quem Deus é e o imaginam como um pai bravo, disposto a castigar, mas ele tem o coração bondoso que vemos em Davi.

A graça e a bondade de Deus nos livra da condenação que, de fato, merecíamos; ele está à nossa procura para ser bom conosco assim como Davi foi com Mefibosete. Aquele moço sentia-se como um cão, desprezado e sem direito algum, porém o rei agiu em seu favor, assim como Deus quer fazer conosco: nos dar muito mais do que aquilo que podemos imaginar ou pedir. Hoje ele chama você para assentar-se à mesa do palácio para comer com ele, um Pai bom, justo e que tem prazer em nos presentear.

Ore comigo

Pai, muito obrigado por teu amor e generosidade. Obrigado por não levar em consideração os meus defeitos, mas, me aceitar em tua mesa. Em nome de Jesus. Amém!

A esperança da ressurreição

A narrativa da ressurreição de Jesus é impactante. No primeiro dia da semana, Maria Madalena vai ao túmulo de madrugada, no escuro, com amor e devoção evidentes. Ao ver a pedra removida, corre para contar aos discípulos, pois supõe que o corpo foi roubado. Ela havia experimentado o poder libertador de Jesus e agora enfrentava o vazio de dor e confusão.

Pedro e João correm até o túmulo. João, mais jovem, chega primeiro, mas espera por Pedro. Há reverência, mistério. Os lençóis e o lenço que cobriam o corpo de Jesus estavam cuidadosamente dobrados. João viu e creu, mesmo sem compreender que Jesus havia ressuscitado.

Os discípulos voltam para casa, Maria permanece no túmulo, chorando. É tocante. Ela vê dois anjos, mas segue triste. Então, Jesus se revela a ela, mas Maria não o reconhece até ouvi-lo chamar seu nome, "Maria".

Esse encontro pessoal e transformador entre Jesus e Maria nos lembra que Deus se preocupa em nos encontrar, mesmo nos momentos mais sombrios. Tudo parecia perdido; Maria enfrentava dor; Jesus a encontra e a chama pelo nome. A vida triunfa sobre a morte.

A manhã da ressurreição é uma promessa para todos nós. O túmulo vazio nos garante que, em Cristo, a morte foi vencida. O desespero se transforma em esperança, a tristeza em alegria, e a incerteza em certeza de vida eterna. Que o Espírito Santo renove em nosso coração essa esperança viva. Cristo vive, e porque ele vive, nós também viveremos.

Ore comigo

Senhor Jesus, ajuda-nos a viver na plenitude dessa nova vida que tu nos deste, firmes na promessa de que, porque tu vives, também viveremos. Amém.

CUIDADO

ABRIL

Meu planejamento

Meta

Plano

Leitura bíblica do livro

Atividade em família

Refeição especial

Avaliação alimentar

Tempo de qualidade com amigos

Um filme/série

Um livro/*podcast*

Um médico a agendar

Nota da minha saúde emocional

Atividade física pelo menos três vezes por semana

Participação semanal na comunidade espiritual

Ingestão diária de água

Gestão das finanças pessoais

LEITURA BÍBLICA
Provérbios 6:16-19

01
ABRIL

Coisas que Deus odeia

Costumamos achar a palavra "ódio" muito pesada. Odiar ou detestar significa abominar, desprezar e rejeitar completamente. Ninguém quer ser odiado ou considerado detestável. O texto de hoje ensina que há sete coisas que Deus detesta: "[...] olhos altivos, língua mentirosa, mãos que derramam sangue inocente, coração que trama planos perversos, pés que se apressam para fazer o mal, testemunha falsa que profere mentiras e aquele que provoca discórdia entre irmãos".

Salomão usa palavras de forte impacto para compreendermos que Deus reprova quem se enquadra nessas características. Deus não suporta o pecado, tampouco quem decide viver nele. Nós sabemos que Deus ama os perdidos a ponto de enviar seu Filho para trazer a salvação aos pecadores; contudo, ele odeia o pecado.

O que podemos aprender com esse texto é que, se há alguma prática pecaminosa em nossa vida, temos de mudá-la a fim de sermos aprovados pelo Senhor. A nossa natureza é, em essência, pecaminosa. Se nos entregarmos a nós mesmos, encontraremos todas as características sobre as quais lemos em Provérbios 6. Todas elas são fruto do pecado, e é por isso que nós precisamos de uma nova vida para encontrarmos meios de agradar a Deus. Esse renovo nos é concedido somente pela graça de Cristo Jesus e pela ação transformadora do Espírito Santo, que nos capacita à nova vida.

Ore comigo

Perdoa-me, Pai santo, por meus pecados. Purifica-me e transforma-me, para que eu possa viver uma nova vida em Cristo. Amém.

LEITURA BÍBLICA
Mateus 6:31-32

À espera da circunstância ideal

Muitas pessoas se decepcionam com a vida porque depositam esperança em coisas erradas e têm o costume de fabricar circunstâncias e cenários ideais. Embora seja importante planejar e organizar a vida, não podemos idealizar o futuro segundo nossas expectativas e vontade, à espera do momento perfeito para cada acontecimento, nem gastar nosso tempo com preocupações e questionamentos quanto ao amanhã.

Não podemos pensar: "Minha vida será melhor quando X acontecer e quando eu tiver Y na conta". Ao fazer isso, depositamos nossa esperança em circunstâncias que estão fora do nosso controle e alcance, quando Deus, que é quem conhece as nossas necessidades, pode nos surpreender com algo infinitamente melhor do que nem sequer imaginamos.

A circunstância ideal não existe. O que existe é a oportunidade que Deus nos dá de receber o que ele tem reservado para nós. Em geral, projetamos um futuro perfeito quando a única forma de viver com plenitude é em Jesus. Pensamos que nossas idealizações, preocupações e planos nos tornarão finalmente felizes, mas a verdadeira alegria não está em circunstâncias, e sim em Jesus Cristo.

De nada adianta buscar as circunstâncias ideais ou o momento perfeito; tampouco adianta nos preocupar com o futuro. Enquanto as nossas expectativas não estiverem na pessoa certa, não desfrutaremos da vida de alegria, paz e plenitude que há em Cristo.

Ore comigo

Pai, faz-me entender que tu conheces minhas necessidades e tens planos maravilhosos para a minha vida. Que a minha esperança esteja somente em ti. Amém.

LEITURA BÍBLICA
Jeremias 17:14

03
ABRIL

As sobrecargas da vida

A sobrecarga de informações e responsabilidades nos afeta mental, física e emocionalmente. Excesso de notícias, tarefas e compromissos tem causado uma crise de cansaço na humanidade. Obrigações financeiras, problemas de saúde e relacionamentos disfuncionais criam uma carga pesada. Nesses momentos, muitos se sentem invisíveis e acreditam que ninguém percebe seu sofrimento. Jesus, em sua infinita graça, nos oferece uma solução.

Jesus disse: "Venham a mim, todos os que estão cansados e sobrecarregados, e eu lhes darei descanso. Tomem sobre vocês o meu jugo e aprendam de mim [...] e vocês encontrarão descanso para as suas almas" (Mateus 11:28-29). O Senhor não ignora nossas lutas, mas nos oferece alívio; ele nos convida a deixar a sobrecarga a seus pés e a receber dele um fardo leve.

O Senhor conhece as lutas que enfrentamos. Sim, todos temos responsabilidades e desafios a enfrentar, o problema surge quando as cargas se tornam insuportáveis. Jesus não nos chama para viver em comodismo ou fuga, mas para um relacionamento com ele, com alívio e apoio.

Ao enfrentar desafios, é importante lembrarmos que nem todas as cargas podem ser removidas, mas a sobrecarga — o peso que não conseguimos mais suportar — deve ser entregue a Cristo. Ele nos vê em nosso cansaço e nos chama para descansar nele. Ele nos sustenta e nos fortalece, mesmo em meio à exaustão. Procure Jesus, e você encontrará descanso para a alma.

Ore comigo

Senhor, em meio às pressões e aos desafios da vida, peço-te a paz que excede todo entendimento e renova as forças a cada dia. Em nome de Jesus, amém.

LEITURA BÍBLICA
Lucas 15:23

Tempo de alegria

Deus pode mudar o seu destino num instante. O de repente de Deus pode acontecer a qualquer momento, inclusive hoje! Talvez você não tenha grandes expectativas para este dia, mas deve saber em seu coração que, para Deus, qualquer dia é dia de milagre.

Foi assim com um pai, que por bom tempo não teve notícias do filho mais novo que, decidindo viver a juventude, o deixou. Imagino que não houve um só dia em que ele teve a esperança de vê-lo retornar, até que em um dia, de repente, ao erguer seus olhos para o horizonte, de longe viu seu filho voltar.

No texto de hoje, vemos que um dia comum se tornou um dia de festa e assim pode ser para nós. Quando depositamos nossa esperança em Deus, o inesperado nos encontra e, então, os dias de luto tornam-se em festa. Independentemente do que você tenha perdido ou esteja esperando que aconteça, saiba que a vontade de Deus para nós é boa, agradável e perfeita (Romanos 12:2) e ele quer ver você celebrando e feliz.

Assim como aquele pai esperou pelo filho, Deus Pai nos espera. Não há mais tempo para o lamento ; é hora de se voltar a ele e dizer: "Pai, pequei contra o céu e contra ti" (v. 21). O Pai jamais nos rejeitará; antes, resgatará sua honra de filho e o fará sentar à mesa e anunciará: é tempo de festejar!

Ore comigo

Grandioso Deus, quem pode se comparar a ti? Nosso tempo não é como o seu e, por isso, entrego tudo em tuas mãos e espero para viver contigo a sua vontade. Em nome de Jesus, amém!

LEITURA BÍBLICA
Gênesis 39:4

05
ABRIL

Não mais escravos

O plano de Deus para o homem sempre foi vida abundante e plena. Contudo, o coração do homem, que é desesperadamente corrupto (Jeremias 17:9), é diariamente inclinado ao pecado, que recebe a morte como salário (Romanos 6:23). Vemos na Bíblia vários exemplos de homens que, ao não fazerem o que era reto aos olhos de Deus, se tornaram escravos. Reis que não seguiram os preceitos do Senhor, que levaram o povo a pecar e trouxeram sobre si, por exemplo, o exílio.

Somos chamados para viver uma vida extraordinária, mas muitos carregam em si marcas que os identificam como prisioneiros. Como se vestissem um uniforme, andam pelas ruas identificados por perdas, decepções, dores etc.; prisioneiros não de um sistema penitenciário, mas de suas escolhas erradas.

Graças a Deus que contamos com a sua misericórdia e seu olhar de bondade que nos alcança e resgata do cativeiro. Como nos diz o apóstolo Paulo, Cristo demonstrou seu amor por nós, apesar de sermos pecadores (Romanos 5:8). Direta ou indiretamente, sempre somos alvo da bondade de Deus, assim como José foi, como lemos no versículo do dia.

Hoje o Senhor nos faz esse lembrete: não mais escravos, mas filhos de Deus! Não precisamos mais vagar marcados pelo pecado, pois somos selados pela graça de Deus que nos alcançou e nos fez livres.

Ore comigo

Querido Deus, hoje te agradeço pela liberdade em Cristo. Graças ao teu amor, posso declarar que não sou mais um prisioneiro, mas livre! Obrigado por tua bondade que me alcança todos os dias. Amém!

LEITURA BÍBLICA
Jeremias 31:3

Atraídos pelo amor de Deus

O Senhor nos ama com amor eterno, ou seja, sem começo nem fim. Sua Palavra nos garante que ele nos elegeu desde antes da fundação do mundo e, em amor, nos predestinou a ele para sermos filhos (Efésios 1:4-5). Mesmo quando ainda éramos seus inimigos (Romanos 5:10), ele enviou Jesus, o caminho, para que fôssemos reconciliados.

Pensar em tudo isso é grandioso. O coração do Senhor nos persegue e alcança, e não há sequer um dia em que não provemos desse amor leal. Só o Senhor tem o poder para nos tirar de um lugar e nos levar a um lugar mais elevado. Isso é confirmado pelo apóstolo Paulo, que afirma que "ele nos resgatou do domínio das trevas e nos transportou para o Reino do seu Filho amado" (Colossenses 1:13).

Deus é aquele que muda destinos, pois o destino final pertence a ele desde o princípio. Ainda que por escolhas ruins nos encontremos em lugares ruins, temos nele a garantia de um amor que atrai e reconstrói. O mistério da graça de Deus nos garante que, ainda que estejamos debaixo de condenação, em Jesus somos atraídos de volta a um lugar de honra, ao lugar de filhos.

A essência do Pai é bondade e misericórdia e, por isso, seus filhos podem se achegar a ele sem medo. Neste dia, assim como em todos os outros, o amor atraente de Deus está disponível e nos convida a seguir com ele. Você vem?

Ore comigo

Pai, obrigado por seu amor leal, sua graça infinita e misericórdia constante. Reconheço minha incapacidade de seguir longe de ti ; por isso, decido andar contigo para sempre. Em nome de Jesus, amém!

Transformados para frutificar

Nascer em Cristo implica uma transformação radical. Significa romper com velhos padrões e receber do próprio Deus uma natureza completamente nova e santa. Essa transformação vai além de uma simples mudança de comportamento ou tentativa de ser alguém melhor; trata-se de uma renovação interior profunda operada pelo Espírito Santo, que passa a habitar em nós, moldando-nos à semelhança de Cristo. E como podemos ver essa mudança? Pelos frutos que produzimos.

A partir do momento em que nascemos em Cristo, os frutos que antes eram produzidos pela natureza humana passam a ser produzidos pelo Espírito. E, assim como uma árvore plantada junto a ribeiros de águas, somos nutridos e fortalecidos, dando frutos no tempo certo. Esses frutos não refletem outra coisa senão a nova vida santa que recebemos ao nascermos de Cristo, pois são evidências visíveis da obra divina em nossa vida.

Embora ninguém espere que um novo convertido conheça as Escrituras com profundidade ou tenha uma fé plenamente madura desde o início, espera-se que, com o tempo, ele manifeste em suas ações o caráter de Cristo. Os frutos que produzimos são nossa identidade espiritual, pois manifestam quem somos: se nascidos do mundo ou de Deus. Cresça, amadureça e frutifique espiritualmente, e os ouvidos de Deus estarão atentos a você!

Ore comigo

Senhor, transforma o meu interior para que eu produza os frutos do teu Espírito e manifeste ao mundo a santidade da tua natureza gloriosa. Planta-me junto a ti para que eu frutifique em tempo oportuno. Amém.

LEITURA BÍBLICA
Marcos 8:22

Uma nova visão em Cristo

Você sabia que, quando uma criança nasce, ela não enxerga o mundo com nitidez? Sua visão é turva, um conjunto de formas e sombras. Quando dizem que o bebê "reconheceu" alguém ao abrir os olhos, trata-se apenas de uma voz ou cheiro familiar, pois a criança não tem capacidade de ver com clareza. Com nossa visão espiritual também á assim: ela se desenvolve aos poucos.

Marcos nos lembra que, cada vez que Jesus nos toca, nossa visão espiritual é aprimorada. É como se Jesus fosse um oftalmologista que ajustasse as lentes espirituais até nos permitir enxergar o mundo com os olhos de Cristo.

Muitas vezes, a pessoa até tem uma comunidade de fé, mas ainda enxerga situações, problemas ou relacionamentos no modo "embaçado". Deus deseja que seus olhos espirituais sejam abertos e que você veja todas as coisas com nitidez, como ele vê. Paulo alerta que o "deus deste século cegou o entendimento das pessoas" (2Coríntios 4:4). Então, sem uma visão restaurada por Deus, é impossível compreender plenamente a verdade.

Quando o homem cego foi curado, Jesus o advertiu a não retornar ao povoado, pois voltar significaria se afastar da transformação que ele já havia começado. Você também deve permanecer firme, sem voltar a usar as lentes do mundo. Deus já abriu os seus olhos e restaurou a sua visão espiritual; agora você tem um testemunho. Não volte atrás!

Ore comigo

Senhor, abre meus olhos espirituais para contemplarem o mundo como tu vês. Capacita-me a seguir em frente. Em nome de Jesus, eu oro. Amém.

LEITURA BÍBLICA
Tiago 4:4

09
ABRIL

Escolha

O verdadeiro evangelho envolve autonegação. Isso significa abrir mão da própria vontade a fim de satisfazer a vontade de Deus; de nos diminuir para que ele cresça e de negar nossos desejos até que se conformem com os do Senhor. Hoje, porém, queremos um evangelho conveniente: "O que eu tenho a ganhar com isto?"

Alguns pensam que podem escolher andar com Deus e, ainda assim, permanecer no pecado, no mundo. No entanto, o Senhor não deseja que entreguemos a ele somente uma parte do nosso ser, mas que ofereçamos a ele tudo o que somos e temos.

O verdadeiro evangelho exige que nos desprendamos de nós mesmos para que possamos receber com plenitude o que o Senhor tem para nós, algo muito maior do que o mundo poderia oferecer ou do que poderíamos conquistar por nossos esforços. Não podemos comprar ou merecer aquilo que somente Deus pode nos dar por meio de Jesus, cujo sacrifício comprou para nós a vida, a salvação e a possibilidade de termos um relacionamento com Deus.

Quando o pecado entrou no mundo, passou a existir inimizade entre Deus e a humanidade. Somente o sacrifício de Jesus Cristo pode restaurar esse relacionamento e abrir um novo acesso ao Pai. Esse relacionamento envolve fidelidade. Para sermos fiéis a Deus, precisamos renunciar o que nos separa dele, isto é, o pecado. Temos de fazer a escolha intencional de buscar uma vida de santidade e obediência, e agir de acordo com essa escolha.

Ore comigo

Senhor Deus, eu escolho te seguir e viver conforme a tua vontade. Alinha o meu coração ao teu e conduz-me pelos teus caminhos. Amém.

LEITURA BÍBLICA
Marcos 4:15-20

Quando o coração adoece

Qualquer pessoa com conhecimento básico de jardinagem sabe que o crescimento saudável de uma planta depende da escolha da semente, da irrigação correta e do solo apropriado. Se alguma etapa for executada da maneira inadequada, o desenvolvimento da semente será comprometido.

Na vida espiritual, isso também acontece. Muitos recebem a boa semente, mas a irrigam de maneira a tornar o solo impróprio. A qualidade da nossa água é determinada por nossas conversas, leituras, pelo que ouvimos, por como gerenciamos o tempo, pelos relacionamentos, pelos lugares que frequentamos, etc.

Se alguma dessas coisas for impura, nosso coração adoecerá pouco a pouco, tornando-se um solo improdutivo; a semente não geminará corretamente, não será nutrida de maneira apropriada, não crescerá como deveria, não gerará os frutos esperados. Quando, porém, a boa semente é plantada em solo bom e irrigada da maneira correta, produz frutos bons.

Quantas pessoas olham para a própria vida e questionam o motivo de nada dar certo e de as coisas não irem para frente, mas contaminaram a semente com águas amargas e destruíram o solo. Se você recebe uma ministração um dia da semana, mas nos demais dias consome conteúdos impróprios, fala palavras destrutivas e frequenta os lugares errados, seu coração ficará doente; você será incapaz de gerar frutos. Por isso, convido você a analisar sua vida e sua nutrição espiritual.

Ore comigo

Senhor, mostra-me o que eu preciso mudar na minha vida para que o meu coração seja bom e para que eu gere frutos para ti. Em nome de Jesus, amém.

LEITURA BÍBLICA
Mateus 17:25

Acalma o teu coração

O versículo do dia traz um relato muito interessante de provisão. Vemos Pedro preocupado e entristecido por não ter dinheiro para o pagamento dos impostos e, Jesus, solucionando de maneira milagrosa, toda aquela situação. Talvez, assim como Pedro, você esteja passando por uma situação em que precisa de um milagre. Sendo ele financeiro ou não, é Jesus quem tem a solução; só ele pode dizer como resolver e as atitudes necessárias a serem tomadas.

Com certeza, assim como foi para Pedro, o Senhor se preocupa com as questões que nos afligem nesta terra e não nos quer envergonhados. Há ainda uma mensagem nessa passagem bíblica que deve ganhar nossa atenção. Quando Pedro entrou em casa, Jesus foi o primeiro a falar; outras versões do texto bíblico dizem que ele se adiantou ou antecipou.

Como é bom saber que temos um Deus que está sempre à nossa frente. Ainda hoje o Senhor continua chegando primeiro. Ele se adianta e sabe de absolutamente tudo que nos acontece; por isso, mesmo em meio às questões não resolvidas, é possível descansar.

Aquele que tudo sabe sempre se adianta e para tudo tem a solução. Ele é o Senhor dos senhores, o Rei dos reis e o criador de todas as coisas. "Acaso, para o Senhor há coisa demasiadamente difícil?" (Gênesis 18:14). Ele já chegou e hoje diz: fique tranquilo!

Ore comigo

Senhor, eu escolho confiar em ti. Não me deixes ser levado por ansiedade e temores. Obrigada por estares comigo todos os dias. Amém!

LEITURA BÍBLICA
1Pedro 2:12

A força de um testemunho

O papel de todo cristão nesta terra é servir de modelo e exemplo em tudo. A nossa espiritualidade nunca nos isentou de responsabilidades. O versículo que lemos hoje deixa claro quão exemplar deve ser nossa conduta, apresentando a recompensa quando nos portamos conforme a Palavra nos orienta: glória a Deus por parte de todos.

Daniel, quando perseguido por seus inimigos, precisou ser alvo da criação de uma nova lei, pois as que até então eram estabelecidas e não contrariavam os princípios do seu Deus eram todas cumpridas fielmente, a ponto de não acharem nele falta alguma (Daniel 6:4). Assim como ele e tantos outros, o nosso proceder como filhos de Deus deve ser um exemplo honroso, e não de vergonha.

A Palavra de Deus não esconde que, por servirmos ao Senhor, seremos perseguidos, mas nos orienta como proceder com aqueles que ainda não conhecem a Verdade. Ao sermos injustiçados e caluniados, não compete a nós a defesa, mas orarmos pelos que nos perseguem, nos mantendo perseverantes no caminho de Deus, que responderá por nós.

Por isso, neste dia, examine-se! Reveja sua conduta para saber se, conforme dizem as Escrituras, você tem sido um exemplo a ser seguido. Não somos perfeitos, mas nossa conduta deve refletir o Cristo a quem seguimos, servimos e pregamos. Do contrário, tudo terá sido em vão.

Ore comigo

Senhor Deus, obrigado por ter enviado Jesus, nosso modelo maior. Enquanto ele esteve nesta terra, viveu de maneira digna, e é assim que eu também quero viver. Em nome de Jesus, amém!

O verdadeiro significado do Reino

Estamos iniciando a Semana Santa, o momento principal do ministério de Jesus. A promessa messiânica de um Salvador, que traria liberdade ao seu povo, se cumpre. No entanto, muitos esperavam um libertador político que restaurasse o trono de Israel e levasse a glória de volta a Jerusalém.

Ao entrar em Jerusalém montado num jumentinho, Jesus cumpre as profecias messiânicas, como o prometido Rei de Israel. Mas, em vez de ir à Fortaleza de Antônia, sede do poder romano, Jesus vai ao templo, o local sagrado que se tornou cenário de corrupção e comércio.

Jesus expulsa os cambistas e vendedores de animais com uma poderosa mensagem: o reino de Deus é espiritual, e antes de qualquer mudança política ou social, o coração e a adoração do seu povo precisam ser purificados. Ele afirma que o templo, a casa de Deus, deve ser um lugar de oração.

Essa mensagem é tão relevante hoje quanto foi há dois mil anos, pois podemos nos distrair com preocupações materiais e mundanas, esquecendo-nos de que o reino de Deus começa em nosso coração. Precisamos priorizar a adoração e a santidade, lembrando que somos chamados para ser um povo separado para Deus.

Nesta Semana Santa, reflita sobre o estado do seu templo espiritual. O que precisa ser purificado? Sua vida de oração é uma prioridade ou há algo comercial ocupando o espaço que deveria ser de Deus?

Ore comigo

Senhor, purifica o meu coração e faz de mim uma casa de oração. Ajuda-me a viver para o teu Reino. Em nome de Jesus, amém.

LEITURA BÍBLICA
João 15:1-2

Permaneça na videira verdadeira

Jesus nos lembra, com a metáfora da videira, que a vida espiritual depende da nossa permanência nele. Como ramos, precisamos estar conectados à videira para receber a nutrição necessária e dar frutos. A verdadeira fonte de vida, poder e propósito é o próprio Cristo; qualquer outra é falsa e não pode nos fazer crescer espiritualmente.

Jesus enfatiza: "Permaneçam em mim", o que implica obediência, devoção e intimidade. Sem essa conexão, a vida espiritual se torna estéril. Mas, ao permanecer nele, somos podados para dar mais frutos; o que faz de nós verdadeiros discípulos. Para os primeiros discípulos, essa ordem era um desafio, pois em pouco tempo Jesus não estaria fisicamente presente. Jesus, então, os conforta com a promessa do Espírito Santo, que traria poder e entendimento. Isso se estende a nós, pois o Espírito habita em cada um dos que creem e os capacita a viver para glorificar a Jesus em tudo o que fazem.

Hoje, muitos são tentados a buscar sentido em "outras videiras" — sucesso, reconhecimento ou ideologias. Mas somente em Cristo encontramos a vida. Como discípulos, precisamos confiar e permanecer nele, permitindo que suas palavras moldem nossa vida, nossas decisões e nossa caminhada de fé.

Essa conexão diária com Cristo nos previne de procurar forças em fontes erradas. Ao permanecer nele, conhecemos o verdadeiro sentido da vida plena e descobrimos que somente em Cristo há verdadeira vida e propósito.

Ore comigo

Senhor Jesus, agradeço porque tu és a videira verdadeira. Desejo estar sempre conectado a ti e glorificar o teu nome. Em nome de Jesus, amém.

O bom Pastor

O nosso Deus é o Deus que nos supre com ampla suficiência. Davi sabia disso e, ao compor um dos salmos mais conhecidos, apresentou o Senhor como Bom Pastor. Sendo também um pastor, Davi sabia quanto se dedicava pelas ovelhas do pai, sendo capaz de enfrentar um urso e um leão para salvá-las (1Samuel 17:34-36). Ora, se ele sendo homem, agia assim por aqueles animaizinhos, quanto mais o Senhor, por cada um de nós.

O próprio Senhor Jesus afirmou: "Eu sou o bom Pastor, e conheço as minhas ovelhas, e das minhas sou conhecido. Assim como o Pai me conhece a mim, também eu conheço o Pai, e dou a minha vida pelas ovelhas" (João 10:14-15). Não precisamos mais andar errantes ou com medo. Temos um bom pastor que nos guia às verdes pastagens e às águas tranquilas.

Estando com ele, de nada teremos falta, pois o Senhor é suficiente e, se porventura nos encontramos perdidos, o Bom Pastor deixa as outras ovelhas no aprisco e vem ao nosso encontro, pois, jamais nos deixará nem nos abandonará!

Neste dia, o Senhor nos convida a considerá-lo a pessoa mais importante. Ele nos assegura proteção, cuidado e amor; nele, nada nos falta! Como o apóstolo Pedro afirmou, podemos lançar sobre ele a nossa ansiedade, pois o Senhor é quem cuida de nós (1Pedro 5:7). O bom pastor não se esquece de nenhuma de suas ovelhas; antes, dá a vida por elas. Foi isso que ele fez por mim e por você!

Ore comigo

Senhor, obrigado por ser meu Bom Pastor. O Senhor é suficiente, e eu declaro minha confiança em ti. Em nome de Jesus, amém!

LEITURA BÍBLICA
Filipenses 4:19

Ampla suficiência

Nossa vida cotidiana é cheia de demandas e responsabilidades. Temos contas a pagar, compromissos a honrar, horários a cumprir; somos cobrados das mais diversas formas e há expectativas a nosso respeito no círculo de pessoas com as quais convivemos e nos ambientes dos quais fazemos parte.

Isso pode, por vezes, gerar preocupações. Contamos com imprevistos e, em algum momento, algum compromisso pode deixar de ser atendido por não conseguirmos honrar todos eles. O Senhor, porém, em momento algum é pego de surpresa.

Nada escapa a seus olhos. Ele sabe absolutamente tudo! Andar com Deus é andar sem saber como será o próximo passo, é pisar sem ver o chão e confiar que em tudo haverá ampla suficiência. É ele quem supre todas as nossas necessidades com as gloriosas riquezas em Cristo Jesus.

Paulo era alguém que podia afirmar isso, pois vivia uma vida completamente dependente do Senhor. Foi ele mesmo quem declarou: "Aprendi a adaptar-me a toda e qualquer circunstância. Sei o que é passar necessidade e sei o que é ter fartura. Aprendi o segredo de viver contente em toda e qualquer situação, seja bem alimentado, seja com fome, tendo muito, ou passando necessidade. Tudo posso naquele que me fortalece" (Filipenses 4:11-13). Que possamos, assim como o apóstolo, declarar que podemos tudo naquele que nos fortalece!

Ore comigo

Querido Deus, tu és especialista em suprir minhas faltas. Deposito em ti minha esperança e encontro paz no teu contentamento. Oro crendo no poder do nome de Jesus. Amém!

LEITURA BÍBLICA
Lucas 7:16-17

17
ABRIL

Decida acreditar

Deus tem prazer em nos abençoar, mudar nossa sorte e nosso destino com Jesus Cristo e o Espírito. Foi assim nos tempos bíblicos e tem sido até hoje.

Todos os dias, Deus faz coisas grandiosas e opera milagres. Quantas vezes ouvimos testemunhos ou lemos relatos sobre o que o Senhor tem feito no âmbito físico, emocional e espiritual. Passamos por experiências nas quais vemos e sentimos o mover de Deus com clareza.

Não podemos cair no engano de que os feitos de Jesus cessaram quando ele subiu aos céus; muito pelo contrário; sua obra sobrenatural permanece em nossa vida e por nosso intermédio. Por onde passava, Jesus realizava sinais e maravilhas, ensinava e transformava a realidade das pessoas, e ele ainda faz isso em nossos dias, apesar de não estar presente fisicamente.

Cremos que Jesus deixou sua glória, veio ao mundo como homem, viveu entre nós, morreu na cruz, ressuscitou ao terceiro dia, subiu aos céus e retornará para buscar os seus. Se cremos nisso, também precisamos crer que, assim como ele vive, sua obra e seu poder continuam ativos.

Podemos ser como os céticos e descrentes que mesmo contemplando os milagres de Jesus e ouvindo seus ensinos, se recusavam a crer, o acusavam e rejeitavam. Ou podemos ser como aqueles que se maravilhavam na presença dele e decidiam segui-lo por onde ele fosse, deixando para trás a antiga vida. De que lado você está?

Ore comigo

Eu te agradeço, meu Deus, pois tu continuas a manifestar o teu poder e a tua glória. Torna meu coração sensível a ti e ajuda-me a crer todos os dias nos teus milagres. Amém.

LEITURA BÍBLICA
Marcos 4:40

Aperfeiçoados

Na vida cristã, precisamos buscar constante crescimento. Não podemos dizer que seguimos Jesus se permanecemos como éramos antes de conhecê-lo. Se não somos transformados pelo conhecimento de Cristo, algo está errado com a maneira de conduzirmos a caminhada de fé.

As experiências genuínas com Jesus Cristo, na presença dele, seus ensinamentos, testemunhos do seu poder e até os problemas que enfrentamos devem produzir em nós melhoria e crescimento. O relacionamento verdadeiro e profundo com o Senhor nos molda, transforma a nossa forma de ver a vida, as pessoas e o próprio Deus, porque a fé produz mudança de vida.

Quando nossa fé é provada, temos a oportunidade de crescer e ser conformados à vontade e aos planos do Senhor. A presença de Jesus em nossa vida deve fazer diferença em como lidamos com as tempestades, pois elas servem para que sejamos aperfeiçoados na fé.

Portanto, tire um momento para refletir a respeito de quem você era antes de conhecer Jesus e de quem você é hoje. Ao olhar para trás, você verá as situações das quais Deus o livrou, as mudanças que ele forjou no seu caráter e como sua esperança e sua fé produziram transformações na sua vida.

A vida não é linear; passamos por altos e baixos. E todos esses momentos devem produzir algo melhor em nós. Após cada conquista e alegria; após cada luta e dor, temos de sair com a certeza do poder de Deus, fé, temor e gratidão.

Ore comigo

Senhor Deus, aperfeiçoa-me e forja o meu caráter a fim de que eu me aproxime a cada dia da tua vontade para mim. Em nome de Jesus, amém.

Vivendo em temor e tremor

A vida cristã é uma caminhada de crescimento contínuo e deve ser vivida de acordo com a orientação da Palavra de Deus. O apóstolo Paulo nos ensina a desenvolver nossa salvação com "temor e tremor". Isso significa que, mesmo após sermos salvos pela graça, nossa responsabilidade é crescer em santidade e maturidade espiritual.

"Temor e tremor" não são sinônimos de medo, neste caso, mas de profunda reverência ao compreender que a salvação é preciosa e deve ser regada com zelo e cuidado. É um compromisso constante do cristão de viver de acordo com os princípios do Criador.

O desenvolvimento espiritual nos torna cada vez mais sensíveis à voz do Espírito Santo, que nos guia e transforma. Ele nos convida a abandonar atitudes e hábitos antigos e a nos revestir de uma nova mentalidade, voltada para a vontade de Deus. Assim, vivemos não apenas como meros discípulos, mas como verdadeiros seguidores de Cristo, cuja vida reflete o caráter do nosso Salvador.

Com isso, compreendemos que a vida de um discípulo que realmente caminha orientado pela Palavra não pode ser vivida apenas publicamente, mas também no secreto. Mesmo quando ninguém está nos observando, Deus está presente, e é nesse lugar que a verdadeira obediência deve se manifestar. O que fazemos em oculto revela quem realmente somos. Portanto, nossa salvação deve ser vivida todos os dias, em todas as áreas da vida, com temor e reverência ao nosso Senhor.

Ore comigo

Pai celestial, que eu possa sempre caminhar nos teus ensinamentos. Ajuda-me a viver em reverência ao teu santo nome. Em nome de Jesus, amém.

LEITURA BÍBLICA
Marcos 9:42

Fé em meio à incredulidade

Jesus nos ensina que a fé é fundamental e pode ser desafiada. Ao descer do monte da transfiguração, Cristo encontra os discípulos em tensão e incerteza tentando curar um menino possuído por um espírito imundo. A multidão os observa, questiona e critica quando a tentativa falha.

O pai do menino, desesperado por ajuda, diz a Jesus: "Ajuda-nos, se puderes". A dúvida do pai reflete a mistura de fé e medo que todos enfrentam quando as orações parecem não surtir efeito. Ao observar a frustração do pai, Jesus afirma: "Tudo é possível para aquele que crê". Essa declaração revela um princípio do evangelho: a fé no poder de Deus. O pai responde com honestidade impressionante: "Eu creio, mas ajuda-me a superar a minha incredulidade". Ele reconhece a fraqueza da sua fé e, ao mesmo tempo, manifesta um desejo genuíno de confiar.

Em nossa vida, também enfrentamos momentos de fé em cheque. Oramos, clamamos e esperamos resultados que nem sempre vêm. Podemos nos sentir frustrados, como os discípulos, ou impotentes, como o pai do menino. No entanto, Jesus nos convida a persistir. Nossa fé não precisa ser perfeita, mas sincera.

O verdadeiro segredo para vencer as crises da vida é ter uma relação de intimidade com Deus, sustentada pela oração, o nosso recurso mais poderoso. Jesus lembra aos discípulos que esse tipo de batalha só é vencido por meio da oração, que nos conecta ao poder e à vontade de Deus. Orar fortalece nossa fé, mesmo quando não enxergamos respostas imediatas.

Ore comigo

Senhor Jesus, reconheço que minha fé é pequena e fraca. Que eu possa sempre buscar a tua presença e experimentar o teu poder. Em teu nome eu oro, amém.

Ebenézer, até aqui nos ajudou o Senhor

Na Bíblia, em diversas ocasiões, o povo de Deus erigiu memoriais para lembrar as maravilhas e intervenções divinas. Após uma grande vitória de Israel contra os filisteus, o povo levanta o memorial Ebenézer e declara: "Até aqui nos ajudou o Senhor".

O texto nos ensina sobre arrependimento, abandono do pecado e retorno sincero a Deus. Samuel instrui o povo a remover outros deuses, a servir somente ao Senhor e estabelece o princípio de experimentar a intervenção divina, para a qual é necessário um coração purificado e comprometido. O profeta intercede pelo povo e Deus responde com livramento. Os filisteus planejavam atacar, mas foram confundidos pelo Senhor, que trouxe vitória ao seu povo.

Também devemos estabelecer "Ebenézer" em nossa caminhada e reconhecer o Senhor do sustento. Muitas vezes, em meio a lutas e incertezas, a fé pode vacilar, e parece que estamos sozinhos. No entanto, ao olharmos para trás, percebemos que Deus esteve conosco. "Ebenézer" é mais do que uma palavra; é uma declaração de fé e confiança no Deus presente e fiel.

Quantas vezes você já experimentou a intervenção divina em situações que pareciam impossíveis? Cada vitória é um marco, um memorial de que Deus esteve e está com você. Ele não prometeu uma vida sem lutas, mas assegurou estar ao nosso lado. Como Samuel, declare sobre sua vida: "Até aqui nos ajudou o Senhor" e creia que ele continuará a sustentá-lo em cada etapa.

Ore comigo

Senhor, obrigado. Ajuda-me a lembrar que o Senhor tem me ajudado e a confiar que me guiará no futuro. Em nome de Jesus, amém.

LEITURA BÍBLICA
Eclesiastes 3:11

O que temos em comum?

A criação expressa a criatividade do nosso Deus. Cada ser reflete a capacidade ilimitada do Criador. Membros de uma mesma família podem ter características físicas e comportamentais muito diferentes. No corpo de Cristo, também há personalidades, gostos e interesses distintos, mas a união em Jesus nos provê algumas características em comum.

Cada membro do corpo tem diferentes funções para que possamos cooperar uns com os outros e servir a Deus da melhor forma, unidos em Cristo e pelo poder do Espírito Santo (cf. 1Coríntios 12:12-31). No entanto, para vivermos em harmonia e unidade, nossos princípios e valores devem estar alinhados com a Palavra de Deus. Se a vida de cada um de nós estiver alicerçada nas Escrituras, seremos mais fortes tanto individual quanto coletivamente.

Não são as canções, os jargões ou o modo de vestir que nos definem como membros de um mesmo corpo, mas busca pelaa eternidade. Embora Deus tenha colocado a eternidade no coração de todos (cf. Eclesiastes 3:11), aqueles que não conhecem a Cristo são incapazes de reconhecer esse anseio. Nós, porém, sabemos que a vida eterna é infinitamente melhor do que qualquer coisa que possamos imaginar, sonhar ou construir nesta terra. Por esse motivo, como povo de Deus, caminhamos em unidade para o mesmo alvo apesar das diferenças, pois sabemos que até mesmo nelas o poder de Deus se manifesta.

Ore comigo

Exaltado és, Santo Deus, pois teu poder se manifesta em todos os aspectos da criação. Eu te louvo pelo privilégio de ser parte do teu povo. Amém!

Siga em frente

Você precisa seguir em frente. Pare de adiar o seu milagre. A fé de Bartimeu foi determinada e urgente. Quando Jesus o chamou, ele se levantou de um salto, jogou a capa de lado e alcançou a cura. Enquanto muitos de nós hesitamos, Bartimeu clamou, e sua fé o levou à ação imediata.

A urgência da fé é vital. O dia da transformação é hoje; o momento é agora. Não devemos adiar o que Deus quer fazer. Assim como Bartimeu deixou sua capa e seguiu Jesus, precisamos abandonar nosso passado e confiar que Deus nos chama para um novo tempo.

Muitas vezes, vemos a mudança na vida dos outros e pensamos: "Isso não é para mim". Deus está nos chamando! Ele nos convida a buscar com urgência o que ele já preparou para nós.

Bartimeu não só foi curado, mas seguiu Jesus pelo caminho. Sua fé era prática e contínua. Podemos imaginar que, após ser curado, Bartimeu continuou firme em sua caminhada de fé, talvez tenha presenciado a entrada triunfal de Jesus em Jerusalém ou testemunhado a crucificação. Esse é o tipo de fé que Deus quer de nós –uma fé que não apenas clama na necessidade, mas que persevera, caminha com Jesus, mesmo depois do milagre.

E quanto a você? Sua fé oscila conforme as circunstâncias, ou é firme, mesmo nos tempos de fartura ou de orações respondidas? Que sua fé seja constante, como a de Bartimeu, que seguiu Jesus além do milagre.

Ore comigo

Senhor, quero seguir teus passos em todo o tempo, não apenas na necessidade. Ajuda-me a buscar-te constantemente. Em teu nome, amém.

LEITURA BÍBLICA
Salmos 46:1

A providência de Deus em meio à crise

A Bíblia nos conta a história de Rute, a mulher que decidiu acompanhar e cuidar de sua sogra, Noemi, em um momento muito difícil. Quando Noemi perdeu o marido e os filhos, decidiu voltar para Belém, e Rute não a deixou só. Em meio à incerteza e grande necessidade, Rute não se deixou abater, mas agiu para conseguir sustento.

Assim como Rute, muitas vezes enfrentamos perdas e incertezas. Olhar para o futuro pode ser desafiador, especialmente quando não vemos saída. Contudo, Rute nos ensina que a fé nos dá coragem para dar os primeiros passos, mesmo sem saber o que nos aguarda. Deus guiou cada um dos seus passos até o campo de Boaz, onde ela encontrou acolhimento e provisão.

O cuidado e a providência de Deus surgem de maneira inesperada. Às vezes, ele usa pessoas como canal de bênção, a exemplo de Boaz com Rute. Outras vezes, ele nos surpreende com respostas ou soluções inimagináveis. O importante é manter os olhos fixos no Senhor, pois nosso socorro não vem de situações ou pessoas, mas do próprio Deus que criou todas as coisas.

Tudo isso nos ensina que, se colocarmos nossa fé em ação, ela nos impulsiona a agir, mesmo quando as situações parecem não ter solução. O Senhor se agrada daqueles que, mesmo com dificuldade, tomam atitudes. Assim como ele guiou Rute até o campo de Boaz, também pode nos levar a lugares para seremos abençoados, pois o seu cuidado é nossa fortaleza nos momentos de angústia.

Ore comigo

Pai celestial, ajude-me a ter coragem para agir com fé. Guia meus passos, pois meu socorro vem de ti. Em nome de Jesus, amém.

Um erro fatal

De todas as mulheres citadas na Bíblia, Jesus ordena aos seus discípulos que se lembrem somente de uma. Não foi Eva, a primeira mulher. Não foi Sara. Nem Débora, Raabe ou sequer sua mãe, Maria, mas a mulher de Ló. É intrigante, pois ela foi citada apenas em Gênesis 19. Por que, então, Jesus mandaria que seus discípulos se lembrassem dela no meio de uma exposição sobre a vinda do reino de Deus e o fim dos tempos?

A região onde Ló e sua família moravam depois da separação de Abraão (veja Gênesis 13), se tornou extremamente promíscua. O pecado dessas duas cidades cresceu de tal maneira que o Senhor decidiu destruí-las por completo. No entanto, Deus enviou dois anjos para visitarem Ló e anunciarem a destruição da cidade. A instrução dada a Ló foi: "[...] Não olhe para trás nem pare em lugar nenhum da planície! [...]" (Gênesis 19:17). No entanto, a mulher de Ló desobedeceu a essa ordem e, como consequência, "se transformou em uma coluna de sal" (v. 26).

O motivo de Jesus ter alertado seus discípulos a respeito da esposa de Ló era porque o erro dela foi fatal. Essa mulher se apegou ao passado em vez de buscar o futuro que Deus havia preparado. A história dela é também um alerta para nós, para que não caiamos no mesmo erro. Desobedecer às ordens do Senhor nos impede de experimentar a vontade de Deus para a nossa vida. Portanto, lembremo-nos da mulher de Ló.

Ore comigo

Meu Deus, dá-me a capacidade de discernir e caminhar em sabedoria enquanto aguardo a vinda do teu Reino. Em nome de Jesus, amém.

LEITURA BÍBLICA
Salmos 18:30

O caminho perfeito

O progresso da vida cristã deve ser natural para quem está alicerçado em Cristo. Nada é mais triste do que ver alguém que conhece as Escrituras e teve um encontro com Jesus permanecer estagnado quando poderia viver experiências cada vez mais profundas com Deus.

O Senhor promete conduzir quem se encontra com ele por um caminho perfeito. Certamente, haverá dificuldades e desafios, mas a pessoa estará sob a bênção de Deus e crescerá.

Existem na Bíblia muitos exemplos de pessoas que foram ricamente abençoadas por seguirem o caminho do Senhor, em obediência e devoção, como é o caso de Davi. A vida de Davi não foi perfeita, tampouco ele foi perfeito. Davi era pecador, como todos os seres humanos, com exceção de Jesus, que jamais pecou. No entanto, ele viveu uma vida de rendição à vontade de Deus e, por isso, desfrutou de bênçãos incontáveis e do privilégio de crescer e amadurecer na fé.

É impossível crescer na fé sem estar no caminho do Senhor, firmado em sua Palavra e edificado em Cristo Jesus. Quando uma pessoa não tem essas coisas, ela experimenta a profundidade da vida com Deuse sem conhecer as insondáveis riquezas de Cristo. A pessoa que está alicerçada em Jesus é capaz, inclusive, de aprender e crescer por meio das provações, pois sua fé não está nas circunstâncias, mas naquele que a conduz por uma vereda perfeita.

Ore comigo

Deus, ajuda-me a crescer, amadurecer, a conhecer-te e ser conduzido por ti em todos os aspectos da minha vida. Em nome de Jesus, amém.

A fé que sustenta nas lutas

Uma pessoa sem fé em Deus está desamparada. Quando enfrentamos dificuldades e não conhecemos Jesus, ficamos desesperados. Muitos confiam em bens materiais, no trabalho ou no próprio orgulho, mas inevitavelmente esses pilares falham. Quando tudo ao redor desmorona, precisamos correr para Deus, a fonte de renovação e sustento.

O autor de Hebreus nos encoraja a nos aproximarmos de Deus com sinceridade e fé (Hebreus 10:22). Não se trata de mero exercício religioso, mas da certeza de que ele nos ouve e quer nos ajudar. A fé verdadeira nos sustenta nas tribulações e nos fortalece para continuar firmes.

Além disso, é importante cuidar uns dos outros e praticar boas obras. Estar conectado à comunidade de fé é essencial porque o encorajamento mútuo é um dos meios pelos quais Deus renova nossas forças. Quando nos aproximamos de quem tem fé, somos fortalecidos assim como um amigo animado é capaz de nos alegrar.

O autor também nos exorta a não deixarmos de congregar (Hebreus 10:25). A igreja, como corpo de Cristo, é um ambiente de consolo, encorajamento, direção, fortalecimento e proteção. A comunhão com os irmãos é uma das formas pelas quais Deus concede bênçãos e vida, graça e renovo.

Se você está enfrentando lutas, não tente enfrentar tudo sozinho. Corra para Deus, busque encorajamento na comunidade de fé e lembre-se: a fé em Cristo é o único alicerce que jamais falhará. Persevere e confie, pois Deus é fiel e sustentará você em todas as situações.

Ore comigo

Senhor, obrigado por ser o meu refúgio e fortaleza em tempos de luta. Ajuda-me a ser uma fonte de encorajamento. Em nome de Jesus, amém.

28
ABRIL

LEITURA BÍBLICA
Josué 6:2

O segredo para vencer

O Antigo Testamento registra inúmeras batalhas. Uma das mais conhecidas é a da conquista de Jericó. Esse conflito nos mostra que qualquer jornada em direção às promessas de Deus envolve lutas que fazem parte de uma guerra que travamos na direção de cumprir o plano de Deus para nós.

De todas as batalhas narradas no livro de Josué, a batalha da conquista de Jericó salta aos olhos do leitor por ser a primeira de muitas outras batalhas que viriam. Esta é sempre a mais difícil de enfrentar. A primeira vez em que o filho fica doente é a que mais causa desespero nos pais de primeira viagem porque é a primeira batalha da paternidade. Com a experiência e com o tempo, os pais amadurecem a ponto de não ficarem amedrontados diante do mais leve sintoma.

As batalhas da vida nos fazem experientes e nos preparam para dificuldades maiores. Ao longo do capítulo 6 de Josué, o Senhor ensina como os israelitas devem guerrear. Quando você aprende a guerrear da maneira correta, então se torna um vencedor de batalhas. O segredo para vencer está em aprender a guerrear, e não podemos fazê-lo sem dar ouvidos à voz de Deus. Ele é quem nos diz quando devemos avançar ou ficar parados; ele nos diz quando devemos erguer a voz ou ficar em silêncio. Portanto, em cada passo da nossa vida rumo às promessas de Deus para nós, precisamos estar atentos às instruções dele; assim, seremos vitoriosos.

Ore comigo

Senhor, que os meus ouvidos estejam sempre atentos à tua voz. Capacita-me e prepara-me para cumprir teus planos. Em nome de Jesus, amém.

Crescendo na fidelidade diária

Muitas vezes, a obra de Deus começa com simplicidade, pois, se formos fiéis no pouco, seremos colocados sobre o muito. Se não aprendermos a valorizar e cuidar das coisas básicas — como a leitura da Palavra, a oração e o relacionamento com Deus —, nunca alcançaremos a maturidade espiritual que o Senhor deseja para nós.

A maturidade não acontece da noite para o dia; é fruto de busca e constância. Assim como Paulo disse em 1Coríntios 13, há um tempo quando agimos como crianças e outro quando deixamos as coisas de menino para trás. Deus não confia grandes responsabilidades a quem não sabe lidar nem com o básico. Para crescer, devemos nos dedicar a pequenas práticas espirituais diárias. Muitas vezes, ouvimos alguém dizer que Deus falou com eles, e talvez nos perguntemos por que nunca experimentamos isso. A resposta está no relacionamento construído com a busca constante de Deus. Quanto mais nos dedicamos às práticas espirituais de cada dia, mais o Senhor nos confia revelações e responsabilidades maiores.

Em outras palavras, à medida que buscamos a ele fielmente, somos capacitados a viver experiências maiores e mais profundas com o Senhor. A chave é ser fiel no pouco, pois a excelência vem da constância. Que possamos crescer, amadurecer e deixar de ser como crianças espirituais, para que Deus possa nos conduzir a experiências grandiosas em sua presença.

Ore comigo

Senhor, fortalece-me para ser constante na oração, na leitura da tua Palavra e em cada detalhe da minha caminhada espiritual. Em nome de Jesus, amém.

LEITURA BÍBLICA
Salmos 41:1

O poder da perseverança

A perseverança é uma das virtudes mais importantes para um cristão. Essa atitude gera um testemunho poderoso. Deus, que vê todas as coisas, promete livrar aqueles que nele confiam, especialmente na adversidade.

Muitas vezes, somos tentados a desistir quando enfrentamos provações. Seja uma doença, seja dificuldade financeira ou até um problema familiar, as dificuldades da vida podem nos fazer questionar se vale a pena continuar. No entanto, a Palavra de Deus nos assegura que perseverar traz grande recompensa. A Bíblia nos encoraja, em Tiago 1:2-4, a considerar como motivo de grande alegria o fato de passarmos por provações, pois a perseverança produz maturidade e nos prepara para enfrentar qualquer situação.

Quando perseveramos, mantemos nossos olhos fixos no Senhor e reconhecemos que ele, apenas ele, é nosso auxílio em todos os momentos. O apóstolo Paulo, em suas cartas, frequentemente nos ensina a não desfalecermos, mas a nos mantermos firmes, sabendo que no tempo certo colheremos os frutos da nossa perseverança.

Perseverar também significa confiar no tempo de Deus. Muitas vezes, queremos que a solução para os nossos problemas chegue rapidamente, mas Deus tem um tempo perfeito para todas as coisas. Eclesiastes 3:1 nos diz que "Para tudo há uma ocasião certa; há um tempo certo para cada propósito debaixo do céu". Portanto, não se desespere se a resposta ainda não chegou. Continue fiel e confie na boa, perfeita e agradável vontade do Senhor.

Ore comigo

Pai celestial, que eu jamais perca a esperança em ti. Quando as circunstâncias parecerem não ter solução, dá-me forças para perseverar, em nome de Jesus.

Esteja tão
perto de **Deus**
que consiga
ouvir os sussurros
divinos.

EMPATIA

MAIO

Meu planejamento

Meta

Plano

Leitura bíblica do livro

Atividade em família

Refeição especial

Avaliação alimentar

Tempo de qualidade com amigos

Um filme/série

Um livro/*podcast*

Um médico a agendar

Nota da minha saúde emocional

Atividade física pelo menos três vezes por semana

Ingestão diária de água

Participação semanal na comunidade espiritual

Gestão das finanças pessoais

LEITURA BÍBLICA
2Timóteo 2:15

01
MAIO

Discípulos que agradam a Deus

Há alguns anos, passei por um grande ponto de virada. Refleti sobre minha vida, aonde cheguei e aonde quero chegar, e sobre como devo usar o meu tempo para realizar o que Deus deseja de mim. Nesses momentos, é indispensável fundamentar nossa reflexão na perspectiva bíblica, para não nos desviarmos do propósito e da vontade do Senhor.

Não há nada pior do que desperdiçar a vida com coisas sem sentido, pois não podemos recuperar o tempo perdido. É importante que pratiquemos as orientações que nos são apresentadas nas Escrituras a respeito de como fazer o melhor uso do nosso tempo.

Precisamos entender que a nossa vida deve ser útil no comprimento do propósito que o Senhor nos confiou. Portanto, se queremos ter uma vida útil, temos de estar disponíveis para fazer a obra de Deus e para que ele faça sua obra em nós e por nosso intermédio.

Além de estarmos dispostos, devemos nos apresentar a Deus aprovados, sem motivos para nos envergonhar. O parâmetro para a vida útil para o Reino é o padrão de excelência. Para alcançá-la, temos de ser conhecedores e praticantes da Bíblia, como servos que manejam "corretamente a palavra da verdade".

Nossa decisão de escolher viver uma vida excelente não significa que estamos livres do pecado, mas que estamos abertos para que o Espírito Santo nos trate, nos inspire por meio da revelação da Palavra e nos transforme segundo a soberana vontade de Deus.

Ore comigo

Senhor, ajuda-me a compreender o que desejas de mim. Faz de mim um servo fiel, um discípulo que agrada a ti, para que eu não tenha do que me envergonhar. Amém.

LEITURA BÍBLICA
Efésios 6:10

Fortaleça-se no Senhor

É comum nos sentirmos fracos diante dos desafios. O desânimo pode surgir e podemos pensar em desistir. O apóstolo Paulo, contudo, nos encoraja a buscar fortalecimento no Senhor, lembrando-nos que não estamos sozinhos.

Nossa força não reside em nossa capacidade, mas no que Deus faz por meio de nós. Quando ficamos fracos, precisamos nos lembrar que a nossa força vem do Senhor, que nos capacita para as batalhas físicas e espirituais da vida. Colocar nossa confiança nele significa que, mesmo nas situações mais difíceis, podemos permanecer firmes, pois sabemos que o Pai que está nos céus também está ao nosso lado.

No salmo 28:7, o salmista afirma que o Senhor é a nossa força e o nosso escudo. Em tempos de adversidade, essa verdade deve ser o nosso alicerce. Assim como Josué foi chamado a ser forte e corajoso (cf. Josué 1:9), também somos chamados a nos fortalecer no Senhor, porque é na fraqueza que o poder de Deus se aperfeiçoa em nós. Assim, podemos enfrentar qualquer desafio e resistir às tentações que surgem ao longo do caminho.

A força que vem do Senhor é diferente da força humana, pois não se baseia em emoções passageiras ou no contexto que estamos vivendo. Por isso, mesmo quando nos sentimos fracos, o Espírito Santo nos fortalece para que possamos viver de maneira que glorifique a Deus. E cada passo que damos em confiança nos aproxima mais da plenitude daquilo que o nosso Pai tem para nós.

Ore comigo

Pai, na minha fraqueza, ajuda-me a lembrar que é em ti que encontro a verdadeira força. Em nome de Jesus eu oro, amém.

LEITURA BÍBLICA
Jeremias 17:14

03
MAIO

Sobrecargas da vida

Vivemos no tempo da sobrecarga de informações e responsabilidades que nos afetam mental, física e emocionalmente. O excesso de notícias, tarefas e compromissos tem causado uma crise de cansaço na humanidade. Obrigações financeiras, problemas de saúde e relacionamentos disfuncionais pesam sobre nossos ombros, e muitos se sentem invisíveis, pois acreditam que ninguém percebe seu sofrimento. Mas Jesus, em sua infinita graça, nos oferece uma solução para esse peso.

Ele disse: "Venham a mim, todos os que estão cansados e sobrecarregados, e eu lhes darei descanso. Tomem sobre vocês o meu jugo [...], e vocês encontrarão descanso para as suas almas" (Mateus 11:28-29). O Senhor não ignora nossas lutas, mas nos oferece alívio verdadeiro e duradouro.

Jesus conhece as lutas que enfrentamos, reconhece nosso cansaço e nossas sobrecargas. É importante entender que todos nós temos responsabilidades e desafios a enfrentar, o problema são as cargas insuportáveis. O Senhor não nos chama para o comodismo ou a fuga das obrigações, mas sim para um relacionamento com ele, em que podemos encontrar alívio e apoio.

Ao enfrentar desafios, lembre-se que nem todas as cargas podem ser removidas, só a sobrecarga – o peso que não conseguimos mais suportar – deve ser entregue a Cristo. Ele vê nosso cansaço e nos chama para descansar nele. Ele nos sustenta e fortalece, mesmo exaustos. Procure Jesus, e você encontrará descanso para a alma.

Ore comigo

Senhor, em meio aos desafios da vida, busco o teu descanso. Dá-me a paz que excede todo entendimento e renova minhas forças. Em nome de Jesus, amém.

LEITURA BÍBLICA
Atos 3:5-6

Expectativas renovadas

Após Jesus subir aos céus, os discípulos continuaram a ir diariamente ao templo em horários específicos. Um dos locais em que se reuniam era o Pórtico de Salomão. Certo dia, quando dois apóstolos, Pedro e João, estavam a caminho do templo para orar, foram abordados por um homem aleijado de nascença que pedia esmola. Nesse episódio, fica claro para nós o que acontece na vida de pessoas cheias do Espírito Santo e o que Deus é capaz de fazer por intermédio de alguém revestido de poder.

A limitação física do homem acarretou em limitação financeira. Naquele contexto, quando alguém nascia com algum tipo de deficiência física, era equivalente a ter nascido com o selo da miséria. Não havia esperança de um futuro melhor, somente a certeza de que precisaria contar com a compaixão e a generosidade alheias.

Aquele homem fez um simples pedido aos apóstolos, mas recebeu muito mais do que poderia imaginar. Quando não se tem nada, qualquer coisa serve. O homem esperava receber alguma coisa que pudesse o ajudar em sua miséria. O que ele não sabia era que Deus havia começado a fazer algo novo naquela cidade, por meio de seu povo, pelo poder do Espírito Santo.

O Senhor não mudou somente a realidade do homem aleijado, como também dos discípulos, da cidade e até mesmo dos céticos. As pessoas cheias do Espírito Santo geram a expectativa de algo novo, de algo extraordinário. Qual expectativa Deus tem gerado no seu coração?

Ore comigo

Eu te agradeço, ó Deus, pois tu és o Deus que realiza coisas novas infinitamente maiores e melhores do que posso imaginar. Graças te dou, amém!

LEITURA BÍBLICA
Salmos 77:14

05
MAIO

O Deus de milagres

Uma das características marcantes do ministério de Jesus foi a realização de milagres que transformaram vidas e atraíram multidões. Os milagres foram tão numerosos que os Evangelhos registram apenas uma fração deles; Jesus fez muito mais do que está escrito na Bíblia. Onde quer que ele passasse, milagres aconteciam. Mesmo em Nazaré, onde praticamente não havia fé, ele operou sinais e maravilhas.

Muitos acreditam que as manifestações de poder de Jesus se limitavam ao tempo dos apóstolos. Você também acredita nisso? Talvez essa crença equivocada tenha afastado você do seu milagre. Depois de tentar todos os caminhos possíveis para resolver seus problemas na vida pessoal, no trabalho ou no seio familiar, você anseia por se tornar um testemunho vivo da grandeza de Deus, mas ainda não deu um passo de fé. Anime-se! O mesmo Deus que operou milagres no passado continua vivo, presente, e é o mesmo ontem, hoje e eternamente.

Jesus continua operando milagres hoje. Todos os dias, corações são restaurados, curas acontecem e vidas são profundamente transformadas pelo poder de Cristo. O Deus de milagres permanece em nosso meio pronto para agir, tocar corações e oferecer a chance de experimentar seu amor e seu poder incomparável. Ele está aqui e quer operar maravilhas em sua vida. Abra seu coração e seja transformado pelo poder maravilhoso de Jesus. Você só precisa de um pouco de fé.

Ore comigo

Senhor, o teu poder é real e nunca mudou! Sei que farás o milagre que preciso. Ajuda-me a descansar na certeza do teu cuidado. Amém.

LEITURA BÍBLICA
Mateus 25:32-40

Ovelha ou bode?

Em Mateus 25, Jesus fala do que aconteceria nos últimos dias. O Mestre deixou instruções claras aos discípulos quanto ao que será levado em consideração no retorno glorioso do Filho do Homem. Essas instruções se aplicam para nós, discípulos, pois aquilo que foi prometido se cumprirá, e Jesus virá para buscar sua igreja.

Em seu retorno, "Todas as nações serão reunidas diante dele, e ele separará umas das outras como o pastor separa as ovelhas dos bodes" (Mateus 25:32). Em outras palavras, todos os povos, de todas as tribos, línguas e nações estarão perante o Filho, e ele os dividirá segundo dois grupos, tomando para si o seu rebanho.

Aos seus, ele dará o Reino como herança. As ovelhas do Bom Pastor são conhecidas por sua obediência, humildade, serviço, generosidade e amor ao próximo. A maneira como nós nos posicionamos e como tratamos as pessoas ao nosso redor têm muito mais a dizer a nosso respeito do que o nosso cargo, status social, lugar e família de origem.

Se queremos ser reconhecidos como rebanho do Senhor, temos de agir como rebanho, atentos à voz do nosso Pastor, que nos diz por intermédio de sua Palavra como devemos agir. Portanto, que possamos obedecer à instrução dele e cuidar dos necessitados, desabrigados, enfermos, desolados, sedentos e todo aquele que precisa do nosso olhar atento, pois, quando fazemos pelos outros, fazemos por Deus.

Ore comigo

Pai santo, move meu coração com a urgência de socorrer os aflitos e necessitados. Ajuda-me a ter compaixão e ser bondoso. Em nome de Jesus, amém.

LEITURA BÍBLICA
2Reis 7:4

07
MAIO

Vivendo o meu milagre

O contexto de 2Reis 7 é desanimador, contrário à esperança. Os arameus haviam cercado toda a cidade, e não havia como conseguir mantimentos. Nesse cenário, são apresentados a nós quatro homens também desolados, assolados pela lepra. Ao olhar para esses indivíduos, percebemos alguns passos importantes para viver um milagre.

Os homens sabiam que, de qualquer forma, morreriam. Essa perspectiva desanimadora, porém, os impulsionou a um ato de coragem. Embora estivessem ilhados pelo desespero, sem a esperança de um amanhã melhor, tomaram uma decisão a fim de colocar um fim àquele cenário de impossibilidades.

Além da decisão, outro passo é a rendição. Os quatro decidem se render ao exército arameu. Eles não queriam se render à enfermidade ou à fome, mas tinham de se render a algo. Os milagres só acontecem quando decidimos nos render na direção correta. Para que você usufrua do milagre de Deus, é necessário que se renda a ele. A rendição traz consigo o prêmio do favor de Deus.

Esses homens não sabiam, mas a direção da rendição deles estava alinhada ao propósito do Senhor para a vida de cada um. Decididos, eles partiram em direção ao acampamento arameu. O que eles não sabiam, entretanto, é que estavam caminhando em direção a algo muito maior do que poderiam imaginar. Assim como o favor de Deus estava à espera deles, sempre estará à espera daqueles que decidem se render a ele.

Ore comigo

Meu Deus, rendo a ti minhas angústias, meus planos, anseios e decisões. Conduz os meus passos em direção ao teu milagre na minha vida. Amém.

LEITURA BÍBLICA
Lucas 7:13

O Deus que vê

Os Evangelistas — Mateus, Marcos, Lucas e João —, inspirados pelo Espírito Santo, com certeza tiveram de ser bem seletivos quanto aos milagres que registraram. Se não tivéssemos acesso a mais nenhum sinal realizado por Jesus, o milagre de Lucas 7 bastaria para compreendermos a natureza e o caráter do Filho de Deus, tamanha a riqueza de detalhes.

O texto é claro: havia uma multidão ao redor de Jesus (cf. Lucas 7:11). Essas pessoas tinham a expectativa de contemplar a glória de Deus manifestada no Filho. Então, à porta da cidade, Jesus e seus seguidores se depararam com outra multidão, sepultando o filho único de uma viúva.

Ela já havia passado por aquilo antes, visto que era viúva e talvez pensasse: "Nunca mais quero passar por isto". Talvez todas as esperanças dela estivessem em seu filho. Diante daquele cenário, Jesus se compadeceu. Em outra versão, está escrito que "o Senhor a viu" (v. 13 NVT).

Muitas vezes, quando passamos por períodos de dificuldade e frustrações, sentimo-nos perdidos e desolados. Muitos chegam a questionar se Deus não vê a situação pela qual estão passando. No entanto, assim como o Senhor viu a aflição daquela viúva, ele vê a aflição, o desespero e as dores de cada um de nós. Ele ouve o nosso lamento e olha para nós com compaixão. Esse é o Deus retratado na Bíblia, o Deus que nos vê e se compadece de nós, aqui revelado pelo retrato amoroso de seu Filho, Jesus.

Ore comigo

Deus meu, traz ao meu coração a convicção de que não és insensível à minha dor. Ajuda-me a ter consciência da tua presença, compaixão e do teu agir. Em nome de Jesus, amém.

O lugar certo

Aonde você vai quando tem problemas? A quem você recorre? Para chegar à solução, é necessário estar no lugar certo, com as pessoas certas. Se você está com dor de garganta, ir a um oftalmologista não resolverá.

No entanto, há um lugar para o qual podemos correr todas as vezes, alguém sempre disponível para nos atender. Na presença de Deus, encontramos a solução para o nosso problema. Esta pode vir de diversas formas: milagre instantâneo; entendimento acerca de como proceder; passagem da Bíblia que nos direcione; irmão usado por Deus para falar conosco. Muitas são as maneiras como o Senhor se mostra presente nas nossas dificuldades, mas o que precisamos entender é que a presença dele sempre será o lugar certo para nós, tanto nas alegrias quanto nas angústias.

Quando Jairo estava com uma situação familiar grave — a filha à beira da morte —, ele foi ao lugar certo: aos pés de Jesus e ali derramou suas súplicas (cf. Lucas 8:41). Foi em Jesus que Jairo depositou sua esperança. A exemplo desse homem, é a Jesus a quem devemos recorrer quando precisamos de socorro. Ele ouve o nosso clamor e vem até nós.

Busque, portanto, o lugar onde Jesus se faz presente. Busque a comunhão com o Senhor, derrame-se aos pés dele em humildade e levante o seu clamor quantas vezes forem necessárias. Adore-o por seu caráter, por seu poder incomparável e pelos testemunhos que ele tem produzido na sua vida.

Ore comigo

Senhor, na tua presença desejo estar todos os dias. Coloco diante de ti as minhas angústias, pois tens poder para transformar a minha situação. Amém.

LEITURA BÍBLICA
Filipenses 4:4

Uma alegria inabalável

Depois de viver situações aterradoras, Paulo nos ensina: “Alegrem-se sempre no Senhor”. Mas como se alegrar quando as circunstâncias não colaboram? Como ser alegre em dias de dificuldade e tristeza? Paulo testemunha que a verdadeira alegria não depende de fatores externos, mas de uma fonte eterna e inesgotável de genuína alegria – o próprio Senhor.

Nessa perspectiva, Isaías 64:4 nos lembra que Deus trabalha para aqueles que nele confiam. Mesmo quando as circunstâncias são difíceis e parecem fora do nosso controle, podemos descansar na verdade de que elas estão sob o controle de Deus. Quando nossos olhos estão fixos nos problemas, tendemos a desanimar, mas quando escolhemos olhar para Deus, encontramos força, graça e esperança.

Confiar em Deus é chave para experimentarmos uma alegria profunda que, apesar de não nos garantir dias perfeitos e livres de tormenta, garante que tudo o que acontece em nossa vida coopera para o nosso bem.

Em que situações você tem dificuldade de se alegrar no Senhor? Que tal experimentar hoje mesmo uma mudança de perspectiva poderosa? Para isso, tire o foco das dificuldades e coloque-o no Senhor. Ao fazer isso, você se lembrará do favor divino, da graça disponível e da certeza de que, por mais tempestuosa que seja a jornada, o final será para a glória de Deus e para o seu bem. Portanto, escolha alegrar-se no Senhor que trabalha todos os dias em seu favor!

Ore comigo

Senhor, ajuda-me a escolher a alegria em ti, mesmo sob circunstâncias desanimadoras. Que meus olhos estejam fixos em ti e que minha alegria seja plena em tua presença. Amém.

Filhos dedicados ao Senhor

Uma das histórias de amor mais bonitas do Antigo Testamento está em 1Samuel 1. Ana sonhava ser mãe, um desejo comum à maioria das mulheres.

Desde o início, Deus estabeleceu que as mulheres pudessem gerar filhos, para que estes fossem instruídos segundo os preceitos do Senhor, de geração em geração. Vemos na história de Ana um dos princípios mais belos da maternidade: o de que os filhos não são gerados para os pais, mas para Deus. Ela entendia isso e tomou a decisão de entregar seu menino ao Senhor, pois sabia que filhos consagrados a Deus podem desfrutar da plenitude do que o Senhor tem para eles.

Hoje vemos gerações com dificuldades de romper com o cordão umbilical. Os filhos vivem na dependência dos pais até mesmo na idade adulta. Muitos pais criaram seus filhos para si, sem tê-los preparado para a vida, para a realidade do mundo. Ana, porém, tinha uma perspectiva diferente. Ela sabia que o melhor lugar no qual seu filho poderia estar era na presença de Deus. Não somente isso, a própria Ana se dedicava a estar na presença de Deus, por meio da oração e da adoração, mesmo antes da maternidade.

A vida de Ana nos ensina muito a respeito dos princípios bíblicos para a criação de filhos. Para criar nossos filhos nos caminhos do Senhor, temos, antes de tudo, de viver nos caminhos do Senhor, dedicados a buscar sua presença, honrá-lo e adorá-lo.

Ore comigo

Senhor, eu te agradeço por tua Palavra, o fundamento da minha vida e família. Que eu escolha todos os dias edificar minha casa sobre a tua Palavra. Amém.

LEITURA BÍBLICA
2Timóteo 1:7-9

Substitua a covardia pela ousadia

Talvez você sequer tenha ideia do que o Espírito Santo pode fazer na sua vida e por seu intermédio. Deus tem um plano grandioso para cada um de nós, e deseja nos usar e capacitar com seu poder. Muitas vezes, porém, o medo e a vergonha nos impedem de viver os propósitos do Senhor e de cumprir o nosso chamado de pregar o evangelho.

Uma pessoa cheia do Espírito Santo tem coragem para anunciar o evangelho. Entretanto, se há medo, a ação do Espírito pode gerar intrepidez, a ousadia e a coragem. Quando Jesus alertou os discípulos sobre a perseguição que sofreriam, instruiu: "[...] não se preocupem com a forma pela qual se defenderão nem com o que dirão, pois, naquela hora, o Espírito Santo lhes ensinará o que deverão dizer" (Lucas 12:11-12).

Estar cheio do Espírito Santo é não ter vergonha ou medo de falar sobre o amor de Deus, a salvação e o arrependimento. Pelo contrário, é ter paixão por pregar a Palavra, não temer dizer que crê em Jesus. Uma pessoa cheia do Espírito proclama seu testemunho e professa sua fé sem receio, inseguranças ou reservas, mas fala com liberdade e argumenta sobre o reino de Deus de maneira convincente (cf. Atos 19:8).

Portanto, se você tem sentido medo ou vergonha, este é o momento de trocar a covardia por ousadia e se revestir do poder e da sabedoria do alto. O Espírito de Deus operará por seu intermédio de maneiras que você jamais imaginou.

Ore comigo

Senhor, tira todo o medo e insegurança que me impedem de viver o teu propósito. Dá-me força, coragem e ousadia para viver segundo a tua vontade. Amém.

LEITURA BÍBLICA
João 5:1-3

13
MAIO

Em busca do sobrenatural

A humanidade sempre se interessou por eventos extraordinários. Você já deve ter pelo menos ouvido falar de algum desses casos. Relatos que não podem ser sustentados por argumentos naturais são chamamos sobrenaturais e costumam atrair e aguçar a fé das pessoas a ponto de causar grande comoção, em especial quando há uma promessa de cura, transformação ou libertação envolvida.

Era esse o contexto de João 5. Em Jerusalém, próximo à porta das Ovelhas, havia um tanque chamado Betesda. Acreditava-se que, de tempos em tempos, a água se movia de maneira sobrenatural e trazia a cura para a primeira pessoa que entrasse na água assim que ela começasse a se mexer. Essa crença atraía multidões de enfermos desesperados e ansiosos por esse suposto fenômeno sobrenatural.

No entanto, é importante notarmos que as pessoas sofredoras e necessitadas estavam reunidas com a mesma esperança: um milagre. Esse é um retrato de cada um de nós. Sem exceção, todos precisamos de cura em alguma área da vida.

Entretanto, os requisitos para alcançar o milagre eram difíceis de atender. Somente o primeiro a entrar no tanque receberia a cura. A boa notícia para nós, que depositamos a nossa fé em Jesus, e não em lugares, coisas ou pessoas, é que não precisamos cumprir requisitos absurdos para obter a cura de que precisamos, basta confiar em Jesus Cristo. Podemos, reunidos pela mesma esperança, nos achegarmos a ele em busca do milagre.

Ore comigo

Que a minha fé esteja depositada somente em ti, Senhor Jesus. Manifesta teu poder na minha vida. Realiza os teus milagres. Em teu nome eu oro, amém.

14
MAIO

LEITURA BÍBLICA
2Coríntios 4:16-18

A perspectiva do eterno

Paulo nos ensina a diferença entre o que é temporário e o que é eterno. Ele nos lembra que enfrentamos dificuldades por tempo limitado; elas são leves e momentâneas em comparação com a glória eterna que Deus tem preparado para nós. Apesar dos desafios e tribulações, não devemos temer e nem desanimar.

Quando passamos por dificuldades, devemos nos lembrar que nelas há propósito divino: nos moldar e nos aperfeiçoar para o eterno. O que vemos ao nosso redor, com todas as lutas, problemas e dores, é passageiro. Tudo o que é visível um dia deixará de existir, mas o invisível, que pertence ao reino de Deus, permanece para sempre.

Em nossa jornada de fé, somos desafiados a esperar pelo que ainda não podemos ver e encorajados a aguardar com paciência. Deus nos oferece graça e força para mantermos a perspectiva correta além das circunstâncias temporárias. Paulo disse aos coríntios que, se nossa esperança em Cristo se restringisse apenas a esta vida, seríamos os mais miseráveis de todos os homens. Nossa verdadeira esperança se estende ao plano divino perfeito que transcende o tempo e nos promete um futuro glorioso. É bom saber que a vida não se resume ao momento presente, mas que Deus tem preparado algo muito maior e melhor para nós.

Entregue a ele suas ansiedades, preocupações e seus medos. O Senhor está com você e cuida de cada detalhe da sua vida. Ele sabe o que é melhor e, no tempo certo, trará o descanso que sua alma precisa.

Ore comigo

Senhor, entrego meus medos e ansiedades a ti. Dá-me força e paz para confiar em tuas promessas eternas. Em nome de Jesus, amém.

LEITURA BÍBLICA
Mateus 5:6-7

15
MAIO

Quando o Rei chega, o inferno treme

Quando o Rei dos reis, Jesus Cristo, se manifesta, o reino das trevas treme, pois o Inimigo reconhece a autoridade de Cristo. O relato bíblico do encontro de Jesus com o homem possesso por uma legião de demônios ilustra esse poder. Jesus ordena que os demônios saiam, e o inferno não tem escolha senão obedecer.

O Diabo, em seu trabalho de roubar, matar e destruir, tenta impedir o evangelho de alcançar corações. Ao ouvir o nome de Jesus, sabe que tem de ceder. Por isso, muitas vezes, obstáculos parecem surgir quando uma pessoa se prepara para adorar ou ouvir a mensagem de salvação. A resistência espiritual não é coincidência, é estratégia do Inimigo para afastar as pessoas da verdade que liberta.

A tempestade que Jesus enfrentou antes de chegar a Gadara ilustra essa batalha espiritual. Mas Jesus, com uma simples palavra, acalma a tempestade e segue firme em sua missão. Quando ele chega, os demônios, reconhecendo sua autoridade, não podem permanecer. Apesar da manifestação clara do poder de Deus, algumas pessoas preferem se apegar ao que perderam. Os habitantes de Gadara ficaram mais preocupados com os porcos do que com a libertação do homem.

Assim como Jesus libertou o homem possesso, ele também pode nos libertar de todas as amarras e tempestades que enfrentamos. O Rei dos reis tem o poder de transformar qualquer situação. Nossa confiança deve estar nele, que acalma tempestades e traz vida em abundância.

Ore comigo

Senhor Jesus, reconheço o teu poder e a tua autoridade sobre todo mal. Obrigado por ser o meu Rei e Salvador. Em nome de Jesus, amém.

LEITURA BÍBLICA
Filipenses 3:7-8

Lucro e perda

Quando vamos a um consultório ou escritório, é comum vermos diplomas e certificados emoldurados. As conquistas pessoais têm grande peso na forma como um indivíduo é visto pela sociedade; é por isso que a maioria de nós tem um currículo no qual busca mostrar os pontos fortes, as habilidades e qualificações.

Se havia alguém que poderia se gabar de seu currículo diferenciado, acima da média, era o apóstolo Paulo. Ele era bem instruído, tinha origem considerada pura e era irrepreensível quanto à prática da lei (cf. Atos 2:3; Filipenses 3:5-6). Em Filipenses 3:7, Paulo usa duas palavras para descrever o que ele pretende fazer com seu currículo impecável para viver uma vida de excelência com Cristo.

As experiências passadas e os méritos de Paulo podem ser categorizados como lucro. Ele julgava ser acima da média, pois sua vida consistia em ganhos, mas, mesmo assim, decidiu considerar todas essas coisas como perda. Os diplomas, as qualificações, tudo aquilo de que Paulo se orgulhava passou a ser considerado como perda, porque ele descobriu algo mais valioso e sublime: o conhecimento de Cristo Jesus, o Senhor.

A meritocracia ainda impera em nossos dias, como nos de Paulo. Quando pensamos que é o nosso esforço e a nossa conduta irrepreensível que nos garante a salvação, caímos no engano de achar que somos merecedores de algo. Entretanto, tudo o que a sociedade valoriza perde seu valor se comparado à glória do Senhor Jesus Cristo.

Ore comigo

Senhor, afasta-me da ganância e da busca por reconhecimento humano. Entrego a ti tudo o que tenho e tudo o que sou, para a tua glória. Amém.

LEITURA BÍBLICA
Mateus 6:19-21

17
MAIO

Tesouros nos céus

Uma trama muito comum nos filmes é a que o personagem principal está à procura de um tesouro valioso. A verdade é que todos nós vivemos essa busca. Para muitas pessoas o tesouro é a família, um cargo de importância, uma formação, um carro, a casa própria ou qualquer outro sonho.

Almejar essas coisas não é ruim, pelo contrário. Temos, sim, de almejar uma vida confortável e segura, mas nada disso pode ser a nossa prioridade. A Bíblia nos diz que o nosso tesouro nos mostra onde está o nosso coração. Onde está o seu tesouro?

Para aqueles que creem em Jesus e no reino vindouro, os bens conquistados nesta terra de nada valem. Não podemos dar mais importância a esta vida e aos prazeres deste mundo do que ao que nos aguarda na eternidade. Os tesouros que acumulamos na terra podem ser perdidos, corroídos, destruídos, mas os tesouros nos céus permanecem pela eternidade.

Portanto, devemos sim buscar uma vida de plenitude e excelência, mas ela não está em posses, pessoas ou títulos, e sim no conhecimento de Jesus Cristo e no cumprimento dos planos que Deus tem para nós. Temos de viver como pessoas cujo tesouro é o evangelho e os benefícios do Calvário para nós, pois esse é o tesouro que levaremos conosco para a eternidade.

Ore comigo

Ajuda-me, Senhor, a entender que nada é mais precioso do que estar contigo e buscar o conhecimento de quem tu és. Em nome de Jesus Cristo, amém.

LEITURA BÍBLICA
2Reis 5:1

Graça revelada na fragilidade

O texto de 2Reis 5 nos mostra a cura de Naamã, comandante do exército do rei, guerreiro valente e influente. Contudo, até mesmo as pessoas valentes precisam de auxílio e passam por tribulações. Todos nós precisamos de ajuda, não importa o título, o saldo na conta bancária, a quantidade de imóveis. Em um momento ou outro, vamos nos deparar com as nossas fragilidades.

Talvez você se considere ou já tenha se considerado, em algum momento da vida, invencível. É possível que você sentisse que não precisava de ninguém, pois tinha saúde, força, vigor, trabalho, dinheiro — até que a fragilidade da vida revelou o quão impotente você é. Isso aconteceu com Naamã.

O comandante enfrentou uma enfermidade terrível e, diante dela, passou a viver à espera de uma morte lenta e degradante. Nesse trágico cenário, a graça de Deus é retratada com maravilha, e o homem é curado milagrosamente. A graça divina se revela em qualquer lugar onde houver necessidade, seja no fundo do poço, seja no palácio, pois Deus a manifesta a todos que dela precisam.

Portanto, em momentos de dificuldade, ainda que você se sinta abatido e frustrado ao ver que não é invencível, lembre-se que há um Deus invencível pronto para socorrê-lo. Ele está disposto a estender sua graça a você na sua dor e no seu lamento. Nos momentos em que você perceber que é fraco, recorra àquele que tem todo o poder e toda a força em mãos: o seu Deus de graça e misericórdia.

Ore comigo

Meu Deus, preciso de ti, da tua graça e misericórdia. Sustenta-me na dificuldade e lembra-me de que tu és o Deus todo-poderoso. Amém.

Porta-voz da esperança

Na casa de Naamã, o comandante do exército do rei de Arã, havia uma garota israelita que servia como escrava. Essa menina, cujo nome nos é desconhecido, tem um papel crucial na história de cura do oficial. Embora o homem fosse abastado, vitorioso e influente, aquela jovem tinha uma informação mais valiosa do que tudo isso: ela sabia que Deus poderia curar seu senhor daquela doença considerada incurável.

Naquele contexto de dor e desolação, de um prognóstico desanimador, aquela menina foi usada por Deus para gerar esperança em meio à aflição. A garota disse: "Se o meu senhor procurasse o profeta que está em Samaria, ele o curaria da sua lepra". Ela não falou que o profeta talvez pudesse curar Naamã, mas afirmou. A única explicação para essa convicção é uma fé que não vacila diante das circunstâncias. Aquela garota acreditava em Deus de tal modo que pôde afirmar que bastava que seu senhor fosse ao encontro do profeta para ser curado.

Essa história tem muito a nos ensinar. Como a menina, temos de ser porta-vozes da esperança. Nossa fé não pode ser abalada pelo cenário desolador e caótico do mundo. Temos de resistir e nos lembrar que o nosso Deus pode mudar qualquer cenário, não importa quão desesperador ele seja. O Senhor nos chama a ser portadores da esperança, pessoas que proclamam a graça e o poder de Deus com convicção, sem dúvidas de que ele pode vencer toda e qualquer adversidade.

Ore comigo

Capacita-me, Senhor, a levar esperança aos que sofrem. Que as minhas ações revelem o teu poder e a tua graça. Em nome de Jesus, amém.

LEITURA BÍBLICA
Efésios 4:15-16

Como o corpo de Cristo deve funcionar

Temos visto a expansão do evangelho pelo Brasil e pelo mundo. As boas-novas têm alcançado pessoas de todos os lugares e classes sociais. Como deve funcionar o corpo de Cristo a fim de que este continue a crescer e frutificar?

A Igreja Primitiva nasceu com poucos membros, mas muita influência, sob o poder do Espírito Santo. Os primeiros discípulos foram às ruas e, pela ação de Deus e pela pregação do evangelho, a igreja cresceu e se fortaleceu, indo além de Jerusalém, para a Judeia, a Samaria e os confins da terra. No entanto, conforme o evangelho avança, sua essência tem de ser preservada.

A igreja precisa saber qual é o seu papel, qual é o desígnio divino para ela. Nós precisamos aprender o que é ser igreja de verdade. Sob o senhorio de Cristo, o cabeça, temos de ser membros do corpo dele, em harmonia e cooperação. Precisamos estar ligados a ele, pois nossas funções não são executadas segundo a nossa vontade, mas segundo a dele, que nos comanda e direciona.

Nossa convivência harmoniosa, amorosa e gentil depende de que amemos a Cristo e obedeçamos suas ordens. Somos incapazes de ser igreja e de cumprir o nosso papel sem exercer os comandos de Cristo, o cabeça da Igreja. Não podemos cumprir o nosso chamado sem praticar o amor, a justiça e sem levar adiante a esperança que nos foi concedida. Se queremos fazer parte desse corpo, temos de fazer o nosso papel como membros dele.

Ore comigo

Senhor, eu te agradeço por fazer parte do teu corpo. Fortalece-me por teu Espírito e capacita-me a cumprir o meu propósito! Amém.

Consolo que vem do alto

A vida é feita de desafios. É possível que você esteja passando por um deles neste momento. De tempo em tempo, vivemos situações nas quais temos de nos esforçar mais para tentar, ao menos, sobreviver. Há momentos em que ativamos o modo sobrevivência e pensamos: "Se eu sair vivo desta, já estou no lucro."

Diante do perigo para a sua vida e para o avanço do evangelho, Paulo encorajou a igreja de Corinto com base na própria experiência perante as muitas adversidades. Esse encorajamento ainda nos é útil em meio às tribulações que enfrentamos hoje.

O que você e eu precisamos entender é que nenhuma dificuldade pela qual passamos vem sozinha; há sempre consolo e ajuda do Senhor. Não importa quantas lutas passemos, Deus sempre proverá socorro de alguma maneira. Sempre haverá ajuda do alto quando o tempo difícil chegar.

Uma vez que Deus age em nossa vida nos momentos de sofrimento, podemos e devemos nos tornar ponto de apoio para aqueles que estão com dificuldades, a exemplo de Paulo. É lindo ver pessoas que compartilham suas experiências, lutas e vitórias. O seu testemunho pode servir de encorajamento para aqueles que passam por situações difíceis.

Portanto, podemos não somente receber o auxílio de Deus nos momentos de dificuldade, como também nos tornar agentes de Deus na vida daqueles que sofrem. Que privilégio imenso nós temos de ser recipientes e portadores do consolo divino!

Ore comigo

Pai eterno, graças te dou por poder ser consolado por ti e poder levar o teu consolo aos que dele precisam. Usa-me para confortar as pessoas. Amém!

LEITURA BÍBLICA
Salmos 139:1-6

Conhecido por Deus

Quando convivemos intimamente com outras pessoas, elas conhecem nossos hábitos, manias, inseguranças, dificuldades. Algumas conseguem nos definir em poucas palavras. De todas as análises a nosso respeito, sejam elas feitas por nós mesmos sejam por outras pessoas, Deus é quem pode nos definir com exatidão.

O Senhor observa nossa vida constantemente. Sabe quem somos de verdade e conhece o que mais ninguém conhece, a essência do coração do homem. Deus vê nossas maiores vulnerabilidades, o que não mostramos para mais ninguém. Ainda que deixemos de demonstrar em público, ele vê o nosso interior.

Muitas pessoas têm dificuldade em se abrir e em ser vulneráveis, contudo, diante de Deus, não precisamos de máscara, adornos ou performances, porque ele sabe quem somos, conhece o nosso interior e os nossos pensamentos. Ele vê a intenção do nosso coração por trás de tudo o que fazemos, sabe quando estamos agindo com sinceridade e quando nossas ações não passam de um teatro.

Se desejamos viver um relacionamento íntimo com Deus, temos de entender que esse relacionamento depende da nossa integridade, honestidade e vulnerabilidade. Não podemos ter um relacionamento real com o Senhor se as nossas ações não condizem com o que está em nosso interior. Ele nos convida a deixarmos de lado as cerimônias e as aparências para viver experiências profundas e verdadeiras com ele. Você aceita esse convite?

Ore comigo

Senhor, tu és o Deus que me sonda e conhece. Conduz a minha vida, a fim de que eu viva de maneira agradável a ti. Em nome de Jesus, amém.

LEITURA BÍBLICA
Gênesis 16:1-3

23
MAIO

Os tempos de espera

Em nossa impaciência e imediatismo, temos a tendência de querer resolver os assuntos por conta própria o mais rápido possível. Contudo, um dos princípios fundamentais para a caminhada com Deus é que o tempo dele é sempre perfeito. O Senhor não tarda e não falha.

Em Gênesis 12, encontramos o relato de que Deus se dirigiu a Abrão, ordenou que ele saísse de sua terra e fosse para a terra que o Senhor lhe mostraria. Deus prometeu tornar Abrão pai de uma grande nação, tornar seu nome famoso e abençoar todos os povos da terra por meio dele. Já em Gênesis 16, Abrão vivia em Canaã havia dez anos, e a promessa ainda não havia se cumprido.

Como Abrão, imaginamos estar aonde o Senhor nos enviou e esperamos pelo cumprimento da promessa. Alguns podem questionar se Deus se esqueceu. Sarai, esposa de Abrão, era estéril, e os dois já tinham idade avançada, parecia impossível o nascimento de um filho.

Assim, Abrão e Sarai decidiram apressar os planos divinos. Buscaram outro meio de conseguir um filho, por meio da serva Hagar. No entanto, Deus não havia se esquecido de sua promessa, tampouco se atrasado em cumpri-la. O Senhor não precisa da nossa ajuda para cumprir suas promessas, não precisa do nosso estímulo ou que encontremos um "jeitinho". Como o casal, muitas vezes tentamos interferir nos planos do Senhor quando, na verdade, deveríamos usufruir da espera para aprender mais sobre o caráter de Deus.

Ore comigo

Senhor, ajuda-me a ter paciência e a confiar em ti enquanto aguardo o cumprimento dos teus planos na minha vida. Em nome de Jesus, amém.

LEITURA BÍBLICA
Lucas 9:23

Tome a sua cruz

Os evangelhos citam diversas vezes as multidões que seguiam Jesus. Elas eram atraídas por uma série de razões, dentre as quais a realização de milagres era a principal. Jesus já havia manifestado seu poder sobrenatural e, assim, as pessoas o seguiam porque desejavam ser tocadas por esse poder.

As multidões eram atraídas pelos motivos errados, como muitos hoje ainda o são. Alguns vão atrás de Jesus porque precisam de uma porta aberta, um milagre, uma cura, uma solução financeira, a realização de um sonho. Quando a bênção chega, se esquecem do Deus que os abençoou. Podemos ver isso de maneira clara no ministério de Cristo, visto que, quando seu discurso começou a tratar de assuntos mais severos, como a necessidade de arrependimento, mudança de vida e compromisso, as multidões passaram a deixá-lo.

Seguir Jesus não consiste em desfrutar de suas bênçãos e viver da maneira que bem entendermos. A instrução a respeito da caminhada com ele é muito clara: "Se alguém quiser vir após mim, negue-se a si mesmo, tome diariamente a sua cruz e siga-me". Podemos, sim, desfrutar dos milagres de Jesus em nossa vida e na vida daqueles ao nosso redor, podemos ser tocados pelo poder sobrenatural que vem dos céus e desfrutar de bênçãos na presença de Deus. Contudo, é necessário que deixemos para trás a antiga forma de viver e assumamos o compromisso diário de estar com Jesus.

Ore comigo

Senhor, escolho estabelecer um compromisso pessoal contigo, e não apenas buscar as tuas bênçãos. Transforma-me e capacita-me. Em teu nome oro, amém.

LEITURA BÍBLICA
Gálatas 5:17

25
MAIO

Conflito infindável

As guerras e batalhas fazem parte da história da humanidade. A Segunda Guerra Mundial é um dos maiores confrontos da história. No entanto, segundo as Escrituras, o maior conflito existente não se trata de guerras entre nações, povos ou religiões, mas de uma guerra contínua que acontece no coração de todos nós: a luta entre carne e espírito.

Essa guerra sem trégua é uma batalha entre a vontade humana e a vontade de Deus. Segundo o apóstolo Tiago, as guerras que acontecem em nós ou entre nós se originam dos nossos prazeres, desejos, cobiças e paixões. Não somos meramente observadores desse conflito; somos parte dele. Nessa guerra, ninguém pode se colocar em posição de neutralidade; ou você vive sob o governo da carne, ou vive sob o governo do Espírito.

Muitos conflitos são motivados por uma disputa territorial, e é isso o que acontece dentro de nós. O Espírito não pode coexistir com a carne no coração do homem. Não podemos escolher dividir o território do nosso coração ao meio e distribuir uma parte para a carne e outra para o Espírito. A carne busca satisfazer as próprias vontades e desejos, portanto, se opõe à vontade do Espírito. A maior tragédia na vida de uma pessoa é estar entregue às próprias vontades ao se deixar ser governada pela carne, que é corrupta e tem inclinação para o mal. Quem se assentará, então, no trono do seu coração?

Ore comigo

Pai, perdoa-me, pois já cedi aos desejos da carne e agi contra a tua vontade. Ajuda-me, Deus amado, a viver pelo teu Espírito. Em nome de Jesus, amém.

LEITURA BÍBLICA
João 9:6-8

Quando a graça nos encontra

Todos temos dificuldades, dores e fraquezas. O sofrimento é um aspecto comum a todos os seres humanos em algum momento da vida. Algumas das nossas dificuldades são aparentes, outras são invisíveis. De qualquer modo, não cabe a nós questionar a origem da dor do outro ou o porquê de certas pessoas passarem por determinadas situações.

O importante é que cada um de nós saiba que a graça de Deus vem ao nosso encontro quando estamos em sofrimento. Jesus vem ao nosso encontro, se dirige a nós na dor e nos dá motivos para ter esperança. Em João 9, não é o homem cego que vai até Jesus para ser curado; é Jesus quem vai até o homem e realiza o milagre para interromper o sofrimento dele.

Quando Deus estende sua graça a nós, ele o faz com o objetivo de sermos completamente transformados. A graça de Deus não toca apenas a área da nossa vida que precisa de cura, mas todos os aspectos do nosso ser, a fim de que geremos testemunho.

O homem cego de nascença que Jesus curou praticava a mendicância, pedia esmolas, provavelmente em decorrência de sua condição física. Era excluído da sociedade, rejeitado, pobre. Ao se encontrar com Jesus, toda a sua vida foi transformada, tornara-se irreconhecível. Era cego, mas passou a ver e pôde, então, testemunhar. Antes de Jesus, estávamos cegos, mas a sua graça se manifestou em nossa vida, e agora podemos ver e testemunhar a respeito do que ele fez por nós.

Ore comigo

Deus santo, eu te agradeço porque a tua graça me alcançou. Obrigado porque hoje posso viver uma realidade diferente, para o louvor do teu nome! Amém.

LEITURA BÍBLICA
1Samuel 16:7

27
MAIO

O Senhor vê o coração

Estamos acostumados a valorizar mais a aparência das coisas do que seu conteúdo, e essa prática se estende à forma como tratamos as pessoas. No entanto, um episódio bíblico que envolve personagens muito conhecidos nos mostra de maneira clara que o Senhor não age assim, tampouco deseja que o façamos.

Em 1Samuel 16, o profeta estava em busca de um homem segundo o coração de Deus para assumir o trono de Israel, visto que o Senhor havia rejeitado Saul como rei em razão de sua desobediência. Samuel foi à casa de Jessé para encontrar o futuro rei. Ao ver Eliabe, um dos filhos de Jessé, o profeta concluiu que aquele era o escolhido, contudo, o Senhor lhe disse: "[...] Não considere a sua aparência nem a sua altura, pois eu o rejeitei. O Senhor não vê como o homem: o homem vê a aparência, mas o Senhor vê o coração" (1Samuel 16:7).

Eliabe era alto, imponente, de boa aparência. No entanto, nada daquilo importava para o Senhor, somente o coração. Davi, o caçula de Jessé, foi escolhido por Deus para ser ungido rei. O menor, o mais improvável e, ainda assim, aquele cujo coração agradou a Deus.

Essa história ensina a respeito de como olhar para as pessoas e de como o próprio Deus nos vê. Com as redes sociais, tornou-se ainda mais fácil rotular e estereotipar com base na aparência, quando deveríamos ver o coração. Ao olhar para nós, Deus não se importa com altura, peso, cabelo ou cor dos olhos, mas com a intenção do nosso coração, que deve ser pura e agradável a Deus.

Ore comigo

Senhor Deus, alinha o meu coração ao teu, para que eu esteja cada vez mais próximo da tua vontade para a minha vida. Em nome de Cristo Jesus, amém.

Corra para Deus

Quando a dor atinge o coração do homem, normalmente ele tem uma destas reações: correr de Deus ou correr para Deus. O que Satanás deseja é justamente colocar-nos em uma posição difícil para que comecemos a murmurar, lamentar e nos esqueçamos da fidelidade divina, a ponto de nos afastarmos dos caminhos do Senhor. No entanto, a Bíblia mostra diversos exemplos de pessoas que não se prostraram diante do sofrimento e permaneceram em adoração e devoção a Deus.

Jó, um dos personagens bíblicos conhecidos por seu sofrimento extremo, perdeu tudo o que tinha: animais, servos, filhos e até a saúde física. Sua situação era tão deplorável que até a própria mulher o incentivou a amaldiçoar a Deus (veja Jó 2:9). Jó, porém, demonstrou grande maturidade quando, mesmo em meio à dor, prostrou-se em adoração e proclamou: “O Senhor o deu, o Senhor o levou; louvado seja o nome do Senhor” (1:21b).

Ele viveu o princípio de dar graças em todas as circunstâncias, como Paulo escreveu em 1Tessalonicenses 5:18. A vida de Jó exemplifica o que é viver de maneira íntegra, reta e agradável a Deus. Satanás pensava que Jó deixaria de adorar se perdesse tudo, mas o servo provou o contrário. A adoração de Jó era fruto da sua essência. Talvez, as dores e os sofrimentos pelos quais você tem passado sejam uma oportunidade para revelar a sua essência. A adoração em meio à dor demonstra o caráter e o entendimento do caráter de Deus.

Ore comigo

Deus amado, eu te agradeço e te louvo por tua fidelidade, bondade e amor imutáveis. Digno és de ser adorado, amém!

Restaurando o altar para receber a chuva de Deus

Após o grande milagre no monte Carmelo em que Deus se manifesta com fogo, o povo de Israel enfrenta um problema crítico: a falta de chuva. Apesar da glória manifesta no fogo, o povo precisa de água para sobreviver.

Elias, depois de restaurar o altar, sabia que a chave para a bênção era a obediência. Ele declara a Acabe que já se ouve o barulho de chuva abundante, mesmo sem sinal dela. Foi a fé e o reconhecimento de que, ao priorizar o espiritual, as bênçãos de Deus começariam a fluir. O fogo havia consumido o altar, mas agora era hora de clamar pela chuva que traria vida à terra seca.

A chuva, na Bíblia, simboliza a bênção e a provisão de Deus. Ao restaurar o altar e declarar a soberania de Deus, Elias prepara terreno para a manifestação da graça. Para ter chuva, devemos restaurar o relacionamento com Deus e eliminar as influências que nos afastam dele.

Para experimentar o favor de Deus, é necessário um reposicionamento espiritual. A restauração do altar, que simboliza nossa entrega e comunhão com Deus, é essencial.

Às vezes, os períodos de "seca" em alguma área — seja no trabalho, nos relacionamentos, ou na vida espiritual — mostram que é importante lembrar que a ordem dos fatores importa. Primeiro, restaurar o altar, eliminar o que nos afasta de Deus, e então, a bênção. Elias, mesmo sem nenhum sinal visível, já ouvia o som da chuva no mundo espiritual, porque a obediência ativa as promessas de Deus.

Ore comigo

Senhor, ajuda-me a restaurar o altar da minha vida e a eliminar tudo o que me afasta de ti. Em nome de Jesus, amém.

LEITURA BÍBLICA
Romanos 8:37

Vida vitoriosa

Existe um engano de que uma vida com Cristo é livre de dificuldades, isto é, perfeita. Essa vida não existe senão nos contos de fadas, e em nenhum momento Jesus nos prometeu isso. O que temos, porém, é a garantia de que, se vivermos com Cristo, seremos vitoriosos.

Enquanto esteve nesta terra, Jesus revelou aos seus discípulos como é a vida daqueles que se comprometem a segui-lo. A caminhada com Cristo envolve negar a si mesmo, abdicar de prazeres mundanos, obedecer à vontade de Deus, e sofrer perseguições, tentações, batalhas contra as trevas e aflições. No entanto, estar com Jesus é a garantia de que não teremos de passar por nada disso sozinhos.

Não somos vencedores por nossa força ou nosso empenho, mas porque Jesus já venceu por nós toda e qualquer dificuldade que possamos ter. Cristo conheceu a tentação e a venceu. Ele sentiu fome e sede, mas perseverou. Enfrentou profunda tristeza, porém não se permitiu ser abalado. Passou por perseguições, foi ofendido, traído, humilhado, ferido e morto, no entanto, triunfou sobre todas essas coisas.

O encorajamento de Jesus aos seus discípulos ainda deve nos encorajar hoje: "[...] Neste mundo, vocês terão aflições; contudo, tenham coragem! Eu venci o mundo" (João 16:33). Pela vitória de Jesus Cristo no Calvário, recebemos o dom de uma vida vitoriosa na qual passaremos, sim, por dificuldades, porém com a certeza de que "somos mais que vencedores por meio daquele que nos amou" (Romanos 8:37).

Ore comigo

Pai, fortalece-me pela vitória do teu Filho amado e permite que eu viva uma vida agradável a ti mesmo em meio às adversidades, como ele viveu. Amém.

LEITURA BÍBLICA
Gênesis 19

31
MAIO

Escolhas que levam ao declínio

Uma vida espiritual saudável é sempre crescente, nunca decrescente. Temos de crescer em amor, comunhão com Deus, obediência, fidelidade e santidade. No entanto, muitas pessoas conhecem os caminhos do Senhor, e, depois de um tempo, começam a tomar decisões e a se associar com pessoas e lugares contrários à vontade de Deus e, por isso, passam por um declínio na vida espiritual.

O texto de Gênesis 19 narra as tragédias que aconteceram na vida e na família de Ló. O sobrinho de Abraão tinha tudo para desfrutar das bênçãos e da comunhão com Deus, mas escolheu seguir um caminho diferente e colheu as consequências de sua decisão. Assim como ele, nós também nos deparamos com a decisão de permanecer na bênção ou seguir para o declínio moral e espiritual.

Ló estava em uma terra de corrupção e imoralidade. Por não se posicionar contra o pecado e a impiedade, e por escolher viver em uma cidade cujos habitantes "eram perversos e extremamente pecadores contra o Senhor" (Gênesis 13:13b), ele e sua família se afastaram de Deus.

Se andamos no caminho da bênção, o caminho do Senhor, temos de abrir mão da iniquidade, imoralidade. Não podemos estar no caminho do Senhor e permanecer no pecado: "a amizade com o mundo é inimizade com Deus" (cf. Tiago 4:4). O relacionamento genuíno com Deus exige posicionamento. Não sejamos omissos ou permissivos com o pecado, mas nos afastemos dele e nos aproximemos do Senhor.

Ore comigo

Senhor, afasta-me de tudo o que não te agrada e não condiz com a tua vontade. Que eu ande e permaneça na tua presença. Amém.

VITÓRIA

JUNHO

Meu planejamento

Meta

Plano

Leitura bíblica do livro

Atividade em família

Refeição especial

Avaliação alimentar

Tempo de qualidade com amigos

Um filme/série

Um livro/*podcast*

Um médico a agendar

Nota da minha saúde emocional

Atividade física pelo menos três vezes por semana

Participação semanal na comunidade espiritual

Ingestão diária de água

Gestão das finanças pessoais

Viva cada dia com responsabilidade

Nossa vida deve ser guiada por fidelidade e obediência a Deus, que deixa claro que não somos chamados para desvendar o que ele decidiu manter em segredo. Em Daniel 12, o Senhor afirma que certos eventos só farão sentido quando ocorrerem.

Vivemos em um tempo de evangelho amplamente anunciado. Em países, como o Brasil, muitos já ouviram falar da salvação em Jesus. Contudo, muitos a rejeitam ou ignoram. Deus, porém, nos chama a ter responsabilidade: "Siga seu caminho até o fim".

Cada dia é uma oportunidade de nos aproximarmos mais de Deus e de sermos fiéis, lembrando que nossos dias têm um limite e "prazo de validade" que só Deus conhece. Temos de levar uma vida intensa com Cristo, em adoração e serviço agora, sem esperar por "um momento melhor".

A incerteza quanto ao fim deve nos motivar a sermos intensos na fé. Deus nos chama a viver com propósito, aproveitando cada oportunidade para glorificar seu nome e compartilhar o evangelho. Viver com a eternidade em mente nos mantém firmes, sem a pressa irresponsável de quem conhece um prazo exato, mas com a intensidade e a seriedade de quem entende que cada dia é precioso para o Senhor.

Que a expectativa pela volta de Jesus seja uma motivação de alegria, e não de temor, pois para os que o seguem, sua vinda é a consumação de uma esperança eterna.

Ore comigo

Senhor, que meus planos estejam sempre submetidos à tua vontade, e que a minha vida seja um testemunho vivo da tua graça. Em nome de Jesus, amém.

LEITURA BÍBLICA
Lucas 6:6-11

A cura que vem pela obediência e compaixão

Jesus cura um homem com a mão ressequida em um cenário em que seus opositores esperavam uma oportunidade para acusá-lo. A história se passa num sábado, dia sagrado para os judeus; no qual é proibido realizar qualquer tipo de trabalho. Jesus, preocupado em revelar a verdade, coloca a vida acima da tradição. Ele confronta os escribas e fariseus, mais preocupados em pegá-lo em erro do que com a necessidade de cura daquele homem.

O Senhor, então, pergunta: "É permitido fazer o bem ou fazer o mal no sábado, salvar uma vida ou destruí-la?" e, assim redefine o propósito do sábado. O dia não deve ser sobre cumprir regras à risca, mas para vida, cura e restauração. O homem obedece à ordem de Jesus e é completamente curado.

Esse milagre nos ensina sobre o poder da obediência à voz de Cristo. O homem não hesitou; simplesmente fez o que Jesus pediu. Quantas vezes também precisamos apenas "estender a mão" e obedecer ao Senhor, crendo que a cura, o milagre ou a resposta que buscamos virá?

A história também nos chama a examinar nosso coração. Somos como os fariseus, preocupados com regras e aparências religiosas, ou como Jesus, prontos para ajudar, curar e mostrar amor, a despeito do que outros pensem?

Jesus nos convida a ter compaixão, colocar o bem-estar do próximo acima de tradições ou julgamentos. Ele nos ensina a agir com amor e a viver nossa fé de forma prática, buscando sempre o bem, mesmo que isso nos coloque em conflito com expectativas e padrões humanos.

Ore comigo

Senhor, que eu possa ouvir a tua voz e obedecer sem hesitar, confiando em tua graça e poder para me restaurar e curar. Em nome de Jesus, amém.

LEITURA BÍBLICA
Lucas 9:61-62

03
JUNHO

Largue o plano B

Quantas vezes, ao nos programar para determinada tarefa ou evento, estabelecemos o plano A e o B. O plano A é a nossa prioridade, o que queremos fazer. O B normalmente é elaborado para nos dar a sensação de segurança caso o plano original não dê certo.

Na vida espiritual, há alguns erros que podemos cometer nesse aspecto. O primeiro é colocar a caminhada com Cristo como o plano B. Muita gente pensa: "Vou ser feliz, viver como bem entender até certa idade, e, quando já tiver feito tudo o que queria, vou seguir Jesus". Há, ainda, quem queira fazer as duas coisas ao mesmo tempo, isto é, quer andar com Jesus e desfrutar de suas bênçãos, mas sem perder as mordomias e os prazeres do mundo.

Outro erro é caminhar com Cristo e, ainda assim, ter um plano B. A pessoa vai à igreja, lê a Bíblia, ora regularmente, prega o evangelho, mas ainda tem uma rota de emergência traçada.

Não podemos viver um relacionamento verdadeiro com Deus sem integridade. Tampouco podemos banalizar a caminhada cristã, como se fosse um simples item em uma lista de metas a cumprir. Ao aceitar seguir Jesus, precisamos deixar para trás os antigos hábitos, tudo aquilo que não se encaixa mais no nosso novo modo de viver. Isso significa abandonar o plano B, parar de olhar para trás, de procurar saídas de emergência, e fixar nossos olhos no que está diante de nós. Portanto, largue hoje o plano B e decida viver um relacionamento íntegro e exclusivo com Deus.

Ore comigo

Dá-me um coração íntegro, Senhor. Que viver um relacionamento contigo seja o meu principal objetivo. Em nome de Jesus, amém.

LEITURA BÍBLICA
Jeremias 31:17

Esperança para o futuro

Esse versículo é uma das promessas mais lindas de Deus para o sofrimento. O povo de Israel vivia no cativeiro por sua desobediência. Os setenta anos de exílio eram de extrema privação e incerteza; o povo ansiava para que o sofrimento terminasse.

Assim como eles, quando estamos em dificuldades, queremos que a dor passe logo. Ninguém deseja sofrimento prolongado, mas alívio imediato, soluções rápidas. Nesse desejo de alívio, podemos ser tentados a buscar consolo em lugares errados, em mensagens de falsa esperança.

Na época de Jeremias, falsos profetas ofereciam rápida libertação, mas não eram palavras de Deus. O povo, desesperado, se agarrava a qualquer mensagem de esperança, mesmo mentirosa. Então, Deus levantou Jeremias para falar a dura verdade: o cativeiro seria longo, mas haveria restauração. A verdadeira esperança viria de Deus.

Hoje, em meio ao sofrimento, nós também podemos ser tentados a acreditar em soluções fáceis e rápidas, mas essas falsas esperanças só nos trazem mais frustração. O Senhor nos ensina que, em meio à prova, é importante manter a fé e confiar em suas promessas. Deus não nos ilude com mentiras. O caminho pode ser longo e difícil, mas ele garante que o final será de restauração e paz.

Mesmo quando o presente parece sombrio, Deus está trabalhando em algo maior. Nossa confiança deve estar em Deus e em suas promessas. Assim como garantiu a restauração de Israel, ele também garante que há esperança para o nosso futuro.

Ore comigo

Senhor, em meio às dificuldades e incertezas da vida, ensina-me a confiar nas promessas e esperanças vindas de ti. Em nome de Jesus, amém.

LEITURA BÍBLICA
Romanos 1:16

05
JUNHO

O poder transformador do evangelho

O evangelho é a boa-nova de Deus para a humanidade, a mensagem que tem o poder de transformar vidas, trazer esperança e salvação a todos os que creem. Em Antioquia, essa mensagem encontrou corações abertos tanto entre judeus quanto entre gentios. Aqueles que ouviram a palavra de Deus viram suas vidas mudadas de maneira radical, a ponto de muitos se voltarem para Cristo com verdadeira fé.

Muitos se dizem cristãos, mas não conhecem o evangelho genuíno. Precisamos ler os evangelhos para conhecer a Cristo, entender sua vida, suas obras, seus milagres e o seu sacrifício na cruz. Precisamos ser canais do evangelho, permitindo que a mão do Senhor esteja sobre nós enquanto anunciamos a salvação. Quando vivemos e falamos com a certeza de que o próprio Deus nos acompanha e age através de nós, podemos confiar quc a Palavra semeada não volta vazia.

O conhecimento da Palavra é fundamental, mas não basta. É preciso receber o evangelho com fé genuína, como aconteceu com o eunuco que, ao ouvir a mensagem de Jesus, creu de todo o coração e foi batizado. A verdadeira fé não é apenas ouvir, mas crer e ser transformado, abraçando totalmente a verdade do evangelho e vivendo de acordo com ela.

Estamos comprometidos em compartilhar o evangelho com fidelidade e coragem? Sabemos que, em nosso testemunho, Deus opera poderosamente. Quando sua mão poderosa estiver conosco, nenhuma semente plantada no solo dos corações ficará sem frutos.

Ore comigo

Senhor, dá-me coragem e fidelidade para proclamar o teu evangelho, confiando no teu poder para transformar vidas. Em nome de Jesus, amém.

LEITURA BÍBLICA
1Coríntios 11:28

Autoexame

Para manter a saúde, fazemos exames com frequência, para observar se há alguma irregularidade ou algum aspecto que precise de mais atenção. Quando se faz um exame de sangue, por exemplo, tem-se o resultado e os índices do que é considerado normal.

Da mesma forma, para zelar por nossa saúde espiritual, precisamos examinar a nós mesmos para saber se existe alguma área fraca ou debilitada. De tempos em tempos, temos de nos autoanalisar, checar, à luz dos parâmetros da Palavra, como está a nossa saúde espiritual.

Dentre os aspectos que precisamos analisar para verificar se estamos saudáveis, um deles é a forma como nos relacionamos com a Palavra de Deus. A Palavra deve ser nosso alimento, ou seja, aquilo que nos nutre, sustenta e fortalece. Uma pessoa que não se alimenta da Palavra está desnutrida e, desse modo, sujeita a outros males.

Outra análise deve ser quanto à vida de oração. Não existe vida espiritual sem oração. Uma pessoa que não ora não tem comunhão com Deus, não se relaciona com ele. A Bíblia nos instrui a orar sem cessar (cf. Tessalonicenses 5:17). Portanto, se desejamos cuidar da nossa saúde espiritual, temos de cultivar a prática da oração em todo tempo.

Um último aspecto a ser examinado é a forma como a nossa vida espiritual impacta as demais áreas da nossa vida. A forma como nos relacionamos com as pessoas, trabalhamos, estudamos, falamos, tudo deve refletir os nossos princípios e o fundamento da nossa fé, Jesus Cristo.

Ore comigo

Pai amado, conforma-me segundo a tua vontade e os teus planos para a minha vida. Fortalece a minha vida espiritual, em nome de Jesus. Amém.

Obediência na espera

Pouco antes de subir aos céus, Jesus Cristo deu aos seus discípulos uma ordem de que não saíssem de Jerusalém sem antes receberem o poder do Espírito Santo. Jesus não lhes deu um prazo específico; apenas uma orientação para aguardar.

Talvez você, como eu, tenha dificuldade para esperar. Nossa tendência é de querer receber as coisas instantaneamente, mas vemos na Palavra que os discípulos foram obedientes em aguardar pela promessa do Pai, feita por Jesus. E aqui temos um conceito a aprender e aplicar na nossa vida: vale a pena esperar pelas promessas do Pai em obediência.

Apesar de não saberem quando ou como, os discípulos confiaram nas palavras de seu Mestre. Após anos de convivência com o Senhor Jesus, sabiam que ele é fiel para cumprir o que prometeu. Embora não tivessem dimensão do que estava prestes a acontecer quando enfim fossem revestidos de poder do alto, eles foram obedientes e aguardaram.

Da mesma forma, muitas vezes recebemos uma palavra de instrução do Senhor a respeito de como devemos agir. Às vezes temos de avançar, às vezes temos de esperar; entretanto, em todas as circunstâncias, podemos confiar nas promessas de Deus para a nossa vida. Por mais que seja difícil esperar, o melhor que podemos fazer é obedecer, pois certamente ele tem planos muito maiores para nós. Planos que sequer podemos imaginar ou mensurar. Assim, seja obediente na espera. Com certeza valerá a pena.

Ore comigo

Meu Deus, tu conheces o meu coração e as minhas inseguranças. Peço que me ajudes a esperar com confiança e obediência. Em nome de Jesus, amém.

LEITURA BÍBLICA
Marcos 5:6

A liberdade em Cristo

Jesus está em ação no Evangelho de Marcos: cura, ensina e demonstra o poder de Deus. Após acalmar uma tempestade, Cristo chega a Gadara, onde encontra um homem possuído por uma legião de demônios. Ele havia perdido tudo: família, comunidade e dignidade.

No entanto, mesmo em sua condição extrema, Jesus o encontra. A intenção de Jesus em cruzar o mar para alcançar esse homem demonstra que ele se importa com cada um de nós, independentemente de quão perdidos estejamos. Ele nos busca com compaixão e oferece libertação.

A história nos lembra de que o pecado e as forças malignas podem roubar tudo o que temos, tanto externa quanto internamente. O homem havia perdido o controle sobre sua vida, mas Jesus veio para restaurá-lo. Ele expulsa a legião de demônios e devolve ao homem sua dignidade e propósito. Após sua libertação, Jesus o envia de volta para sua casa, para contar às pessoas tudo o que Deus havia feito por ele.

Não importa o quanto nos afastamos nem o tamanho do problema, Jesus pode nos transformar e nos dar um novo propósito, com sua graça restauradora. O homem gadareno, que antes vivia entre os mortos, se tornou um testemunho vivo do poder de Deus.

Ao ler o trecho de Marcos, somos desafiados a refletir sobre nossa vida. Jesus atravessou o mar para libertar um homem e está disposto a entrar em nosso coração e transformar nossa realidade. Que possamos, como o gadareno, compartilhar o que Deus tem feito por nós.

Ore comigo

Senhor Jesus, obrigado pela libertação e cura. Que eu sempre corra ao teu encontro, pois em ti há poder e misericórdia. Em nome de Jesus, amém.

Respeite os processos

Qualquer pessoa com certo nível de experiência na cozinha sabe a importância de respeitar os processos. Certa vez, na juventude, decidi fazer um bolo. Preparei a massa e coloquei no forno, porém, depois de um tempo, com pressa, aumentei o fogo, para que ficasse pronto mais rápido. Como resultado, o bolo ficou queimado por fora e cru por dentro, porque não segui as etapas da maneira correta.

Assim também é na vida: há um processo para todas as coisas. Muitas vezes tentamos apressar os processos pelos quais passamos ou até pular certas etapas, mas não funciona dessa forma. Temos a mania de querer tudo no nosso tempo, à nossa maneira. No entanto, assim como aquele bolo precisava do tempo apropriado no forno para crescer, nós precisamos passar por determinadas situações para amadurecer na fé.

Os processos pelos quais passamos, bem como cada etapa dentro deles, fazem parte de um plano maior de Deus para que cresçamos e sejamos moldados conforme a sua vontade. A tentativa de apressar ou adiantar o fim do processo revela que não estamos preparados, pois era necessário que permanecêssemos naquela situação não de acordo com o nosso tempo, mas com o tempo de Deus.

Nosso coração ansioso precisa aprender a esperar em Deus e a depender dele. Se temos passado por um processo que ainda não chegou ao fim, os propósitos do Senhor ainda não terminaram, e Deus certamente deseja nos ensinar algo com eles e por meio deles.

Ore comigo

Senhor, ensina-me a esperar em ti e a entender que existe um propósito para todas as coisas nesta vida. Em nome de Cristo Jesus, amém!

LEITURA BÍBLICA
Salmos 122:1

Uma atmosfera favorável

A esta altura do ano, talvez você se sinta frustrado porque as coisas ainda não aconteceram em sua vida da forma como você acha que deveriam. Perceba a atmosfera que o cerca. O lugar que você tem ocupado favorece a manifestação da glória de Deus em sua vida? Um passo importante para mudar esse cenário é entender que você não pode experimentar um tempo de expansão enquanto estiver ocupando lugares limitantes.

O ambiente em que nos encontramos pode influenciar diretamente nossa fé e a recepção das bênçãos de Deus. Alguns lugares, em vez de trazerem alívio e encorajamento, nos deixam ainda mais desanimados. Você já foi a um lugar de onde ao sair, se sentiu pior do que quando chegou? Isso acontece porque os ambientes carregam uma atmosfera que pode ser favorável ou desfavorável. Por isso, estar na presença de Deus faz toda a diferença.

O salmista expressa esse sentimento quando diz: “Mais vale um dia na tua casa do que mil em qualquer outro lugar” (Salmos 84:10). O ambiente da adoração traz consolo, renova nossa esperança e fortalece a nossa fé. Mesmo quando chegamos abatidos e cansados, a presença de Deus tem o poder de transformar nossas emoções, reavivar nosso ânimo e nos trazer paz.

Deixe para trás os ambientes que limitam o agir de Deus. Jesus sabe exatamente onde está o ambiente favorável para que o seu milagre aconteça. Portanto, deixe que ele o conduza pela mão aos lugares onde certamente você encontrará o seu milagre na presença do Pai.

Ore comigo

Leva-me, ó Deus, à tua presença. Ajuda-me a deixar para trás tudo que me impede de viver o teu propósito. Amém.

LEITURA BÍBLICA
Provérbios 3:5-6

11
JUNHO

Confie e creia

Um dos nossos maiores desafios é confiar em Deus plenamente e entregar o controle de tudo a ele. Assim como Salomão recebeu o conselho de Davi para buscar a sabedoria do Senhor (cf.1Crônicas 22), as Escrituras nos ensinam a confiar em Deus para que ele dirija cada passo da nossa vida.

Essa é uma escolha diária. A cada momento, precisamos lembrar que os seus planos para nós são perfeitos. Deus não falha e, ao entregarmos a ele todas as nossas decisões, ele cuida de cada detalhe. Isso requer entrega e humildade, pois nos faz reconhecer que, sozinhos, jamais teremos todas as respostas.

Crer e confiar em Deus nos ajuda a deixar para trás a necessidade de controlar tudo, principalmente o futuro, e a aceitar que o Senhor é quem cuida dos nossos dias. Ele vê o que não podemos ver e, em sua bondade, nos guia para o que é melhor, mesmo quando isso parece difícil de entender.

Estamos nas mãos de um Deus fiel e amoroso, que sempre deseja o melhor para nós. Ao entregar tudo nas mãos dele, recebemos a paz que excede todo o entendimento (cf. Filipenses 4:7) e podemos descansar na certeza de que estamos sob o cuidado de um pai que sempre age em nosso favor.

Além disso, confiar em Deus nos faz caminhar com ele em profunda intimidade e a descobrir que a presença dele é tudo o que precisamos. Em nossa fraqueza, o Senhor é a nossa força, e nos momentos de dúvida, ele se faz presente e mostra que sua graça é suficiente.

Ore comigo

Pai celestial, ensina-me a confiar e crer plenamente em ti. Que a tua sabedoria direcione a minha vida. Em nome de Jesus, amém.

12
JUNHO

LEITURA BÍBLICA
Colossenses 4:2-3

O poder de uma vida de oração

A oração é um dos aspectos centrais da vida cristã. Paulo diz que orar era uma prática contínua para fortalecer a fé, alinhar-se à vontade de Deus e encontrar paz e segurança no cuidado divino. A oração é um ato de gratidão. Orar é conversar com Deus, ouvir sua voz e abrir nosso coração ao seu propósito. Em oração, nossa visão é ajustada ao que ele vê, e nosso coração se enche de gratidão e paz.

Mais que pedir, orar é alinhar nosso coração ao de Deus. Quando oramos, paramos de tentar convencer Deus a ver as coisas do nosso jeito e passamos a buscar ver como ele. Essa prática nos torna gratos. Ao orar, nossos olhos se abrem para enxergar a bondade do Senhor, fortalecendo nossa fé. A oração não é apenas para momentos difíceis, mas para cultivar uma conexão contínua com Deus.

Além de orar por nossas necessidades, Paulo nos chama a interceder – ter um compromisso com o próximo. Ele pede que intercedamos pela obra de Deus no mundo, pela pregação do evangelho e pelas pessoas que precisam de salvação e consolo. Assim como o jogador de um time leva sua equipe à vitória, nosso papel é levar outros a Cristo, colocando suas vidas em oração diante do Senhor. Quando oramos por amigos, familiares e até desconhecidos, nos tornamos instrumentos do amor e da graça de Deus.

Que esta seja nossa prática diária: uma vida constante de oração e gratidão, em que nos fortalecemos e nos tornamos, também, agentes de transformação no mundo ao redor.

Ore comigo

Senhor, ensina-me a viver em oração e a interceder pelas necessidades dos que estão ao meu redor. Em nome de Jesus, amém.

LEITURA BÍBLICA
Jó 42:2

13
JUNHO

Sei que tudo podes

Jó é transformado ao reconhecer a soberania de Deus. Após tentar entender seu sofrimento e não ter resposta, ele finalmente compreende: Deus é poderoso para realizar tudo o que planeja; nada pode frustrar seus desígnios. Essa mudança de perspectiva trouxe uma paz que não estava nas respostas diretas, mas na revelação de quem Deus realmente é.

Muitas vezes, estamos em situações em que tentamos resolver problemas sem conhecer o caminho certo. Perdemos tempo, nos frustramos e até nos machucamos, quando, na verdade, bastaria alguém nos mostrar o jeito certo. Tentamos resolver questões complexas sem conhecer completamente o que Deus pode fazer por nós, e acabamos angustiados.

O Diabo usa nossa falta de conhecimento para plantar dúvidas e confusão, mas Deus quer que confiemos em sua sabedoria e aprendamos a conhecê-lo. Jó declara: “Eu sei que tudo podes”, como fruto da experiência pessoal. Antes, ele conhecia a Deus apenas de ouvir falar, mas depois de experimentá-lo, seus olhos viram quem Deus é. Assim é o nosso relacionamento com Deus: quanto mais o conhecemos, menos sofremos, pois ele alivia o peso que carregamos.

Jesus ensina em João 17:3 que “a vida eterna é conhecer a Deus”. Quanto mais nos aproximamos dele, mais percebemos que não há limites para o seu poder: ele pode curar, libertar e transformar qualquer situação, seja qual for o desafio. Assim como Deus restaurou Jó, ele também pode restaurar tudo em nós.

Ore comigo

Senhor, sei que tudo podes e que nenhum dos teus planos pode ser frustrado. Conceda-me a tua paz, pois sei que estás no controle. Em teu nome, amém.

LEITURA BÍBLICA
Salmos 27:14

Deus sempre vem na hora certa

A história de Abraão é marcada por desafios constantes. A demora do cumprimento da promessa divina gerava dúvidas e medos em seu coração, o que também pode acontecer conosco.

Abraão, em sua jornada de fé, representa a vulnerabilidade escondida por trás de uma fachada de força. Era comum, tanto na época de Abraão quanto hoje, que os homens fossem ensinados a reprimir suas fraquezas e emoções. Talvez, em meio à sua crise, Abraão tenha sentido a pressão para esconder suas dúvidas e medos, mas Deus está presente para nos ouvir e compreender.

Abraão, o pai da fé, entrou em crise, sentiu-se vulnerável e inseguro. Deus apareceu quando Abrão mais precisava: "Não tenha medo, Abrão. Eu sou o seu escudo; sua recompensa será grandiosa" (Gênesis 15:1). Com essa fala, entendemos que o Senhor conhece cada detalhe do nosso coração: medos, dúvidas e fraquezas. E, assim como ele veio a Abraão, Deus também vem até nós na hora certa, trazendo consolo e renovação quando estamos prestes a desistir.

Deus diz a Abraão para não ter medo. Deus é quem nos guarda e protege em todas as circunstâncias, não por causa de nossa força, mas por causa de sua fidelidade. Quando nos sentimos vulneráveis e expostos, precisamos lembrar que ele é nosso protetor.

Se você enfrenta o medo hoje, Deus conhece sua luta. Ele vem ao seu encontro com encorajamento. Confie, pois ele é seu escudo e segurança. Como fez com Abrão, Deus vem na hora certa, trazendo renovação e paz.

Ore comigo

Senhor, ajuda-nos a confiar em ti, sabendo que tua fidelidade é o nosso refúgio e segurança. Em nome de Jesus, amém.

LEITURA BÍBLICA
Mateus 15:28

15
JUNHO

Superando barreiras

A leitura de hoje nos ensina sobre a profundidade e o poder da fé. Jesus estava na região de Tiro e Sidon, onde uma mulher estrangeira aproximou-se clamando por ajuda. A filha dela estava endemoninhada. Inicialmente, Jesus não respondeu, mas ela não desistiu. Sua fé persistente a levou a adorar e continuar clamando: "Senhor, me ajude!".

O diálogo que se segue é desafiador. Jesus disse que não era certo tirar o pão dos filhos e lançá-lo aos cachorrinhos, uma aparente rejeição. Em vez de ofender-se, a mulher responde com fé: 'É verdade, Senhor, mas até os cachorrinhos comem das migalhas que caem da mesa de seus donos" (v. 27). Que fé e confiança inabaláveis! Uma migalha da graça seria suficiente para curar sua filha. Jesus, admirado, declarou: "Mulher, grande é a tua fé! Seja feito como você deseja" (v. 28). E sua filha foi curada.

Há duas ocasiões em que Jesus elogia a grande fé de gentios: o centurião romano e a mulher cananeia. Ambos demonstram confiança extraordinária em Jesus, mesmo não sendo parte do povo de Israel. O centurião reconhece a autoridade de Cristo e sabe que uma palavra dele pode curar seu servo à distância. A mulher insiste por uma migalha da graça de Deus para sua filha. A fé verdadeira transcende etnias ou afiliações religiosas, é uma questão de coração. Deus vê além das aparências e responde à fé genuína, por menor que ela pareça aos olhos humanos.

Ore comigo

Senhor Jesus, ajuda-me a vencer as barreiras que enfrento e a confiar que, no teu tempo, todas as coisas serão transformadas. Em nome de Jesus, amém.

16
JUNHO

LEITURA BÍBLICA
Lucas 5:4-5

A fé que transforma o impossível

Jesus, cercado por uma multidão, ensina a Palavra. O Mestre vê dois barcos vazios após uma noite frustrada de pesca. Ele entra em um barco, pede a Simão que o afaste um pouco da praia, e dali continua a ensinar a multidão. Ao final, diz a Simão: "Vá para onde é mais fundo e lance as redes para pescar" (v. 4). Simão, pescador experiente que havia trabalhado a noite toda sem pegar nada, faz uma escolha: "Mas por ser o Senhor que nos pede, vou lançar as redes novamente" (v. 5). Então, o extraordinário acontece: as redes ficam tão cheias de peixes que começam a se rasgar. Chamam, então, os companheiros, e ambos os barcos quase afundam de tão cheios. Esse milagre nos ensina sobre o poder da fé em ação.

Simão Pedro e seus companheiros estavam frustrados e fracassados, mas obedeceram a Jesus e o sobrenatural aconteceu. Fé não é pensamento positivo nem sentimento que depende de emoções, é uma decisão firme de crer e agir pela palavra divina, mesmo quando tudo ao nosso redor diz o contrário. Muitas vezes, estamos como Pedro, na noite escura da frustração, mas a palavra de Deus nos convida a ir mais fundo, a lançar nossas redes uma vez mais, confiando no seu poder e na sua provisão.

Assim como Pedro, devemos estar atentos à voz de Jesus. Ele conhece nossos desafios e tem o poder de transformar as nossas circunstâncias mais difíceis em testemunhos de seu poder e graça. Não importa quão vazio o seu barco possa estar agora, quando Jesus entra na situação e você responde com fé e obediência, o milagre acontece.

Ore comigo

Senhor, obrigado por tua Palavra. Que eu sempre confie em ti e viva pela fé, para ver o extraordinário acontecer. Em nome de Jesus, amém.

Confiando em Deus, mesmo sem entender

Na caminhada com Deus, existem momentos em que orar parece um fardo. Você já se sentiu cansado de repetir pedidos e ansiar por respostas? Às vezes, oramos por anos, e as dificuldades se multiplicam. A sensação de estagnação é palpável: outros avançam, enquanto nós apenas sobrevivemos.

No desânimo, é fundamental nos lembrarmos que Deus conhece cada lágrima e súplica. Na incerteza, somos chamados a fé de Salmos 37:5: "Entregue o seu caminho ao Senhor; confie nele, e ele agirá". A Bíblia nos ensina a confiar e descansar em Deus.

Manter a fé é um exercício de confiança, pois Deus conhece os planos que tem para nós. Se ele nos pediu para esperar, é porque está preparando algo além do que podemos imaginar. Persistir em oração e manter os valores e a fé em Jesus é um testemunho da nossa confiança em sua soberania. A nossa resposta de fé, em meio às dificuldades, permite experimentarmos o favor de Deus em seu tempo perfeito.

Ao persistir em oração, abrimos espaço para que o favor do Senhor nos alcance. Deus tem um plano perfeito, e cada oração é uma semente plantada em solo fértil. Não desista de crer na promessa dele. Continue descansando no Senhor, confiando que ele é fiel para cumprir o que prometeu.

Permita que essa confiança transforme sua angústia em esperança. O Senhor está ao seu lado, ouvindo cada clamor e trazendo consolo e paz, mesmo nas tempestades. Persevere na oração e aguarde com expectativa o agir de Deus em sua vida.

Ore comigo

Senhor, ajuda-me a confiar em ti, mesmo quando não entendo o teu agir. Fortalece a minha fé e renova a minha esperança. Em nome de Jesus, amém.

18
JUNHO

LEITURA BÍBLICA
Isaías 40:31

A resiliência de Ana

Ana é um exemplo de resiliência e fé. Na dor e na infertilidade, ela não se deixou abater pelos rótulos que a sociedade tentava lhe impor. Ana buscou a Deus fervorosamente em oração, clamou sem permitir que as circunstâncias moldassem sua identidade ou esperança. E Deus, que conhece nosso coração, ouviu sua súplica e atendeu seu clamor.

Assim como Ana, muitos de nós carregam rótulos que não nos pertencem: impossível, incapaz ou desfavorável. Deus nos lembra que somos favorecidos por ele, temos um propósito em suas mãos. Não importa o que os outros digam ou as circunstâncias indiquem, Deus fala sobre nós. Ele tem um plano que vai além do que conseguimos imaginar, bênçãos chegarão no tempo dele e da maneira que ele determinar.

Muitas vezes, aceitamos os rótulos negativos que tentam nos impor. No entanto, o Espírito Santo convida você a tirar esse rótulo da sua vida. Você não é definido pelos seus desafios, mas pelo potencial que Deus colocou em você. Ele te criou para ser favorecido e abençoado, mesmo que as circunstâncias atuais digam o contrário. A chave é permanecer firme na fé, continuar lutando e confiando que, no tempo e na forma de Deus, você verá a sua intervenção.

Não desista. Continue perseverando e orando. Liberte-se desses rótulos de impossibilidade e permita que a verdade de Deus renove sua esperança. Lembre-se de que a perseverança em fé é recompensada, e a vitória está a caminho para aqueles que se mantêm firmes na promessa de Deus.

Ore comigo

Senhor, renova minha força para continuar lutando e esperando em ti, certo de que a tua bênção virá no teu tempo. Em nome de Jesus, amém.

A imutabilidade de Deus

No mundo há mudanças constantes. A verdade, porém, nunca muda: Deus é o mesmo ontem, hoje e sempre. O que ele fez no passado faz hoje. Seu, amor, poder e fidelidade são infinitos. Deus abriu o mar, curou enfermos e ressuscitou mortos. Ele sempre age, mesmo quando não vemos nem entendemos.

Na dúvida e ansiedade, precisamos nos ancorar na certeza de que Deus não mudou, suas promessas permanecem válidas. A mão que guiou os patriarcas e os profetas nos conduz hoje. Quando ficamos perdidos ou sem esperança, devemos nos lembrar que ele ainda faz milagres. Quando enfrentamos tempestades emocionais ou espirituais, encontramos paz na sua imutabilidade.

Mesmo quando a vida parece caótica, Deus permanece no controle. Ele tem um plano perfeito para cada um de nós. Às vezes, nossa visão é limitada, e podemos não entender o que está acontecendo ao nosso redor. Nesses momentos, devemos confiar que o Senhor está operando em nosso coração e em nossa vida.

Ao lidarmos com as pressões do dia a dia, encorajemo-nos mutuamente a permanecer firmes na fé. A oração é uma ferramenta poderosa que nos conecta ao nosso Criador e nos fortalece em tempos de fraqueza. Quando dedicamos tempo para conversar com Deus, encontramos conforto e renovação. Ao buscá-lo em meio às dificuldades, somos lembrados de que não estamos sozinhos. Ele está conosco, pronto para nos amparar e nos guiar, transformando nossa dor em propósito e nossa dúvida em esperança.

Ore comigo

Senhor, obrigado por tua fidelidade imutável. Que eu nunca me esqueça que és um Deus que cumpre promessas. Em nome de Jesus, amém.

LEITURA BÍBLICA
1Samuel 16:7

Eu vejo o coração

Em um mundo no qual as indústrias de estética facial e corporal movimentam bilhões todos os anos, a aparência tem ganhado cada vez mais importância. Contudo, o questionamento que se faz é o seguinte: aquilo que apresentamos no exterior é algo que criamos ou, de fato, a verdade? Com os procedimentos de harmonização facial, por exemplo, muitos já não são mais quem eram antes.

Se é assim exteriormente, o que dizer do que somos por dentro! As pessoas enxergam o lado de fora, mas Deus, que nos conhece mais do que nós mesmos, nos vê por dentro. Ele vai além das aparências, pois vê o coração. O próprio profeta Samuel foi tentado a ceder ao que via, mas Deus já tinha aquele que seria chamado de o homem segundo o seu coração (Atos 13:22).

Hoje somos chamados a pensar naquilo que temos refletido. O que as pessoas têm visto por fora é quem realmente somos? Será que não temos vestido um personagem a fim de impressionar? Quando Jesus nos olha, o que ele vê?

Por mais que nos ocupemos com questões válidas, como saúde e bem-estar físico, equilíbrio emocional, higiene e organização, nosso estado espiritual é o que mais importa para Deus. Uma vida espiritual bem alicerçada, trará o senso e o alinhamento de todas as demais coisas. Que o nosso coração esteja desnudo diante de Deus, sem personagens, e que ele ocupe todos os espaços, a fim de que, quem olhar para nós, veja somente a glória dele!

Ore comigo

Senhor, hoje eu retiro todas as máscaras e te peço, transforma-me.Que as pessoas te reconheçam em mim. Em nome de Jesus, amém!

Algo melhor à espera

Há momentos na vida em que pensamos que chegamos ao nosso limite. Sentimo-nos devastados, humilhados, envergonhados. Queremos desistir, e às vezes pensamos que a morte é a única solução, a única saída.

Precisamos, no entanto, nos libertar dessa mentalidade que nos coloca como vítimas e entender que podemos ser vitoriosos sobre as batalhas mais desafiadoras, pois Deus está conosco e não falha em vir nos socorrer. Temos de resistir, não por nossa força, mas pela fé!

Talvez você esteja vivendo uma batalha que parece interminável e pense que tudo está perdido. Contudo, Deus quer que você entenda que essa batalha não é para morte, destruição ou vergonha, mas para levá-lo a algo muito melhor.

Deus quer que você viva experiências profundas com ele, que aprenda a caminhar e a confiar nele completamente, pois o choro pode durar uma noite, mas a alegria vem pela manhã (cf. Salmos 30:5), e a alegria do Senhor é infinitamente maior do que qualquer luta, qualquer dor, qualquer medo.

O Senhor deseja moldá-lo e prepará-lo para uma renovação contínua na presença dele. Ele não renovará somente seu interior, mas lhe dará uma nova perspectiva de quem ele é. Creia que você sairá dessa batalha mais cheio de fé, pois os milagres que você viverá o ajudarão a crer ainda mais no Deus do impossível.

Ore comigo

Senhor Deus, tu podes todas as coisas. Ajuda-me a conhecer-te mais e a crer em ti. Em nome de Jesus, amém.

LEITURA BÍBLICA
2Coríntios 2:15

O bálsamo da vida cristã

Cada pessoa tem um cheiro peculiar, como um perfume. Uma combinação única de essências exala da composição química e da pele de quem o usa. Nossa vida espiritual também tem um aroma específico diante de Deus.

Paulo nos ensina a exalar o "bom perfume de Cristo" que agrada a Deus. Não é um cheiro físico, mas o aroma espiritual da nossa essência como cristãos. Esse aroma deve refletir a presença de Cristo em nós. Assim como perfumes caros e raros têm composições únicas e difíceis de serem copiadas, o "perfume" de um verdadeiro cristão também é singular, formado pela combinação de nossa adoração, nossas orações e nossas atitudes diárias que sobem como incenso suave às narinas de Deus.

Mas há um alerta: assim como uma mosca morta pode estragar um frasco de perfume (Eclesiastes 10:1), pequenas atitudes ou hábitos negativos podem comprometer o aroma que exalamos. Paulo nos lembra de estarmos atentos para não permitir que influências externas ou comportamentos inadequados alterem o bom perfume de Cristo em nossa vida.

O aroma que sua vida exala é agradável a Deus? Suas ações, palavras e pensamentos têm um perfume que agrada ao Senhor e que é percebido por aqueles ao seu redor como algo bom e diferente? Ou há algo que está contaminando o perfume que você deveria exalar?

Ore comigo

Senhor, que a minha vida exale teu bom perfume. Que meus pensamentos, ações e palavras sejam agradáveis a ti e reflitam a tua presença em mim. Em nome de Jesus, amém.

LEITURA BÍBLICA
Filipenses 4:13

23
JUNHO

Acima das circunstâncias

A cartas de Paulo aos Filipenses é impactante. De uma cela, ele busca consolar e encorajar a igreja de Filipos, abordando os desafios que ele próprio enfrentava e que, inevitavelmente, outros irmãos na fé também enfrentariam por servirem ao Deus vivo.

Nossa vida, assim como igreja de Cristo, passa por diferentes fases. Há períodos em que um vento favorável e inexplicável parece nos impulsionar. São tempos de crescimento e de êxtase, em que vemos a mão do Senhor e o seu Espírito movendo-se de maneira poderosa sobre a igreja e as pessoas. Porém, também há momentos em que, pela permissão de Deus, enfrentamos dificuldades, perseguições e lutas.

Como servos do Senhor, precisamos estar preparados para lidar com esses dois extremos da vida, encontrando um equilíbrio que nos permita superar os altos e baixos sem perder a fé. Haverá dias em que estaremos prontos para vencer o mundo, e outros em que, talvez, não caiamos no mesmo erro que o profeta Elias, que, mesmo depois de restaurar o altar, ver o fogo cair do céu e derrotar os profetas de Baal, fugiu para se esconder, sentindo que não valia a pena prosseguir.

Muitas pessoas são reféns das circunstâncias. Seu humor, disposição e atitude variam conforme o dia ou os eventos que enfrentam. Paulo, no entanto, embora tenha vivido muitas situações extremas, aprendeu a estar contente em qualquer ocasião. Que possamos viver como ele, conscientes de que Deus nos fortalece e nos capacita a viver acima das circunstâncias.

Ore comigo

Senhor, ajuda-me a confiar em ti e a aprender a estar contente em qualquer situação, pois tu estás ao meu lado, nos dias bons e nos dias difíceis. Amém.

LEITURA BÍBLICA
Hebreu 6:12

Crescendo na maturidade espiritual

Assim como esperamos crescimento em diversas áreas da vida — casamento, profissão e estudos —, o crescimento espiritual também é essencial. No casamento, por exemplo, há adaptação, com desafios e diferenças. Depois, aprende-se a navegar pelo respeito, pela honra e a resolver conflitos de forma madura. No trabalho, começamos com pouca experiência, mas buscamos crescer.

O mesmo deve ocorrer em nossa vida espiritual. O autor de Hebreus nos exorta a deixar de lado o "leite" espiritual e a buscar alimento sólido, ou seja, amadurecer na fé. Assim como uma criança começa com leite, mas logo passa a comer alimentos mais sólidos conforme seus dentes crescem, nós também somos chamados a buscar profundidade em nossa caminhada com Deus.

O autor lista seis fundamentos essenciais para a fé cristã, começando com o arrependimento — um arrependimento genuíno, e não apenas remorso. O arrependimento é o início de uma nova vida em Cristo. Em seguida, ele fala da fé em Deus, que é a base de nosso relacionamento com o Senhor. Sem fé, é impossível agradá-lo ou caminhar com ele. O batismo também é mencionado como uma demonstração pública desse arrependimento e fé.

Esses são os rudimentos, os alicerces básicos da vida cristã. O desafio para nós é não permanecermos apenas nesses fundamentos, mas crescermos continuamente, amadurecendo na fé e experimentando uma relação mais profunda com Deus.

Ore comigo

Senhor, que possamos amadurecer em nossa caminhada, refletindo o caráter de Cristo em todas as áreas da nossa vida. Em nome de Jesus, amém.

A fé que transforma

A história do cego Bartimeu é notável.

Primeiro, ele é o único curado pelo Senhor cujo nome é revelado. Isso é fascinante, dado o grande número de pessoas que Jesus curou ao longo do seu ministério. Segundo, o milagre de Bartimeu é o último público antes do início dos eventos que culminariam na crucificação. Terceiro, Bartimeu significa "filho de Timeu"; informação repetida no texto para chamar nossa atenção para a importância desse homem e sua fé.

Quarto, Bartimeu era cego e mendigava à beira do caminho. Enquanto Jesus passava, ele clamou por misericórdia: "Jesus, Filho de Davi, tem misericórdia de mim!" (Marcos 10:47). Apesar de tentarem silenciá-lo, Bartimeu gritou com ainda mais força, pois aquela era sua oportunidade de ser curado.

Finalmente, a fé de Bartimeu não era complicada nem ritualística. Ele não se preocupou com formalidades; apenas clamou a Jesus com fé simples e perseverante. E Jesus o ouviu. Chamou-o e, quando Bartimeu se aproximou, perguntou-lhe o que queria. Bartimeu respondeu de forma clara: "Mestre, que eu veja!". Sua fé prática foi recompensada e ele recebeu sua cura.

Essa história nos ensina que, assim como Bartimeu, nossa fé precisa ser direta e prática. Muitas vezes, complicamos a fé com formalidades e rituais, mas Jesus deseja que tenhamos uma fé que clama diretamente, sem medo, e confia plenamente em sua misericórdia.

Ore comigo

Senhor Jesus, que minha fé me leve a seguir-te sempre, com os olhos abertos para a tua direção. Em teu nome oramos, amém.

LEITURA BÍBLICA
Atos 16:25a

Decida orar

Paulo e Silas enfrentaram uma luta severa quando foram injustamente presos por pregar o evangelho em Filipos. No entanto, sua resposta à adversidade foi transformadora: eles decidiram orar. Em vez de permitir que a prisão definisse seu ambiente, eles transformaram aquele lugar sombrio em um espaço de louvor e adoração. Isso nos ensina que, em meio às nossas próprias lutas, temos o poder de mudar o ambiente ao nosso redor pela forma como escolhemos reagir.

Quando a vida se torna desafiadora, podemos cair na tentação de nos calar ou murmurar, mas Paulo e Silas nos mostram o caminho correto: orar. A oração tem o poder de transformar não apenas o ambiente físico, mas também as realidades espirituais ao nosso redor. Eles sabiam que sua verdadeira batalha não era contra as autoridades humanas, mas uma luta espiritual. E, através da oração, alcançaram a vitória.

A oração transforma realidades. Ela pode mudar um casamento em crise, um ambiente de trabalho difícil ou uma situação familiar complexa. Quando Paulo e Silas começaram a orar, algo poderoso aconteceu no reino espiritual, resultando na libertação deles e na salvação do carcereiro e sua família. A oração deles mudou histórias.

Da mesma forma, quando você enfrenta batalhas, sua primeira reação deve ser dobrar os joelhos e buscar a Deus. Não deixe a murmuração ou o desespero dominá-lo. A oração é sua arma mais poderosa. Seja qual for a sua luta, lembre-se de que a solução começa com uma oração sincera.

Ore comigo

Senhor, ajuda-me a transformar meus desafios em momentos de oração, confiando sempre em ti. Amém.

LEITURA BÍBLICA
Atos 16:25b

27
JUNHO

Decida adorar

Paulo e Silas, mesmo machucados e sofrendo, tomaram uma decisão poderosa: cantar a Deus. Em meio à dor, escolheram adorar, mudando completamente a atmosfera da prisão. Nas tribulações, o inimigo deseja que murmuremos e nos ressintamos contra Deus; mas em vez disso, os apóstolos mostraram que a verdadeira adoração não depende de circunstâncias favoráveis.

Jó é um belo exemplo de adoração em meio a lutas. Ele perdeu tudo, mas recusou-se a amaldiçoar a Deus. Jó exaltou a Deus em meio a batalhas terríveis, e esse é também um desafio para nós: adorar em tempos de lutas. Adorar a Deus em tempos de crise revela um caráter íntegro e uma confiança sólida nele. As adversidades de Jó testaram sua fé, mas também revelaram sua essência.

Da mesma forma, Paulo e Silas, estando na prisão, não apenas pregaram o evangelho, mas o viveram profundamente. Abençoaram os outros, enquanto mantinham o evangelho vivo dentro de si, em meio à própria adversidade. É fácil falar sobre Jesus; o verdadeiro desafio é viver o que pregamos, especialmente em tempos de sofrimento.

Adorar em um culto é algo maravilhoso e edificante, mas adorar quando tudo está contra nós é o que realmente traz transformação. Quando decidimos louvar a Deus em meio à dor, algo poderoso acontece. O verdadeiro louvor promove libertação e atrai o mover de Deus. Quando você adora, mesmo nas circunstâncias mais adversas, cria o ambiente propício para a ação do Senhor.

Ore comigo

Senhor, ajuda-me a adorar-te mesmo nas dificuldades, sabendo que tu estás transformando o meu ambiente. Amém.

LEITURA BÍBLICA
Atos 16:25c

Decida testemunhar de sua fé

Paulo e Silas estavam presos e feridos, mas testemunharam sobre sua fé em Jesus. Mesmo no meio da dor e da escuridão da prisão, eles aproveitaram a oportunidade para compartilhar sobre sua esperança. Não há momento mais poderoso para falar do amor de Cristo que os tempos de aflição, pois nessas horas nossa fé pode brilhar mais forte, revelando nossa confiança em Deus.

É compreensível que as pessoas não compreendam nossa esperança, pois na adversidade, temos muitos motivos para desistir. Alguém pode questionar: "Como você consegue continuar em meio a tantas dificuldades?" E a resposta de fé é clara: "Eu não confio em mim, confio em Jesus, que está ao meu lado e trabalhando em tudo isso para o meu bem". Esse tipo de testemunho transforma o ambiente, inspira os observadores, podendo levá-los à fé em Cristo.

Somos um testemunho constante. Em todo lugar, sempre há alguém nos observando. Veja que, enquanto Paulo e Silas cantavam, os outros presos os "ouviam";, alguns talvez os observassem também. Da mesma forma, as pessoas à nossa volta prestam atenção ao nosso comportamento, às nossas palavras e atitudes.

Somos como "cartas vivas", lidas por todos ao nosso redor. O nosso testemunho pode encorajar outros a permanecerem firmes na fé. Paulo e Silas contagiaram a prisão com sua fé, e nós também podemos transformar os ambientes onde estivermos ao testemunharmos do poder de Cristo em nossa vida.

Ore comigo

Senhor, que eu possa testemunhar de ti mesmo nas lutas, contagiando com fé e esperança os que estão ao meu redor. Amém.

Mantenha expectativa quanto ao mover de Deus

Enquanto Paulo e Silas oraram, cantaram e testemunharam, "de repente" aconteceu um forte terremoto. Alguém disse que tem um processo até que o "de repente" aconteça; ele é o resultado natural da confiança firme em Deus. Quando oramos, adoramos e damos bom testemunho, Deus age, muitas vezes em momentos inesperados, transformando cenários impossíveis.

Viver com expectativa do mover de Deus deve ser o nosso estilo de vida. Orar não é apenas um hábito religioso, mas uma atitude de fé, na certeza de que Deus habita em meio à adoração e responde à oração. Mesmo sem entender a situação, Paulo e Silas mantiveram sua confiança. Ainda que num cárcere insalubre, esperaram a intervenção divina.

Assim como aconteceu com os apóstolos, o "de repente" de Deus pode surgir em nossa vida. Portas que homens fecham, Deus pode abrir; correntes, Deus pode quebrar. Está tudo escuro? Tudo parece perdido? Continue firme, confiando e espalhando esperança, pois Deus está agindo nos bastidores, quebrando correntes e abrindo portas.

Assim como Paulo e Silas, somos chamados a confiar no mover de Deus e a proclamar esperança, mesmo em meio às maiores adversidades. Mesmo que você não veja, Deus está agindo. Confie nele, pois, "de repente", ele pode mudar sua história.

Ore comigo

Senhor, ajuda-me a viver com expectativa de que, enquanto oro e adoro, o teu mover acontecerá em minha vida. Amém.

30
JUNHO

LEITURA BÍBLICA
Atos 16:32

Aproveite suas lutas para falar do amor de Deus

Assim que um terremoto aconteceu, Paulo e Silas se perceberam livres de suas cadeias e poderiam ter fugido da prisão, mas decidiram ficar e testemunhar do amor de Deus. As portas estavam abertas, era só pensar na própria segurança e fugir. No entanto, optaram por permanecer ali e falar da verdadeira esperança e liberdade que há em Cristo. Eles entenderam que suas batalhas eram uma oportunidade para outros conhecerem a graça de Deus.

Paulo e Silas estavam na prisão, mas os verdadeiros prisioneiros eram os outros detentos e o carcereiro. Eles sabiam que a pior prisão é ao pecado, que escraviza o coração humano. Quando o carcereiro percebe que os prisioneiros não haviam fugido, encontra algo muito maior: a oportunidade de conhecer a salvação. Ao se render ao evangelho, não só ele, mas toda sua família foi transformada.

Essa história nos desafia a refletir sobre nossa postura em meio às lutas. Você está usando seus desafios para glorificar a Deus e testemunhar sobre o amor dele? Somos tentados a apenas nos livrar das dificuldades, mas Paulo e Silas nos ensinam a transformar nossas adversidades em plataformas para compartilhar a esperança em Jesus.

Deus quer usar suas lutas para aperfeiçoar sua fé e abençoar aqueles ao seu redor. Deus pode transformar qualquer situação difícil em uma oportunidade de cura e salvação. Suas lutas podem ser o canal pelo qual o amor de Cristo fluirá para outras pessoas.

Ore comigo

Senhor, ajuda-me a ver minhas lutas como oportunidades para testemunhar do teu amor e bondade em todas as situações. Amém.

A bênção de Deus
está a uma decisão
de distância: ore
e obedeça
o Senhor.

FÉ

JULHO

Meu planejamento

Meta

Plano

Leitura bíblica do livro

Atividade em família

Refeição especial

Avaliação alimentar

Tempo de qualidade com amigos

Um filme/série

Um livro/*podcast*

Um médico a agendar

Nota da minha saúde emocional

Atividade física pelo menos três vezes por semana

Participação semanal na comunidade espiritual

Ingestão diária de água

Gestão das finanças pessoais

Uma palavra no silêncio

O primeiro passo para ouvir Deus é nos aproximarmos dele. Conversar com ele à distância é quase impossível. Deus não grita, fala suavemente. Quanto mais perto estivermos dele, mais clara será sua voz. Deus por vezes chama nosso nome, mas só quando estamos perto ele revela planos, projetos e segredos.

Em 1Reis 19, Elias está em dúvida e angústia. Deus não se revelou a ele no terremoto ou no fogo, mas em um sussurro. Muitas vezes, é na quietude que Deus fala. Para ouvi-lo, precisamos nos afastar do ruído e das distrações e ficar em silêncio.

Muitos ainda não encontraram um novo rumo porque estão distantes de Deus. A melhor forma de nos aproximarmos de Deus é por meio de sua Palavra. Quanto mais lemos a Bíblia, mais ouvimos sua voz. Você quer uma direção? Abra a Bíblia! Deus quer falar com você.

Quando o povo se aproximou, Deus revelou seu plano e os conduziu. A experiência de um culto ou uma palavra não é suficiente; é preciso seguir a Deus continuamente. O salmo 23 nos lembra que o Senhor é nosso Pastor, ele nos guia por pastos verdejantes e águas tranquilas. Deus deseja nos conduzir diariamente, não apenas nos momentos de crise.

Deus sempre fala, destila palavras como orvalho sobre nós todos os dias. Que possamos nos aproximar de Deus com o coração aberto e disposto, buscando ouvir sua voz em cada momento de nossa vida. Ele deseja nos guiar e nos levar a lugares onde nunca estivemos antes.

Ore comigo

Senhor, que possamos estar sensíveis ao teu falar, mesmo no silêncio, e dispostos a obedecer às tuas direções. Em nome de Jesus, amém.

LEITURA BÍBLICA
Juízes 6:11-16

Quando o medo nos impede de avançar

O medo é uma emoção natural, principalmente sob perigo ou incerteza. Contudo, pode se tornar um obstáculo e nos impedir de cumprir o propósito de Deus. Na história de Gideão, o medo foi paralisante e tirou a perspectiva de dias melhores.

Gideão vivia na época da opressão dos midianitas que levou os israelitas a se esconderem em cavernas. A vida de Gideão era marcada por medo e incerteza, o que o levou a malhar trigo no fundo de uma prensa de uva — um lugar inadequado para tal atividade, mas que ele usava por necessidade. Mesmo assim, Gideão lutava pela sobrevivência, demonstrando que, mesmo com medo, ele não estava rendido.

A opressão emocional que Gideão e os israelitas enfrentavam era intensa, e o medo estava no centro disso. Em momentos de grande desafio, as ameaças externas fazem brotar em nós o medo, como aconteceu com o rei Saul e seu exército quando confrontados pelo gigante Golias. O medo faz com que muitos se acovardem, desistam e aceitem a derrota sem lutar.

Contudo, o chamado de Deus para Gideão nos mostra que ele escolhe os que estão dispostos a confiar nele. Gideão era improvável, frágil e medroso, mas Deus o escolheu para libertar Israel. Ao ler a passagem, aprendemos que o medo é uma oportunidade para a força de Deus se aperfeiçoar em nossa fraqueza. Confiar em Deus pode transformar a circunstância em vitória.

O segredo não está nas circunstâncias ao nosso redor, mas na nossa relação com Deus.

Ore comigo

Senhor, diante dos meus desafios e medos, ajuda-me a confiar na tua presença. Que eu possa viver os teus propósitos. Em nome de Jesus, amém.

LEITURA BÍBLICA
Provérbios 16:18

03
JULHO

A raiz de todos os males

O orgulho está presente na humanidade desde a Queda. Adão e Eva demonstraram isso em seu desejo por poder e na tentativa de fugir da culpa. De igual modo, a soberba produziu a queda de Satanás: "O seu coração tornou-se orgulhoso [...]. Por isso, eu o atirei à terra [...]" (Ezequiel 28:17).

O orgulho é a base de muitos outros pensamentos e atitudes pecaminosos. Uma pessoa orgulhosa traça os passos para a sua destruição. Como lemos em Provérbios 16:18, o orgulho precede a queda. Todos os demais pecados aparecem na vida de um indivíduo como fruto da soberba, da arrogância e do orgulho.

Não podemos ser orgulhosos se afirmamos seguir um Mestre manso e humilde (cf. Mateus 11:29). A prepotência não condiz com o estilo de vida daquele que se coloca como aprendiz de Cristo. Se o aceitamos como nosso Senhor e Salvador e nos comprometemos a viver como seus aprendizes, temos de aprender também a sermos mansos e humildes de coração. Isso significa deixar para trás o orgulho, a soberba, a altivez, e admitir que nada somos e nada temos sem Deus.

A vida cristã é uma vida de humildade, pois "Deus se opõe aos orgulhosos, mas concede graça aos humildes" (Tiago 4:6). Ela consiste em diminuir para que ele cresça, em servir a Deus e ao próximo, em estender a mão ao outro independentemente de quem ele for, em não considerar a própria sabedoria, mas confiar na sabedoria que vem do alto. Se você identifica que o orgulho é um problema na sua vida, corte agora o mal pela raiz.

Ore comigo

Senhor, que eu diminua e tu cresças. Que as minhas atitudes, falas e pensamentos demonstrem uma vida humilde. Em nome de Jesus, amém.

LEITURA BÍBLICA
Romanos 7:4

Permanência em Cristo

O evangelho nos chama a frutificar em Cristo. Paulo nos lembra que a vida que Cristo nos deu é para frutificarmos para Deus. Jesus, em João 15, nos assegura a salvação e a eternidade, e deixa claro que o evangelho completo é, além da salvação, sobre dar frutos que glorifiquem o Pai. O frutificar para a glória de Deus é resposta às nossas ações e impacto causados nas pessoas ao nosso redor. O verdadeiro evangelho produz frutos.

Jesus enfatiza aos seus discípulos que permanecer nele é essencial para que produzam frutos, revelando que a nossa frutificação depende de uma conexão constante e profunda com ele. No entanto, essa permanência nem sempre é fácil. Muitas vezes, enfrentamos altos e baixos, e, em meio às dificuldades, é comum buscarmos outras fontes para resolver nossos problemas ou obtermos satisfação, mas Cristo é a única fonte verdadeira de vida. Jesus, porém, deixa claro: sem ele, nada podemos fazer. Quando permanecemos nele, mesmo em meio às adversidades, frutificamos de maneira abundante.

O Pai, como o lavrador cuidadoso, poda e trata cada ramo para que dê mais frutos. Às vezes, ele fecha portas e nos deixa sem alternativas, para que voltemos a depender unicamente de Jesus, a verdadeira videira. Nossa tarefa é permanecer, mesmo quando estamos desanimados ou cercados de dificuldades. É no permanecer, no não desistir, que encontramos força para produzir frutos que glorificam a Deus.

Que possamos sempre nos lembrar: Jesus é a videira, e nós, os ramos.

Ore comigo

Senhor, ajuda-me a permanecer em ti, mesmo nas dificuldades e no desânimo. Que eu possa ser um testemunho do teu amor. Em nome de Jesus, amém.

Uma vida totalmente submissa a Deus

Tiago foi um dos líderes mais influentes da igreja de Cristo. Reconhecido por sabedoria, justiça e compromisso com a fé cristã, ele exortou os cristãos a viverem em humildade e pureza espiritual. No capítulo 4 de sua epístola, o líder enfatiza um princípio básico para uma vida espiritual triunfante: a necessidade de nos submetermos totalmente a Deus.

Devemos entregar nossa vida ao Senhor e reconhecer sua autoridade. Uma vida submissa implica estar sob a direção de alguém com autoridade. No entanto, o conceito de submissão é frequentemente mal compreendido, especialmente na relação entre marido e mulher.

A submissão bíblica da esposa ao marido não se refere à ausência de vontade própria ou à inferioridade, trata-se de uma questão de ordem e papel. O marido é chamado a liderar com amor; e a esposa, a apoiar essa liderança, ambos no Senhor. Cada um tem sua função, e juntos eles refletem a harmonia e o propósito de Deus para a família.

Jesus é o exemplo perfeito de submissão à vontade do Pai celestial. Mesmo sendo Filho de Deus, escolheu se humilhar e obedecer à vontade do Pai. Em sua humanidade, Cristo demonstrou obediência perfeita diante do sofrimento e da cruz, não como sinal de fraqueza, mas de profunda confiança no Pai, que o permitiu triunfar sobre o mal e cumprir seu propósito redentor.

Não espere as coisas saírem do controle para seguir Cristo. Entregue agora mesmo a sua vida ao senhorio e à autoridade de Deus; uma vida triunfante e vitoriosa espera por você.

Ore comigo

Pai celeste, ensina-me a submeter meu coração, desejos e planos à tua vontade, assim como Jesus se entregou a ti. Amém.

LEITURA BÍBLICA
Marcos 1:27

Cale as mentiras a seu respeito

Em diversos episódios, há relatos da autoridade de Jesus. Ele pregava, ensinava e agia com autoridade impressionante. As pessoas ouviam Jesus falar e reconheciam nele algo diferente: poder e autoridade sobre a criação e os espíritos malignos. Até as trevas reconhecem o Santo de Deus e fogem dele.

Em Marcos 1:21-28, lemos que Jesus ensinava na sinagoga quando um homem com espírito imundo o interrompeu. Jesus o repreendeu: "Cale-se!". O espírito sacudiu o homem e saiu de seu corpo. As testemunhas desse evento ficaram admiradas com o que viram, e perguntavam umas às outras: "O que é isto? Um novo ensino, e com autoridade! Até aos espíritos imundos dá ordens, e eles lhe obedecem!" (v. 27).

Jesus tem autoridade para calar as mentiras de Satanás e fazê-lo recuar. Talvez o Diabo tenha proferido mentiras sobre a sua vida há muito tempo. Existe, porém, alguém poderoso o suficiente para fazer que toda mentira, engano, maldição e palavra de morte se cale, o nome dele é Jesus Cristo. Se o Enganador diz que não há motivos para que você continue, que seu casamento não vai dar certo, que seus sonhos não vão se realizar, que você não é amado, que não merece ser feliz, aquele que é Senhor sobre todas as coisas o cala com autoridade e poder inigualáveis.

Para proteger-se contra as mentiras de Satanás, apegue-se à verdade. Apegue-se à Palavra de Deus, ao poder e à autoridade de Jesus Cristo. Diante da autoridade do Filho de Deus, todas as mentiras das trevas caem por terra.

Ore comigo

Louvado seja o teu nome, Senhor Jesus, por teu poder e autoridade sobre todas as coisas. Tu és o Senhor sobre a minha vida. Afasta de mim toda mentira do Maligno, amém!

LEITURA BÍBLICA
Efésios 3:20

07
JULHO

À espera de um milagre

Devemos ser constantemente movidos pela expectativa da manifestação do poder de Deus. Muitos leem os relatos bíblicos e sentem uma certa tristeza ao pensarem: "Quem dera o Senhor fizesse isto em nossos dias!" Contudo, ele faz.

O nosso Deus é o mesmo que realizou feitos sobrenaturais no Antigo Testamento, agiu por intermédio de profetas, enviou seu Filho para realizar milagres, dentre os quais o maior foi a ressurreição ao terceiro dia, e derramou seu Espírito Santo sobre a igreja.

Precisamos ter a certeza de que, enquanto oramos, adoramos e o servimos, ele tem preparado algo maior e melhor do que poderíamos imaginar. Temos de viver todos os dias na expectativa do sobrenatural. Oramos e adoramos porque sabemos que Deus se manifesta quando elevamos o nosso coração em clamor e exaltação ao nome dele.

Toda oração deve ser feita com a certeza de que Deus pode se manifestar na nossa vida de maneira sobrenatural, assim como pode transformar uma situação cotidiana em um acontecimento extraordinário. O Senhor faz grandes coisas na vida daqueles que confiam nele.

O poder de Deus vai além do que podemos explicar, imaginar ou pedir. Ele pode abrir portas em situações para as quais não vemos saída. Pode restituir em abundância o que nos foi arrancado. Pode sarar as mais profundas feridas. Pode fazer o sobrenatural na sua vida. Deus tudo pode.

Ore comigo

Deus santo, tu és capaz de fazer infinitamente mais do que peço ou imagino. Louvado seja o teu nome por teu poder sobrenatural e soberano. Amém!

LEITURA BÍBLICA
Eclesiastes 3:1

Soberano

Nada é por acaso na vida de Jesus. Durante todo o seu ministério terreno ele foi intencional e, para cada atitude, um ensinamento era colocado à disposição de seus discípulos. E assim ainda é, até chegar a nós, em nossos dias. Sua soberania nos traz segurança, pois os que confiam no Senhor podem descansar na verdade de que nada, absolutamente, acontece por acaso.

Em sua Palavra, o Senhor constantemente nos lembra que não é preciso temer. Ele vê todas as coisas, age sempre para o bem e tem planos e pensamentos ao nosso respeito muito mais altos, para nos garantir um futuro (Isaías 55:8-9; Jeremias 29:11). Sem ele nada podemos fazer e nada do que foi feito se fez!

O Senhor hoje nos chama a confiar. A leitura do dia é clara ao nos instruir que "Para tudo há uma ocasião certa; há um tempo certo para cada propósito debaixo do céu". Além disso, o apóstolo Paulo, inspirado por Deus, também nos diz que Deus age em todas as coisas para o bem daqueles que o amam, "dos que foram chamados de acordo com o seu propósito" (Romanos 8:28).

Portanto, deixemos nossas preocupações de lado e nos ocupemos em crer que aquele que falou é fiel para cumprir tudo o que diz. Somos chamados a viver de maneira intencional, para que, confiantes, mostremos ao mundo quem é o detentor de todo o poder na terra, nos céus e embaixo da terra!

Ore comigo

Pai, muito obrigado por me revelar que não preciso me preocupar com minha própria vida, pois o Senhor a tudo governa. Em nome de Jesus, amém!

Jesus vence o medo e nos envia em paz

Às vezes, as circunstâncias nos fazem duvidar das promessas de Deus. Talvez você tenha recebido uma uma promessa que encheu seu coração de esperança. No entanto, quando as dificuldades apareceram, você questionou se era de Deus e se, de fato, vai se cumprir. Foi assim que os discípulos se sentiram após abandonarem tudo e seguirem Jesus por três anos e meio. Com o Mestre preso e crucificado, a dúvida começou a invadir seu coração: "E agora?".

Mesmo após ouvirem que Jesus havia ressuscitado e aparecido a Maria Madalena, os discípulos ainda não tinham experimentado essa realidade por si mesmos. Muitas vezes, ouvir o testemunho de outros não é suficiente para acalmar nossas dúvidas. No entanto, a seguir Jesus surge no meio deles e proclama "Paz seja com vocês". Ao mostrar suas feridas, ele os lembra da sua vitória sobre a morte.

Diversas vezes, nós também nos trancamos em nossas limitações, por medo, dúvida ou insegurança, e somos dominados por pensamentos de incapacidade, questionando o propósito de Deus em nossa vida. Assim como fez com os discípulos, Jesus se revela a nós no caos, oferece paz e renovação. Ele nos convida a crer que, apesar das dificuldades e das impossibilidades que enfrentamos, ele é capaz de nos levar além do que imaginamos.

O plano de Deus é de vida abundante. Jesus é a ponte que conduz do medo para a esperança. Quando recebemos o Espírito Santo, como Jesus soprou sobre os discípulos, somos capacitados a viver em fé e liberdade.

Ore comigo

Senhor, agradeço pela tua paz que dissipa todo medo e pela vitória de Jesus sobre a morte. Capacita-me a perdoar, amar e testemunhar a tua salvação. Em nome de Jesus, amém.

LEITURA BÍBLICA
Marcos 9:24

Fé no vale das frustrações

Um pai que já tivera fé sente-se frustrado ao ver seu filho sofrer após os discípulos de Jesus tentarem ajudá-lo sem sucesso. A frustração do pai e dos discípulos revela um ensino de Jesus: a batalha espiritual exige uma fé madura, sustentada por uma vida de oração e comunhão com Deus.

O menino atormentado por um espírito maligno, incapaz de falar e preso a terríveis crises causava sofrimento à família: o pai nunca ouviu a voz do filho, a dor estava sempre presente e havia a constante ameaça à vida do menino pelas convulsões e pelos ataques espirituais intensos. O pai chegou a buscar ajuda com os discípulos, mas eles, sozinhos, não conseguiram ajudar. Essa situação levou ao desespero, tanto do pai quanto dos próprios discípulos.

Todos enfrentamos o sentimento de impotência em algum momento, especialmente diante de problemas fora do nosso controle. Jesus, porém, nos lembra que o segredo está cultivar em uma fé fortalecida pela oração e intimidade com Deus. Em um diálogo sincero, o pai admitiu: "Eu creio; ajuda-me a vencer minha incredulidade!".

Jesus aponta que algumas batalhas só são vencidas com oração e jejum. Se as dificuldades parecem invencíveis, precisamos nos fortalecer orando e jejuando. Diante das crises, nossa fé é testada e cresce ao reconhecermos nossas fraquezas e buscamos a ajuda de Deus. Assim, Jesus nos desafia a viver uma fé que ultrapassa a superficialidade e penetra no terreno da intimidade com Deus.

Ore comigo

Pai, ajuda-me a vencer a dúvida e a crescer no teu poder, sabendo que nada é impossível para ti. Em nome de Jesus, amém.

Edificado sobre a rocha

Vivemos dias corridos e, muitas vezes, esquecemos de colocar Jesus no centro da nossa vida. Isso é muito perigoso, pois pode causar esfriamento em nosso coração e nos afastar da presença de Deus.

Sem Jesus no centro de tudo, a caminhada perde o sentido e começamos a construir nossa vida sobre fundamentos fracos, como o homem tolo que construiu sua casa na areia. Sem alicerces firmes na Palavra e na comunhão com Deus, tudo o que construímos corre o risco de desmoronar quando as tempestades da vida chegarem.

Quantas vezes já pensamos em desistir? Quantas vezes achamos que tudo está perdido?

O Senhor, em sua infinita graça, nos chama a levantar e seguir em frente. Ainda que tenhamos nos distanciado ou desanimado, ele deseja que recuperemos o tempo perdido. Jesus, que conhece o mais profundo do nosso coração, quer partilhar conosco um relacionamento íntimo e restaurador. Ele deseja que deixemos de lado as construções frágeis baseadas em superficialidades e edifiquemos nossa vida sobre a rocha inabalável da Palavra.

A intimidade com Cristo abre os nossos olhos, amplia nosso entendimento e nos alinha ao propósito que ele preparou para nós. Quando edificamos sobre a rocha, as tempestades podem vir, mas permaneceremos firmes, pois nossa vida está fundamentada na verdade que não se abala. Não permita que as tempestades arruínem o que você construiu. Aceite o convite para viver uma vida alicerçada na verdade eterna de Cristo.

Ore comigo

Senhor Jesus, ensina-me a edificar minha vida sobre a rocha da tua Palavra. Que eu cresça em intimidade contigo. Em teu nome eu oro, amém.

LEITURA BÍBLICA
2Coríntios 5:9

Guiado por propósitos

Na grande maioria das vezes, as pessoas saem de casa com um destino já definido. Quando o local está distante, a viagem é longa e cansativa. Muitas vezes há obstáculos no trajeto, o que dificulta ainda mais. Contudo, quando o propósito da viagem está claro, não há atraso ou dificuldade que nos impeça de chegar ao destino.

Assim também é com a nossa vida. Deus quer nos levar a um determinado destino. Ele tem um lugar definido para que cheguemos na nossa vida espiritual, familiar, profissional, ministerial. Quando sabemos para onde vamos, não somos guiados pelas circunstâncias, mas pelos propósitos de Deus para nós.

Como afirmou o apóstolo Paulo, "vivemos pela fé, não pelo que vemos" (2Coríntios 5:7). O cenário em que estamos pode parecer desfavorável, porém não é ele que dita a nossa perspectiva, e sim a fé. Sabemos que, em todas as coisas, o nosso propósito é viver uma vida que agrade a Deus, em obediência à sua voz e à sua vontade, a fim de que cheguemos no destino que ele reservou para nós.

Passamos por dificuldades no percurso, mas continuamos porque sabemos que vale a pena. Portanto, quando surgirem barreiras no meio do caminho, não pare. Lembre-se do lugar para onde Deus deseja levá-lo, porque a jornada somente valerá a pena se você continuar. Não desista, não coloque tudo a perder por pressão, medo ou em razão das intercorrências que possam surgir. Seja guiado pelos propósitos do Senhor, e você desfrutará da plenitude do que Deus preparou para você.

Ore comigo

Senhor Deus, não permitas que eu seja guiado pelas circunstâncias, e sim pelos teus propósitos para a minha vida. Em nome de Jesus, amém.

Lugar de cura

A Palavra nos ensina que o salário do pecado é a morte (Romanos 6:23), mas a vida demonstra como isso acontece na prática. O pecado produz dores, e muitos são os que gemem ao nosso redor. Pessoas feridas pela decepção, pelo abandono e rejeição de amigos, familiares e até mesmo da igreja.

Os dados mostram como, com o passar do tempo, o número de desigrejados cresce no nosso país. Pessoas que seguem dizendo que creem em Cristo, mas que não aceitam a ideia de congregar em uma igreja devido às tristes experiências ocorridas com alguém próximo ou consigo mesmas. Hoje, porém, o Senhor nos lembra da importância de vivermos em comunhão.

Não fomos feitos para viver sozinhos (Gênesis 2:18), e foi também por isso que o Senhor nos deixou o presente que é poder viver com a comunidade de fé, a saber, a igreja. Existem coisas que Deus só faz no ambiente da congregação! O Senhor não esconde que é de glória em glória que seremos transformados à imagem de Cristo e, esse processo inclui pessoas.

É entre os irmãos que Deus cura e manifesta o seu sobrenatural, portanto, devemos nos submeter a esse afiar. Quando nos expomos ao agir do Espírito Santo, ele nos transforma e passamos de desigrejados decepcionados a um lugar de cura.

Ore comigo

Senhor, faz de mim uma fonte de águas boas, um ferro que afia, um lugar de cura e edificação para o meu irmão, em nome de Jesus, amém!

14
JULHO

LEITURA BÍBLICA
Gênesis 6

Encontrando graça em tempos difíceis

Noé foi escolhido por Deus num tempo que a corrupção e a maldade se multiplicavam na terra, e isso entristeceu o coração de Deus. Contudo, em meio a esse cenário sombrio, Noé encontrou graça aos olhos do Senhor, pois foi agente de mudança, exemplo de fé e integridade. Ele se tornou instrumento nas mãos de Deus, capaz de mudar o destino de toda a humanidade. Também vivemos em tempos desafiadores hoje, mas Deus continua a levantar homens e mulheres para fazer a diferença em nossa geração.

Deus escolhe as pessoas pelo coração. Ele sempre procura por corações totalmente voltados para ele e pode usar uma única pessoa para realizar grandes feitos. Assim como Noé, podemos ser instrumentos de transformação em nossa geração.

Ao se levantar contra a correnteza do pecado, Noé salvou sua família e se tornou instrumento de esperança para a criação. Assim como ele encontrou graça aos olhos do Senhor em meio a um mundo corrompido, nós também podemos escolher um caminho de obediência e pureza, mesmo quando a imoralidade parece dominar.

Noé nos ensina que nossas escolhas importam. A busca pela pureza e pela justiça pode parecer uma batalha solitária, mas é nessa busca que encontramos a graça de Deus. Ele está constantemente em busca de corações que se entregam totalmente a ele.

Ore comigo

Senhor, agradeço por encontrar graça aos teus olhos. Que eu não seja levado pelas pressões do mundo, só pela tua vontade. Em nome de Jesus, amém.

A força vem do Senhor

Muitas vezes, em meio aos desafios da vida, nossa força parece enfraquecer. Em Juízes 6, Gideão vivia cercado pela opressão dos midianitas, escondendo-se para proteger o pouco que restava de sua colheita. Em sua fragilidade, o anjo do Senhor se apresentou a ele: "O Senhor está com você, poderoso guerreiro" (cf. Juízes 6:12).

Deus vê em nós um potencial que muitas vezes não conseguimos enxergar: guerreiros, não por nossa força, mas pelo poder dele que atua em nós. Nos dias difíceis, é fácil pensar que estamos sozinhos e que não há esperança. O nosso Deus, porém, nunca nos abandona. Ele está ao nosso lado, nos fortalece e nos capacita a vencer as batalhas da vida, assim como fez com Gideão no decorrer de sua história.

Gideão não se tornou corajoso; ele só adquiriu coragem porque o Senhor estava com ele. Da mesma forma, nossa verdadeira força vem da presença constante de Deus em nossa vida, que nos guia e sustenta em toda e qualquer situação.

A coragem que vem de Deus é um chamado para nos levantarmos para encarar os desafios com fé para confiar que ele não nos escolheu à toa. O Senhor sabe das nossas limitações, mas também conhece nosso potencial. Mesmo quando duvidamos de nós mesmos, ele nos chama para cumprir seus propósitos.

Portanto, quando se sentir fraco, lembre-se de que Deus nos enxerga fortes e capazes. Seu amor e poder nos sustentam em todas as circunstâncias, e é essa força que faz de nós guerreiros prontos para lutar e vencer.

Ore comigo

Senhor, obrigado por me fortalecer quando me sinto fraco. Ajuda-me a confiar em ti e a enxergar a força que vem da tua presença. Em teu nome, amém.

LEITURA BÍBLICA
Mateus 11:28-30

Descanso para as almas cansadas

Muitas pessoas estão num ciclo exaustivo, com rotinas que parecem infinitas — trabalho, tarefas familiares, compromissos sociais — e podem nos sobrecarregar e fazer que alguns desejem simplesmente "sumir" da realidade estressante. O ritmo acelerado da vida nos empurra a viver com pressa, levando a um estado de sobrevivência que cansa ainda a alma.

Antigamente, o ritmo de vida era mais tranquilo, especialmente nos finais de semana. Hoje, no entanto, somos bombardeados por obrigações e expectativas que tornam cada vez mais difícil ter paz. Essa correria leva muitos de nós a ansiarem pelo descanso do final de semana.

A verdadeira restauração, porém, não vem de um dia livre, mas do relacionamento com Deus. Ele nos convida a descansar nele, a levar nossas cargas e preocupações para sua presença. Quando nos permitimos parar, orar e buscar sua orientação, somos renovados.

Assim como no tempo em que Jesus caminhou entre nós, ele nos oferece uma resposta: Venham a mim todos os que estão cansados e sobrecarregados, e eu darei descanso a vocês (Mateus 11:28). Ele nos oferece um descanso que vai além do físico. Ele nos convida a deixar de lado o peso que carregamos sozinhos e a permitir que ele nos guie. Quando entregamos nossas preocupações a Deus, encontramos descanso para a alma. Isso não significa que as circunstâncias deixarão de existir, mas sim que, com Jesus ao nosso lado, encontramos paz em meio ao caos.

Ore comigo

Senhor, agradeço o convite a descansar em ti. Que possamos descansar em ti e confiar em teu cuidado amoroso. Em nome de Jesus, amém.

LEITURA BÍBLICA
Tiago 1:1-4

17
JULHO

Na fornalha

Ninguém quer passar por problemas. Entretanto, eles existem para todos. As Escrituras fornecem preciosos ensinamentos a respeito de como lidar com as dificuldades, a fim de que elas sejam transformadas em vitórias. Desse modo, todos que desejam amadurecer na fé e viver de maneira agradável a Deus devem se fundamentar na Palavra em todos os momentos, especialmente quando surgem os problemas.

Devemos olhar para todas as situações com a compreensão de que Deus opera em nós não somente nas coisas boas que acontecem, mas também em meio às provações. Isso não significa deixar de sentir as dores e dificuldades, mas saber que há um fim proveitoso para elas.

Deus deseja aperfeiçoar, amadurecer e fortalecer a nossa fé por meio dos problemas pelos quais passamos. É na fornalha das provações que a nossa resistência espiritual amadurece. Quando o fogo se torna mais ardente, Deus faz de nós vasos mais fortes.

O texto de Tiago 1 é como um seguro. As pessoas não contratam um seguro para o veículo, por exemplo, torcendo para que precise acioná-lo. No entanto, se houver algum problema, estarão preparadas para lidar com ele. De igual modo, não queremos passar por dificuldades, contudo, quando elas vierem, saberemos lidar com elas se tivermos conhecimento da Bíblia, pois esta nos revela que Jesus Cristo é quem nos assegura, sustenta e protege mediante as adversidades.

Ore comigo

Senhor Deus, que o teu Espírito me dê forças para perseverar em todo tempo. Dá-me encorajamento por meio da tua Palavra, em nome de Jesus, amém.

LEITURA BÍBLICA
Atos 11:26

Características inegociáveis de um cristão

Em Atos 11:19-30, vemos um marco na história da igreja: em Antioquia, os seguidores de Jesus foram, pela primeira vez, chamados de "cristãos". Essa identificação não surgiu de títulos, *slogans* ou aparências, mas de um estilo de vida autêntico e inegociável que refletia o próprio caráter de Cristo. Esses novos convertidos manifestavam compaixão, serviço, fé e uma união sincera entre eles, características que eram impossíveis de esconder.

Dentre essas marcas, destacamos a generosidade e a fidelidade. Quando souberam da fome iminente na Judeia, os discípulos de Antioquia se uniram para enviar ajuda aos irmãos, mesmo que a distância fosse grande. Esse gesto de apoio sacrificial mostrou que, para eles, ser cristão era viver em amor prático, cuidando dos necessitados e colocando os outros acima de si mesmos.

Sendo cristão, como responderíamos a alguém que nos perguntasse sobre nossa fé, sem que pudéssemos responder com "Sou cristão"? Nossas atitudes e palavras dariam pistas suficientes? Como os primeiros cristãos, devemos viver de forma que outros possam ver Cristo em nós — em nossa compaixão, humildade, coragem e em nosso compromisso com a verdade —, mesmo que não afirmemos isso verbalmente.

Nos tempos atuais, a responsabilidade é nossa de refletir periodicamente sobre essas características inegociáveis e sermos "crentes de verdade", cristãos identificáveis pela nossa maneira de viver.

Ore comigo

Senhor, que nossas ações e caráter revelem tua presença em nós, em toda situação e desafio. Em teu nome, amém.

Conhecer e crer

O início da vida cristã autêntica começa com o conhecimento do evangelho (veja Romanos 10:14). Os discípulos que chegaram a Antioquia conheciam profundamente a palavra de Deus e, por isso, anunciavam as boas-novas com confiança. Eles haviam recebido a Palavra e crido nela; por isso, podiam transmiti-la com autoridade. Este é o primeiro passo para ser identificado como discípulo: conhecer e crer na mensagem genuína de Cristo.

Infelizmente, muitos se identificam como seguidores de Jesus, mas não conhecem realmente o evangelho. Há até quem se identifique nas redes sociais, dizendo: "Fulano de tal, sagitário, cristão". Como pode alguém pensar que é aceitável crer em Deus e acreditar em signos? Sem o conhecimento da verdade de Cristo, o que temos é uma "salada" de ideias culturais e religiosas que nada tem a ver com o evangelho genuíno.

Como a Bíblia nos ensina: "[...] conhecerão a verdade, e a verdade os libertará" (João 8:32). A verdadeira fé cristã exige um conhecimento das Escrituras e um compromisso de seguir a Cristo. Somente assim a nossa vida pode ser marcada pela verdade transformadora de Jesus.

Ore comigo

Senhor, dá-me sede pelo teu evangelho e ajuda-me a viver a verdade com fidelidade e amor. Amém.

LEITURA BÍBLICA
Atos 11:21

Converter-se à verdade

Ser cristão vai muito além de conhecer a mensagem do evangelho. Em Antioquia, a pregação alcançou muitos, mas apenas os que se converteram ao Senhor realmente experimentaram a transformação. Esse processo de conversão genuína é o que define o discípulo autêntico que passa por mudança de direção e de vida. Tudo o que somos é colocado à disposição de Deus para que ele molde nosso caráter.

Muitas pessoas têm apenas conhecimento intelectual do evangelho, podem citar passagens bíblicas, falar sobre Jesus ou até mesmo participar de uma igreja. Nada disso substitui o compromisso com a verdade, que é Cristo. A verdadeira conversão ocorre quando deixamos de apenas saber sobre Jesus e nos rendemos completamente a ele. Quando cremos de todo o coração e colocamos nossa fé em prática, passamos a viver para Deus.

Essa conversão envolve desligar-se das antigas atitudes e prioridades, permitindo que o Espírito Santo transforme nosso caráter, conduta e valores. Não é um compromisso superficial, mas uma entrega profunda, onde a fé que recebemos se torna o alicerce de tudo o que somos. Nesse processo, o Senhor nos capacita a viver conforme os seus princípios, refletindo a graça e o amor de Cristo para todos ao nosso redor. Isso nos identifica como seguidores de Cristo.

Um cristão autêntico demonstra sua fé não só com palavras, mas com atitudes, estando comprometido com os valores do reino de Deus. Sua forma de viver revela seu amor e compromisso real com Cristo.

Ore comigo

Senhor, que minha fé vá além do conhecimento; transforma minha vida e ajuda-me a ser um verdadeiro discípulo de Jesus. Amém.

LEITURA BÍBLICA
Atos 8:37

21
JULHO

Conhecendo e crendo com o coração

Quando Filipe encontrou o eunuco etíope, o evangelho foi apresentado de maneira simples e poderosa, guiado pelo Espírito Santo. A reação do eunuco ao ouvir as Escrituras foi imediata: ele desejou ser batizado, declarando publicamente sua fé em Jesus. No entanto, antes de qualquer ação, Filipe destaca algo crucial — "se [você] crê de todo o coração". Essa frase nos ensina que a verdadeira conversão não é um ato superficial ou ritualístico, mas um compromisso completo e transformador.

Assim como o eunuco, muitos em Antioquia ouviram e creram de todo o coração, convertendo-se ao Senhor. Isso significa dizer que a fé se torna a base de nossas escolhas, valores e ações. Quando recebemos o evangelho dessa forma, ele não fica apenas em nossa mente; desce até o coração e afeta quem somos. O resultado disso é uma vida alinhada aos ensinamentos de Cristo, refletindo seu caráter em atitudes de amor, bondade e fidelidade.

Essa fé genuína é o que nos separa da simples religiosidade. É uma decisão de caminhar com Jesus diariamente, mesmo quando há desafios e sacrifícios envolvidos. Como igreja, somos convidados a viver esse tipo de fé que nos impulsiona a servir e amar a Deus e ao próximo, assim como Cristo nos amou. O que nos identifica como cristãos não é um título, mas a evidência de uma vida transformada pelo poder do Espírito Santo.

Ore comigo

Senhor, que eu creia e viva o evangelho de todo o coração, refletindo o teu amor e tua verdade. Amém.

LEITURA BÍBLICA
Marcos 1:40-42

O toque que transforma

Há alguns anos, meu pai descobriu um caroço na coxa. Inicialmente, simples. Após alguns exames, constatou ser um câncer agressivo e passou por uma cirurgia para remover o tumor. Ele carrega uma cicatriz profunda, lembrança de algo que, se não fosse tratado, tomaria seu corpo.

Assim como o câncer corrói em silêncio, o pecado destrutivo começa pequeno e, se não for removido, toma a vida da pessoa. Muitas vezes, achamos que podemos conviver com certas falhas que parecem inofensivas. No entanto, o pecado, assim como o tumor, precisa ser arrancado pela raiz antes de causar destruição completa.

Jesus teve compaixão por quem estava coberto de doenças como a lepra e por enfermos espirituais. Ele não se afasta de leprosos, pecadores, nem daqueles abandonados e desacreditados pela sociedade. Jesus os encontra no seu pior estado e, com misericórdia, oferece cura e restauração.

Cristo também quer nos libertar das marcas que o pecado deixou em nossa vida. Sempre há esperança para o cristão destruído por dentro. Jesus nos restaura com sua graça, não importa o quanto a situação pareça impossível ou o quanto o pecado tenha causado destruição.

Jesus vê além das nossas feridas e nos oferece uma nova chance de vida, de pureza e de redenção. Se ele fez isso com o leproso, que estava condenado ao isolamento, o que não fará por você, que busca por cura? Entregue a ele suas feridas, seus pecados e dores, e experimente o poder transformador de sua graça e amor.

Ore comigo

Senhor, obrigado por nunca desistir de mim. Ajuda-me a confiar no teu poder restaurador e a não me esconder de ti. Em nome de Jesus, amém.

LEITURA BÍBLICA
Hebreus 10:32-39

23
JULHO

Aprenda a perseverar

Você já pensou em desistir? A Bíblia nos ensina sobre a importância de perseverar em meio às lutas. Quem enfrentava sofrimentos, insultos e injustiças podia perseverar com alegria, pois tinha um patrimônio eterno. Nossa confiança em Deus gera grande recompensa.

Enfrentamos provações e perseguições, assim como os primeiros cristãos. Eles não sofreram apenas fisicamente, mas também emocionalmente, expostos ao ridículo e à rejeição. As dificuldades enfrentadas por eles os fizeram questionar se valeria a pena continuar, mas a palavra de Deus os exortava a perseverar. Assim como os primeiros cristãos, nós também enfrentamos desafios que podem nos desanimar. No entanto, a Bíblia nos chama a manter a fé firme, especialmente quando os dias se tornam difíceis. O texto nos lembra que eles perseveraram, sabendo que tinham um patrimônio superior, um tesouro eterno em Deus.

Hebreus 11 apresenta uma galeria de heróis da fé que mantiveram a confiança em Deus e fizeram grandes feitos, mesmo nas adversidades. Quando as dificuldades tentam nos desanimar, devemos nos lembrar das promessas e da esperança que temos em Deus. Nossa fé é a âncora que nos mantém firmes nas tempestades.

Nas dificuldades, a Palavra de Deus é nosso alicerce. Nela, encontramos forças para continuar e esperança de dias melhores. Não há lugar mais seguro para ancorar a alma do que na Escritura, que nos guia, fortalece e renova. Que possamos perseverar com fé e confiança em nosso Deus, sabendo que nossa recompensa está guardada nele.

Ore comigo

Senhor, nas provações, ajuda-me a manter minha confiança em ti. Fortalece meu coração e minha mente. Em nome de Jesus, amém.

LEITURA BÍBLICA
Atos 11:21

Da compreensão à conversão

A história do eunuco etíope nos mostra que a verdadeira transformação começa quando, além de ouvir, aceitamos o evangelho de todo o coração. Filipe guiou o eunuco, que, por sua vez, respondeu prontamente, pedindo para ser batizado. Esse desejo de seguir Jesus não era uma ação isolada; era o início de uma jornada de fé e compromisso. Ele havia entendido que o evangelho não é apenas uma boa notícia; é um chamado a uma nova vida em Cristo.

Da mesma forma, em Antioquia, muitos não apenas ouviram a mensagem, mas creram e se converteram ao Senhor. Esse momento é um divisor de águas, é decisivo, pois marca uma mudança de vida radical. Não é apenas saber sobre Cristo; é abandonar a antiga maneira de viver e abraçar um novo caminho. A prática de fazer um apelo público ao final da pregação, comum em muitas igrejas, não é um convite para aderir a uma igreja local, mas um desafio a uma tomada de decisão firme, transformadora e visível. Aqueles que ouviram a mensagem foram chamados a responder e a se comprometer, demonstrando publicamente que pertencem a Cristo.

Essa história nos desafia a uma fé que não seja apenas teórica, mas que se manifeste em atitudes e escolhas. Não basta conhecer o evangelho; é necessário crer de modo que ele molde a nossa vida. Essa entrega ao Senhor, baseada na compreensão do plano de redenção, nos permite viver o evangelho de forma autêntica, refletindo o amor de Jesus ao nosso redor.

Ore comigo

Senhor, dá-me a graça de crer, converter-me de todo o coração e viver a tua verdade. Que a tua Palavra gere uma transformação diária na minha vida. Amém.

LEITURA BÍBLICA
Lucas 8:29

O poder transformador de Jesus

O encontro de Jesus com o homem possesso mostra o poder libertador do Salvador. Esse homem vivia isolado, sem paz, sem comunidade e sob tormenta. Para a sociedade, era um caso perdido; ninguém conseguia ajudá-lo. Mas, ao se encontrar com Jesus, tudo mudou. Com uma palavra de autoridade, Jesus expulsa os espíritos malignos e devolve a esse homem sua dignidade e liberdade. Jesus não apenas trouxe cura, mas uma transformação completa na vida do gadareno, que agora evidenciava que ele era um seguidor do Messias.

Ninguém está em um abismo tão profundo nem se distanciou de Deus suficientemente que Jesus não o possa alcançar. O Senhor é capaz de romper qualquer corrente, libertar de qualquer prisão e restaurar qualquer pecador. Com uma palavra, Jesus leva paz à mente e ao espírito daquele homem, que é liberto dos demônios e restaurado em sua identidade e valor como pessoa. Jesus lhe devolve a vida plena que a opressão havia roubado.

Essa é uma mensagem de esperança. Jesus não ignora os casos perdidos. Ao contrário, ele vai ao encontro de cada um, trazendo liberdade e novo sentido para a vida. Mesmo as cadeias mais profundas, como vícios, traumas ou sentimento de culpa, são quebradas pelo poder do Filho de Deus. Jesus é capaz de transformar qualquer pessoa, em qualquer circunstância, e usá-la como instrumento de libertação, cura e salvação para outros, sendo um testemunho poderoso do poder do evangelho quando chega à vida de uma pessoa.

Ore comigo

Senhor, restaura-me e transforma-me, para que eu reflita teu poder e amor. Sou incapaz de vencer sozinho. Preciso de ti, em nome de Jesus. Amém.

LEITURA BÍBLICA
Lucas 8:39

Um testemunho do amor de Jesus

Após ser liberto por Jesus, o homem atormentado por espíritos malignos desejava seguir seu Salvador. Em vez disso, Jesus lhe deu uma missão: voltar para casa e contar a todos o que Deus havia feito. Jesus sabia que seu testemunho seria poderoso para impactar outras vidas. Alguém transformado de maneira tão radical teria, sem dúvida, uma mensagem marcante para compartilhar. Ele foi enviado de volta à família e cidade para que outros conhecessem o poder e o amor de Jesus.

O testemunho desse homem foi um canal de esperança para quem testemunhou seu sofrimento. Ele agora carrega consigo a luz de Cristo e é prova viva de que Deus não apenas cura, mas restaura a vida, o propósito e a dignidade. Mesmo as situações mais desesperadoras podem ser transformadas pelo poder de Jesus.

Nosso chamado é para brilhar onde estamos. Deus usa nossa história e testemunho para impactar diretamente quem nos rodeia. Quando compartilhamos nossa jornada de transformação, mostramos o que é de fato ser um cristão de verdade; como cartas vivas, transmitimos a mensagem do amor incondicional de Deus.

Assim como chamou aquele homem, Jesus chama você e eu para compartilharmos o que ele fez por nós, dando-nos oportunidades para demonstrar que o evangelho é vida, paz e liberdade. Que possamos assumir com gratidão essa missão de compartilhar a transformação que Jesus fez em nós.

Ore comigo

Senhor, que eu seja um testemunho vivo do teu poder libertador e restaurador. Ajuda-me a compartilhar tua obra e a testemunhar tua graça. Amém.

O significado da conversão

A conversão é um tema essencial na vida cristã. O processo de transformação ocorre quando uma pessoa se encontra com Jesus e muda de direção. Antes de conhecê-lo, caminhávamos em direção ao pecado, éramos guiados por nossos desejos e inclinações. No entanto, ao encontrarmos Cristo, somos chamados a dar meia-volta, a mudar nosso percurso e a seguir a nova direção que ele nos aponta.

Converter-se ao Senhor não é uma simples mudança de comportamento; é uma transformação radical da vida, pois adotamos nossa identidade original. Temos, então, arrependimento genuíno, reconhecemos nossas falhas e nos voltamos para Deus, para seguir seus planos. Reavaliamos nossos valores, prioridades e o que realmente importa em nossa vida.

Se alguém se diz cristão, mas continua a viver da mesma maneira, questionamos se houve verdadeira conversão. O cristão permite que ele governe sua vida e muda sua trajetória. A conversão nos leva a viver de maneira diferente, manifestando frutos que provam que estamos, de fato, seguindo a Cristo.

Além disso, essa transformação não se limita ao indivíduo, mas impacta toda a comunidade ao nosso redor. Quando um cristão vive de forma autêntica, ele se torna um testemunho vivo do poder do evangelho. As mudanças que experimentamos podem inspirar outros a buscar a mesma transformação. Cada um de nós é chamado a ser um canal de esperança e luz, mostrando ao mundo que a verdadeira conversão é possível e desejável.

Ore comigo

Senhor, ajuda-me a me converter verdadeiramente a ti e a viver a nova vida que me ofereces. Eu desejo viver uma nova vida, em nome de Jesus. Amém.

LEITURA BÍBLICA
Josué 7:1

A obediência que conduz à vitória

A história de Acã nos ensina sobre obediência e consequências. Depois da vitória em Jericó, Deus ordenou ao seu povo: nenhum despojo deveria ser tomado para uso pessoal. Os primeiros tesouros da cidade pertenciam ao Senhor, mas Acã desobedeceu. Seu pecado afetou toda a nação de Israel.

Deus, em sua sabedoria, estabelece limites e orientações para o nosso bem. No entanto, na ânsia de obter resultados rápidos ou de saciar nosso desejo, ignoramos as instruções. Assim como Acã, pensamos que nossas escolhas erradas podem ser insignificantes. Contudo, cada desobediência tem repercussões espirituais. A derrota de Israel para Ai foi resultado do pecado de Acã. Da mesma forma, quando ignoramos as instruções de Deus, há consequências negativas para nós e para as pessoas ao redor.

Deus nos chama à obediência, porque ele deseja que vivamos em plenitude e bênção. Sua ordem de separar o que é santo e dedicado a ele é uma maneira de nos ensinar a colocar o Senhor em primeiro lugar. A obediência a Deus é fundamental para experimentar vitória e bênçãos. Devemos consagrar tudo a ele e viver em integridade. Quando obedecemos, ele nos guia para conquistas e nos preserva das armadilhas do pecado.

Que hoje possamos refletir: Vivo em obediência? Coloco Deus como prioridade? Que o Espírito Santo nos conduza a uma vida de santidade e fidelidade à Palavra de Deus, para que, como o povo de Israel, possamos viver as vitórias que ele tem preparado para nós, sem cair nas armadilhas da desobediência.

Ore comigo

Senhor, ajuda-me a ser obediente à tua Palavra. Que eu possa conduzir minha vida e aqueles ao meu redor na tua direção. Em nome de Jesus, amém.

Amizade com Deus ou com o mundo?

O livro de Tiago chama nossa atenção para os conflitos que enfrentamos: desejos mundanos *versus* vontade de Deus. Os desejos egoístas muitas vezes nos levam a guerras internas e externas, surgidas em nosso coração. Pedimos mal quando nossa intenção é satisfazer apenas nossa vontade, não viver para a glória de Deus.

A sociedade constantemente tenta nos conformar com seus padrões: vida centrada no "eu" e prazeres passageiros. Tiago nos desafia a refletir que a amizade com o mundo é inimizade com Deus.

O texto de hoje nos ensina que a humildade é o caminho para receber a graça de Deus. Quando nos humilhamos, ele nos exalta. Devemos nos render completamente à sua vontade, permitir que ele guie nossos passos em santidade e pureza para encontrarmos paz em meio aos conflitos e verdadeira comunhão com o Pai.

O Senhor nos oferece graça abundantemente, mas exige coração humilde. A chave está em nos sujeitarmos a Deus e resistirmos ao mal. Isso não significa que seremos perfeitos, mas que vivemos com o propósito de nos aproximar de Deus a cada dia. Não podemos nos enganar nem tentar viver nos dois reinos; ou buscamos ser amigos de Deus, ou seremos amigos do mundo.

Humildade e submissão a Deus são caminhos para vencer a tentação, nos afastar dos desejos destrutivos e encontrar alegria e exaltação. Que possamos aplicar essa lição em nosso dia a dia, buscando sempre nos aproximar de Deus com um coração humilde e arrependido.

Ore comigo

Senhor, muitas vezes coloco minha vontade à frente da tua. Que o meu coração seja humilde para receber a tua graça. Em nome de Jesus, amém.

LEITURA BÍBLICA
Atos 11:21

A autenticidade da vida cristã

A autenticidade da vida cristã não é determinada por rótulos, mas por nossa essência. Muitas vezes, quem se identifica como cristão não reflete a verdade. Quando nos convertemos, não assumimos uma nova identidade; somos chamados a uma nova maneira de viver, com valores e princípios que glorificam a Deus.

Os discípulos em Antioquia experimentaram uma transformação: abandonaram o pecado e se tornaram testemunhas do evangelho. A vida deles fluía com graça e verdade nas ações e palavras. Somos desafiados a examinar se nossa vida está alinhada com o que professamos, pois o pecado é sinal de algo errado.

É importante lembrar que não é o ato de ir à igreja que nos torna discípulos, mas um verdadeiro encontro com Jesus que transforma nosso ser. A mudança deve ser evidente, com atitudes que refletem nossa nova identidade em Cristo. Cada dia é uma oportunidade de alinhar nossos pensamentos e ações com a vontade de Deus, permitindo que sua luz brilhe por meio de nós. A verdadeira conversão é aquela que resulta em vida transformada, não em meros rótulos vazios.

À medida que nos aprofundamos na Palavra e na oração, somos continuamente moldados e aperfeiçoados. Esse processo é uma colaboração entre nós e o Espírito Santo, que nos guia e nos ensina a viver de acordo com a vontade de Deus.

Ore comigo

Senhor, desejo cumprir a tua vontade e viver de acordo com a nova vida que me deste. Que a vida de Cristo resplandeça em cada palavra e atitude minhas. Em nome do meu Salvador Jesus, Amém.

Arrependimento e nova direção

O arrependimento é um dos passos mais significativos da conversão. Implica reconhecer nossa condição diante de Deus e as consequências do pecado. Ao nos arrependermos, não apenas lamentamos nossos erros, mas decidimos mudar de caminho. Essa mudança nos leva a uma vida nova em Cristo. Em Antioquia, ao ouvir as boas-novas, muitos se converteram ao Senhor.

Mudar de direção significa abandonar a velha vida, os hábitos destrutivos e os caminhos que desonram a Deus. O cristão verdadeiro experimenta uma transformação interna que se reflete em ações externas. A Bíblia nos ensina que "o fruto do Espírito é amor, alegria, paz, paciência, amabilidade, bondade, fidelidade, mansidão e domínio próprio" (Gálatas 5:22-23), características evidentes na vida de quem se converteu de verdade.

A conversão também é um processo contínuo de arrependimento e busca pela direção dada por Deus. A caminhada cristã é cheia de desafios, mas Cristo molda cada passo da nossa fé. Ao viver em obediência, refletimos a luz de Jesus num mundo que desesperadamente precisa de sua verdade.

É essencial estarmos dispostos a apoiar uns aos outros na jornada. A comunidade cristã desempenha um papel fundamental na conversão contínua e no crescimento espiritual. Quando compartilhamos nossas experiências e lutamos juntos, fortalecemos nossa fé e encorajamos uns aos outros. A transformação que Deus opera em nós é um testemunho poderoso que pode impactar a vida de outras pessoas.

Ore comigo

Senhor, dá-me um coração arrependido e a coragem de seguir a tua direção a cada dia. Que o meu desejo seja obedecer à tua Palavra. Amém.

PERSEVERANÇA

AGOSTO

Meu planejamento

Meta

Plano

Leitura bíblica do livro

Atividade em família

Refeição especial

Avaliação alimentar

Tempo de qualidade com amigos

Um filme/série

Um livro/*podcast*

Um médico a agendar

Nota da minha saúde emocional

Atividade física pelo menos três vezes por semana

Participação semanal na comunidade espiritual

Ingestão diária de água

Gestão das finanças pessoais

LEITURA BÍBLICA
Hebreus 13:6

01
AGOSTO

Deus, nosso ajudador

É maravilhoso saber que Deus é o nosso ajudador, mesmo quando não merecemos. Em 1Samuel 7, o povo de Israel se afastou do Senhor, adorou outros deuses e perdeu a Arca da Aliança. E, quando decidiram voltar-se para Deus, ele os acolheu, pois é misericordioso.

Ainda que você já tenha se sentido abandonado, não é Deus que o abandona; você é que se afasta dele. O Senhor é presente e compassivo. Quando Israel, temendo os filisteus, clamou por ajuda, o Senhor respondeu, confundiu os inimigos e deu a vitória ao seu povo.

Samuel, então, ergueu uma pedra e a chamou “Ebenézer”: “Até aqui o Senhor nos ajudou”. A pedra representa a ajuda constante de Deus, tanto no medo quanto na necessidade por socorro. Quantas vezes, em meio ao medo e às incertezas, você sentiu a presença de Deus trazendo paz e segurança? Isaías 41:10 nos lembra: “[...] não tema, pois estou com você [...]”. Deus não ignora nossos medos, mas nos ajuda a enfrentá-los com sua presença e promessa de que ele sempre estará ao nosso lado.

Podemos recorrer a Deus em oração. Ele ouve nossas súplicas, e, por vezes, quando nem conseguimos orar, ele vem em nosso auxílio, lembrando-nos de que é o nosso Ebenézer. Cada resposta de Deus é um testemunho de sua fidelidade, mesmo nas situações mais difíceis e nos ataques do Inimigo. E quando somos perseguidos, ele é o socorro bem presente, defendendo-nos com sua poderosa mão. Assim como Israel, podemos colocar nossa confiança em Deus. Seja qual for a batalha, ele é fiel em nos sustentar.

Ore comigo

Senhor, obrigado porque, quando me afasto, teu amor e tua misericórdia me trazem de volta. Em nome de Jesus, amém.

LEITURA BÍBLICA
João 9:1-2

O porquê do sofrimento

As tragédias acontecem e muitas vezes estão muito mais próximas de nós do que imaginamos. Perda de entes queridos, desastres naturais, problemas de saúde física e emocional, tudo isso acontece conosco e ao nosso redor. Essas lutas apenas nos trazem à realidade de que a vida é feita de situações que nem sempre são fáceis de enfrentar.

No texto de João 9, os discípulos, ao verem cego de nascença, buscaram saber quem era o culpado pela condição daquele homem. Eles haviam chegado à conclusão de que alguém era responsável pela cegueira: ou o próprio homem, ou seus pais. Talvez nós ecoemos questionamentos semelhantes perante cenários calamitosos. Tentamos trazer sentido a essas situações, para aliviar a dor ou encontrar um propósito para o sofrimento.

Essa narrativa nos revela um paradoxo, pois, embora nem o homem nem seus pais fossem culpados por sua condição física, ele estava preso a um corpo frágil e corruptível que, como consequência do pecado, está sujeito a todo tipo de mazela. A única maneira de se livrar definitivamente dos sofrimentos é ao receber um corpo glorificado na eternidade.

Portanto, não era o pecado específico o causador da cegueira do homem, mas mero resultado da vida, pois, como resultado da Queda, todos os seres humanos estão fadados a passar por dificuldades e dores. No entanto, Jesus nos dá uma mensagem de esperança que deve nos fortalecer na dor: as tribulações são oportunidades para que a obra de Deus se manifeste.

Ore comigo

Senhor, fortalece-me por tua Palavra e encoraja-me a perseverar em meio às lutas desta vida, com a esperança da vida eterna contigo, meu Deus. Amém.

LEITURA BÍBLICA
Mateus 7:16

03
AGOSTO

O que Deus enxerga em nós

Decoradores transformam ambientes com flores e ornamentos. Muitas vezes também valorizamos nossa aparência. Gastamos tempo e esforço em criar algo bonito aos olhos humanos, mas será que isso agrada a Deus? Jesus não se impressiona com aparência! Ele procura frutos em nossa vida, não apenas folhas decorativas (Mateus 21:18-22).

Assim como uma figueira com grandes folhas esconde a falta de frutos, nós também podemos parecer espiritualmente "bonitos" e manter uma imagem impecável. Deus, porém, olha além da superfície e busca os frutos da nossa fé: arrependimento, obediência, amor e generosidade. A aparência atrai olhares, mas o fruto glorifica a Deus.

Devemos examinar nossa vida e perguntar: O que Jesus vê em nós? Aparência? Frutos genuínos ou folhas? É tempo de frutificar, pois logo não teremos mais essa oportunidade. Que nossa vida produza frutos que agradam ao Senhor, não imagens que impressionam os outros.

Quando Jesus olha para nosso casamento e família, não se impressiona com a fachada. Muitos vivem um casamento de aparência, parece perfeito para os outros, mas faltam frutos verdadeiros. Assim como Adão e Eva tentaram esconder sua vergonha com folhas de figueira, às vezes tentamos cobrir nossas fragilidades com aparência de perfeição.

Deus busca frutos genuínos e nos chama a sermos transparentes em nossas relações. Jesus nos chama a viver de maneira autêntica, sem máscaras ou fachadas, para que possamos glorificar o seu nome com os frutos que produzimos diariamente.

Ore comigo

Senhor, não quero viver apenas de aparência; quero produzir frutos que reflitam o teu amor, paciência e sabedoria. Em nome de Jesus, amém.

LEITURA BÍBLICA
Marcos 5:19

Testemunho de fé

As pessoas não costumam entender a esperança que move o coração daqueles que confiam em Jesus. Às vezes, elas questionam de onde vem tamanha força e como pode um discípulo de Cristo continuar a perseverar em oração e a adorar em meio ao sofrimento. É nessas situações que temos de estar atentos àqueles ao nosso redor, para que possamos dar um bom testemunho da nossa fé.

Talvez alguém já lhe tenha dito: "No seu lugar, eu teria desistido". Acontece que, se confiássemos em nós mesmos, também desistiríamos. Nossa confiança não está em nossa força, em homens, lugares ou bens, mas no Senhor todo-poderoso. Nos momentos de aflição, permanecemos em oração e adoração porque sabemos que o Deus a quem servimos é muito maior do que qualquer circunstância adversa.

As pessoas ouvem o que dizemos em meio à angústia, observam como nos comportamos e reagimos. A sua fé e o seu posicionamento podem encorajar outros. A sua dor pode ser o testemunho que leva outras pessoas a crerem. A sua fé pode contagiar o ambiente em que você está, pode transformar o lugar de dor em lugar de louvor.

Quando, em meio à dor, optamos por orar, adorar a Deus e dar bom testemunho, ele age em nós e por nosso intermédio. Portanto, continue a caminhar com essa esperança que os outros consideram inexplicável. Continue a perseverar em oração e a adorar, pois a sua fé pode ser uma ferramenta para transformar sua realidade e a realidade daqueles que não conhecem a Deus.

Ore comigo

Capacita-me, Senhor, a dar bom testemunho e a ser um exemplo de fé e esperança em ti. Em nome de Jesus, amém.

Mudança de ótica

Muitas pessoas, quando se deparam com uma crise, questionam o motivo de passarem por aquilo. Embora essa seja uma reação natural, talvez o questionamento devesse ser: "O que Deus quer que eu aprenda em meio a esta dificuldade?"

Deus permite que passemos por algumas situações para conhecermos seu caráter. As adversidades nos fazem conhecer a Deus por uma nova perspectiva. Quando os discípulos de Jesus estavam amedrontados em razão da tempestade, eles descobriram um novo aspecto do poder de seu Mestre: "Quem é este que até os ventos e o mar lhe obedecem?" (Mateus 8:27b).

O discípulos conheciam Jesus. Andavam com ele. Viam como ele ensinava, testemunhavam seus milagres. Contudo, foi necessário que eles passassem por aquela tempestade e que o poder de Cristo se manifestasse para que eles aprendessem que Jesus tem poder e autoridade sobre a criação.

De igual modo, somente aprenderemos algumas características a respeito de Deus quando passarmos por uma tempestade. As tempestades permitem que tenhamos experiências profundas e reveladoras com Deus.

Em vez de nos desesperar, podemos aproveitar a oportunidade de conhecer mais o caráter de Deus, de testemunhar a manifestação de seu poder, de sermos aperfeiçoados por ele. Por esse motivo, o nosso questionamento não deve ser: "Por que isto está acontecendo comigo?" e sim "Senhor, o que queres me ensinar com isto?".

Ore comigo

Deus todo-poderoso, revela-te a mim de maneiras mais profundas. Permite que eu veja a tua mão poderosa em cada aspecto da minha vida. Amém.

06
AGOSTO

LEITURA BÍBLICA
Filipenses 4:4

Alegre-se no Senhor

A vida não pede permissão para trazer desafios sobre nós. Pelo contrário, ela os impõe. Nem sempre estamos preparados para lidar com eles, muitas vezes somos surpreendidos pelas adversidades. No entanto, se não soubermos qual deve ser a atitude correta, corremos o risco de entrar em desespero, desanimar ou nos desviar do que Deus reservou para nós.

O apóstolo Paulo é um grande exemplo de como enfrentar as circunstâncias contrárias com a perspectiva correta. Ele passou por naufrágio, perseguições, oposição, foi aprisionado, perseguido e oprimido. Contudo, apesar disso, permaneceu firme em seu propósito e era capaz, inclusive, de encorajar os cristãos desta maneira: "Alegrem-se sempre no Senhor. Direi novamente: Alegrem-se!" (Filipenses 4:4).

Pode ser que essa instrução soe estranha. Como alguém que enfrentou tanto sofrimento poderia exortar os demais a se alegrarem sempre? A resposta é que devemos nos alegrar no Senhor apesar das batalhas, dos sofrimentos ou tristezas. No Senhor, temos uma fonte de alegria que não pode ser tirada pelas adversidades ou abalada por outras pessoas.

Conhecer as Escrituras e ter intimidade com Deus por meio da oração nos ajudam a ter um fundamento nos momentos de dificuldade, para que não nos sintamos perdidos ou desolados. Portanto, alegremo-nos no Senhor, pois ele é quem nos sustém e realiza muito mais do que podemos imaginar, até mesmo por meio de situações que parecem não ter saída.

Ore comigo

Senhor, enche-me da tua alegria, a qual o mundo não pode tirar. Que o meu coração transborde em ti, em nome de Cristo Jesus. Amém!

Provisão sobrenatural

Em Êxodo 16, vemos um dos muitos episódios em que, diante de uma crise, o povo de Israel murmurou e se voltou contra o Senhor. A insatisfação era tanta que os israelitas diziam que preferiam ter morrido no Egito a estar no deserto, onde passavam fome. Nesse contexto de ingratidão e rebeldia, Deus mostra mais uma vez sua fidelidade e seu poder.

A solução para esse grande problema não veio por meios naturais. Eles não acharam uma fonte de alimento no deserto ou encontraram uma terra farta. A provisão veio de maneira sobrenatural, pois Deus fez chover pão do céu, o maná. Apesar da ingratidão dos israelitas, a providência divina não falhou.

Essa história nos mostra que, quando nós passamos por crises que parecem inexplicáveis, por problemas aparentemente insuperáveis, podemos esperar um agir sobrenatural da parte de Deus. Ele tem poder para fazer aquilo que nenhum homem pode fazer. Ainda que sejamos indignos, sua providência é infalível.

Além disso, o texto nos mostra como não devemos agir. Quem somos nós para cobrar algo de Deus ou para nos virar contra ele? Temos de nos afastar da ingratidão e perceber a fidelidade e o poder do Senhor em todos os aspectos da nossa vida, desde o que julgamos comum até as manifestações sobrenaturais de seu poder. Qualquer que seja a situação, precisamos confiar na providência de Deus.

Ore comigo

Senhor, sei que teus planos são infinitamente melhores que os meus. Direciona-me conforme a tua vontade. Em nome de Jesus, amém.

LEITURA BÍBLICA
Salmos 3:5

Rendição completa

Um processo fundamental para um relacionamento íntegro, profundo e sincero com Deus é a rendição. Esta deve ser total, completa, incondicional. Muitas pessoas se rendem de modo parcial; entregam somente partes de sua vida e, por isso, não podem experimentar a plenitude das maravilhas de um relacionamento com Deus.

Muitas vezes, por medo, orgulho ou porque ainda não confiam completamente nos planos do Senhor, as pessoas retêm certos aspectos de sua vida. Alguns pensam que podem se dar bem por conta própria e, por isso, não desenvolvem a dependência do Senhor; outros confiam mais nos próprios planos.

No entanto, a melhor coisa que podemos fazer por nós mesmos é entregar a totalidade da nossa vida nas mãos do nosso Criador. Ele, que nos criou, também é quem nos sustenta. Se de fato confiamos que dele vem a nossa existência, salvação e provisão, podemos prosseguir para a rendição não somente de fragmentos da nossa vida, mas de todas as áreas.

Dessa forma, se, por algum motivo, você tem hesitado em se render a Deus por completo, eu o convido a dar esse passo com a confiança de que ele é o seu criador e sustentador. Renda as suas vontades, os mais profundos anseios do seu coração e os seus sonhos pela certeza de que os pensamentos dele são mais altos do que os nossos (cf. Isaías 55:8-9). Confie a ele as suas aflições e inseguranças pela convicção de que ele tem cuidado de você (cf. 1Pedro 5:7).

Ore comigo

Pai, o meu desejo é viver conforme a tua vontade e os teus planos. Eu me rendo a ti por completo. Ajuda-me a depender somente de ti. Amém!

A sabedoria leva ao êxito

Davi, um dos grandes líderes que a Bíblia nos mostra, sabia o valor de viver de acordo com a vontade de Deus. Em suas últimas orientações a Salomão, ele passa um dos conselhos mais profundos sobre prosperidade: somente em Deus uma vida bem-sucedida pode ser construída. Davi desejava que seu filho edificasse o templo do Senhor e, para isso, o encorajou a buscar a presença de Deus em cada passo.

Assim como Salomão, também somos chamados a edificar algo valioso para Deus. A verdadeira prosperidade não é medida em riquezas materiais, mas na presença e na bênção de Deus em cada área da nossa vida. Quando permitimos que o Senhor esteja conosco em cada decisão e ação, encontramos o verdadeiro caminho para uma vida abençoada e significativa.

Davi sempre soube que seguir o caminho de Deus exige mais do que conhecimento; é preciso obediência e sabedoria para colocar os ensinamentos do Senhor em prática. Cada escolha que fazemos é uma oportunidade de honrar a Deus, de permitir que ele edifique algo precioso em nós e cumpra suas promessas.

Salomão precisava da sabedoria do Senhor para construir o templo, mas nós, hoje, precisamos dela para construir nosso caráter, nossa família, nosso trabalho e tudo o que Deus nos confiou. Que o Senhor seja conosco, assim como foi com Salomão, para que nossa vida reflita seu propósito e sua graça. Assim, alcançaremos a plenitude da vida em abundância.

Ore comigo

Senhor Deus, peço que estejas comigo e e sejas a base de todas as minhas escolhas. Ajuda-me a buscar a tua sabedoria. Em nome de Jesus, amém.

LEITURA BÍBLICA
Deuteronômio 6:6-9

Autoridade espiritual

Uma pessoa cheia de Deus precisa influenciar quem está ao seu redor. Contudo, tudo começa em casa. Alguém que vive segundo a Palavra tem de ser respeitado como autoridade espiritual em casa. Seu cônjuge e seus filhos precisam vê-lo como homem ou mulher de Deus. Se não for assim, algo está errado.

A autoridade espiritual não está relacionada a cargos em uma igreja nem a títulos, mas ao relacionamento com Deus, ao conhecimento da Palavra, à obediência, à devoção e ao serviço. Essa pessoa ensina pelo exemplo. Suas atitudes determinam se será ou não visto como referencial a ser seguido. Sua conduta deve encorajar, inspirar e apontar para Jesus. Uma pessoa cheia de Deus ama o Senhor sobre todas as coisas e guarda suas palavras com zelo.

Além disso, para ser uma autoridade espiritual sobre a família, é necessário transmitir os ensinamentos do Senhor, um claro mandamento descrito em Deuteronômio 6:7: "Ensine [estas palavras] com persistência aos seus filhos. Fale sobre elas quando estiver sentado em casa e quando andar pelo caminho; quando se deitar e quando se levantar". Em outras palavras, não basta conhecer as Escrituras, é preciso praticá-las e ensiná-las aos nossos filhos em todo tempo, em todo lugar, em todo o momento.

A sua família pode ser abençoada por meio de sua influência, de sua autoridade espiritual. Contudo, para que isso possa acontecer, você precisa, antes, submeter-se à autoridade divina. Renda-se a Deus!

Ore comigo

Pai amado, agradeço pela família que me deste. Capacita-me e dá-me sabedoria para influenciá-la. Em nome de Jesus, amém.

A vida transformada pelo evangelho

A transformação gerada pelo evangelho é profunda e abrangente. Em Antioquia, ao ouvir a Palavra de Deus, vidas foram transformadas. No ambiente cristão, a palavra "conversão" está conectada à ideia de voltar-se para Deus, abandonar velhas práticas e adotar novos hábitos que refletem a natureza de Cristo. Essa mudança é essencial para a vida cristã autêntica.

Antes de Jesus, estávamos sob o domínio do pecado, mas fomos encontrados por Cristo e chamados a viver de acordo com sua Palavra. A verdadeira fé nos leva a abandonar o velho modo de vida e a buscar a santidade. Quando nossos valores e comportamentos mudam, temos um testemunho do poder de Deus. O cristão, portanto, além de professar fé, reflete a fé.

A transformação é um testemunho para aqueles que nos cercam. Quando vivemos de maneira diferente, as pessoas notam e questionam sobre nossa mudança. Essa curiosidade pode abrir portas para compartilhar o evangelho. É importante reconhecermos que essa transformação tem um marco inicial, mas é um processo que pode levar tempo. Às vezes, podemos nos sentir desencorajados por falhas ou hábitos que insistem em voltar. No entanto, a graça de Deus é suficiente para nos sustentar. Ele nos oferece perdão e renovo a cada novo dia. Que possamos confiar na promessa do Senhor; pois, ao buscá-lo, seremos cada vez mais transformados à imagem e semelhança de Cristo.

Ore comigo

Senhor, transforma minha vida para que eu reflita teu amor e verdade aos outros, principalmente os mais próximos de mim. Em teu nome, amém.

LEITURA BÍBLICA
Atos 11:21,24b

A nova identidade em Cristo

Quando nos convertemos ao Senhor, recebemos uma nova identidade. É um verdadeiro renascimento. A vida em Cristo nos transforma de dentro para fora: pensamentos, desejos e ações. Antes de Jesus, éramos guiados por nossos desejos; depois, vivemos segundo o Espírito que reflete a natureza de Cristo.

Nossa nova identidade não deve ser uma etiqueta, mas uma realidade. O discípulo autêntico não se contenta em se declarar como tal, mas busca viver essa verdade diariamente com oração, estudo da Palavra e comunhão com outros cristãos. Quando nos alimentamos espiritualmente, estamos mais bem equipados para enfrentar as tentações e os desafios do dia a dia.

A nova identidade em Cristo nos chama a um propósito. Somos transformados para benefício do outro, pois nos tornamos sal da terra e luz do mundo, impactamos a sociedade com a mensagem do evangelho. Essa missão exige coragem e disposição para testemunhar, mas também traz grande satisfação, pois cumpre a vontade de Deus.

É importante reconhecer que essa transformação é contínua. À medida que caminhamos na fé, somos constantemente moldados e aperfeiçoados pelo Espírito Santo. Devemos estar sob orientação de Deus. É desconfortável, mas é essencial para nosso crescimento espiritual.

Quando vivemos nossa nova identidade, somos chamados a compartilhar essa transformação. Nossa vida passa a ser um testemunho do poder redentor de Cristo, marcada por amor, graça e verdade de nosso Senhor.

Ore comigo

Senhor, meu desejo é viver a nova identidade que recebi em ti. Ajuda-me a refletir teu amor e ser luz no mundo. Em nome de Jesus, amém.

A igreja como casa de oração e acolhimento

Jesus, ao entrar no templo, declara que aquele lugar deveria ser uma casa de oração, um lugar de comunhão com Deus. Como seguidores de Cristo, somos chamados a priorizar a comunhão com Deus, o culto reverente, e a oração como prática mais importante.

O desejo do cristão é que todos compreendam e vivam essa comunhão com Deus, em liberdade, clamor e adoração na presença do Rei dos reis.

Jesus condenou a falta de respeito e reverência no templo, que não era um "mercado", mas um lugar santo, onde a glória de Deus se manifesta. Quando nos reunimos, o culto não é apenas um evento social. É um momento de encontro com Deus, no qual a glória é invocada e manifesta. Ali, devemos manter respeito e reverência, pois estamos na presença do Senhor.

Além de ser uma casa de oração, Jesus nos ensina que a igreja deve ser um lugar de esperança e de acolhimento para os feridos. Ele curou cegos e coxos no templo, mostrando que a igreja é um lugar para aqueles que estão quebrantados, tanto física quanto espiritualmente. Como templo do Espírito Santo, nós devemos refletir esse acolhimento. Somos chamados a ser um lugar de cura para os que sofrem, oferecendo ajuda e consolo aos necessitados.

Que a igreja seja, de fato, o lugar onde o sobrenatural de Deus acontece, onde milagres ocorrem e onde o amor de Cristo é evidente a todos. Que sejamos conhecidos como uma casa de oração, um refúgio para os feridos e um lugar onde somente Deus é honrado e adorado.

Ore comigo

Senhor, faz de mim um lugar de oração e comunhão verdadeira contigo. Ajuda-me a viver conforme a tua Palavra. Em nome de Jesus, amém.

LEITURA BÍBLICA
2Coríntios 2:15

Bom perfume

Todos nós gostamos de ambientes agradáveis. O clima correto, a iluminação adequada e também um aroma suave acentuando o bem-estar. Seja o perfume produzido por velas, óleo essencial, seja colônia corporal, estar perfumado faz toda a diferença.

Sabendo disso, o apóstolo Paulo relata, em sua segunda carta aos coríntios, que nós exalamos o bom perfume de Cristo e isso é testemunho tanto para os salvos como para os que estão perecendo. Há um desejo de Deus que exalemos um cheiro específico: o povo de Deus é um povo cheiroso!

Uma vez que o aroma de uma fragrância é algo perceptível às narinas, precisamos nos atentar às práticas e pensamentos que vêm sendo acrescentados na nossa forma de viver. Todas as nossas escolhas serão refletidas no testemunho que damos, e testemunho tem cheiro.

A adoração, por exemplo, promove um perfume agradável a Deus, mas há atitudes que podem estragar o bom perfume. Uma vez estragado, ele passa, então, a exalar um cheiro ruim, conforme está escrito em Eclesiastes 10:1. Neste dia, somos chamados à reflexão. Nosso viver cristão tem exalado um cheiro ruim ou temos sido o bom perfume de Cristo?

Ore comigo

Pai querido, obrigado pelo entendimento de tua Palavra. Não quero ser como um perfume estragado, exalando um cheiro ruim por onde passo. Antes, desejo exalar a Cristo e ser um bom testemunho tanto para os que creem como para os que ainda não creem. Ajuda-me, em nome de Jesus, amém!

Coração puro

O coração é de onde vem a fonte da vida. Ele é um órgão vital do nosso corpo e é o responsável por bombear sangue para todo o restante. O que acontece ali, inevitavelmente, refletirá em tudo o que somos. É o que temos visto não só nas doenças fisiológicas, mas também nas psicossomáticas.

Ao se referir a esse órgão, a Palavra nos orienta a guardá-lo e protegê-lo mais que qualquer outra coisa. Nosso coração é enganoso (Jeremias 17:9) e o próprio Senhor Jesus explicou que é dele que procedem os maus pensamentos, homicídios, adultérios, imoralidades sexuais, roubos, falsos testemunhos e calúnias. São essas coisas que nos tornam impuros (Mateus 15:18-20).

Em nossa jornada devemos andar em temor, sondando sempre o nosso coração para saber se há nele algum caminho mau. Precisamos guardá-lo, como nos orienta o versículo do dia, o que consiste em escondê-lo em Deus, longe das armadilhas de Satanás e de nossos próprios sentimentos.

Hoje o Senhor nos conduz à cura da raiz, e não das consequências. Se o coração é a fonte, então é lá que devemos convidar Jesus para estar. Muitos acham que ter Jesus morando no coração é só um chavão evangélico, mas é mais que isso. Ter Jesus habitando em nosso coração é a garantia de uma fonte limpa, saudável e que salva.

Ore comigo

Senhor, tu és a fonte de tudo que é bom, mas é também a fonte do meu coração. Purifica-o com o teu amor para que a minha vida seja agradável a ti. Em nome de Jesus, amém!

LEITURA BÍBLICA
2Coríntios 4:18

Fazendo a diferença

A igreja de Corinto era uma igreja que sofria com muitas influências externas. Em suas cartas, o apóstolo Paulo posiciona-se como alguém que está sempre alerta para a necessidade de manter os olhos fixos em Jesus. Conforme lemos no versículo do dia de hoje, nem sempre conseguimos ver o que é eterno, mas é algo muito real, que vai além de tudo aquilo que podemos ver.

Ao fazermos de Cristo o nosso alvo e esperança central, assumimos que não nos moveremos por aquilo que é externo, terreno e passageiro, mas sim por Jesus. Tal postura não nos faz confundidos. Nem por nós mesmos, em relação aos infinitos conhecimentos que diariamente surgem e tentam nos bombardear, tampouco pelo mundo.

Ser igual a todo mundo não deve fazer parte das expectativas cristãs, já que, desde o princípio, somos chamados à diferença. As nossas atitudes devem gerar essa percepção nos ambientes nos quais adentramos e convivemos, pois somos representantes de um Reino superior; carregamos vida e não morte.

O desafio para o dia de hoje (e todos os demais), é fazer a diferença! Deus nos criou para o louvor da sua glória, para que, por meio da nossa vida, muitos venham a nascer de novo e, conosco, seguir na contramão deste mundo. Portanto, é tempo de recalcular a rota e se mover em outros caminhos, caminhos diferentes e que fazem a diferença!

Ore comigo

Querido Senhor, já não quero ser igual. Ajuda-me neste dia a tomar atitudes condizentes com o teu Reino. Quero fazer a diferença e, em amor, conduzir também os meus irmãos. Assim te peço em nome de Jesus, amém!

Fortaleça-se no Senhor

É comum, em nossa trajetória, nos sentirmos fracos diante dos desafios. O desânimo pode surgir e, se não estivermos preparados, podemos pensar em desistir. O apóstolo Paulo, contudo, nos encoraja a buscar fortalecimento no Senhor, lembrando-nos que não estamos sozinhos.

Nossa força não reside em nossa capacidade, mas no que Deus faz por meio de nós. Na fraqueza, precisamos nos lembrar que o Senhor é quem nos fortalece. Ele nos capacita para enfrentar as batalhas da vida, tanto físicas quanto espirituais. Colocar nossa confiança nele significa que, mesmo nas situações mais difíceis, podemos permanecer firmes, pois o Pai que está nos céus também está ao nosso lado.

O salmista afirma, no salmo 28:7, que o Senhor é a nossa força e o nosso escudo. Em tempos de adversidade, essa verdade deve ser o nosso alicerce. Assim como Josué foi chamado a ser forte e corajoso (cf. 1:9), também somos chamados a nos fortalecer no Senhor, porque é na fraqueza que o poder de Deus se aperfeiçoa em nós. Assim, podemos enfrentar qualquer desafio e resistir às tentações que surgem ao longo do caminho.

A força que vem do Senhor é diferente da força humana, pois não se baseia em emoções passageiras ou no contexto que estamos vivendo. Por isso, mesmo quando nos sentimos fracos, o Espírito Santo nos fortalece para que possamos viver de maneira que glorifique a Deus. E cada passo que damos em confiança nos aproxima mais da plenitude daquilo que o nosso Pai tem para nós.

Ore comigo

Pai, fortalece-me em tua graça e poder, pois em ti encontro a verdadeira força. Capacita-me para enfrentar quaisquer dificuldades. Em nome de Jesus eu oro, amém.

LEITURA BÍBLICA
Romanos 8:18

Glória futura

Dias difíceis fazem parte da nossa jornada. Por mais dolorosa que seja essa verdade, assimilá-la com rapidez é o que nos fará resistir aos dias maus. Tal entendimento, à luz da Palavra, nos guiará para um lugar de descanso quando discernirmos o que é eterno e o que é passageiro.

É por isso que Paulo diz que os sofrimentos atuais não se comparam à glória futura. Havia uma convicção no coração do apóstolo de que tudo tem um começo e um fim, e de que, em Deus, o fim é sempre bom, superando — em muito — qualquer sofrimento presente.

As situações pelas quais passamos precisam estar nesse critério de temporalidade, do contrário, não haverá esperança e sucumbiremos. O apóstolo Pedro é outro que, em sua primeira carta, diz que "O Deus de toda a graça, que os chamou para a sua glória eterna em Cristo Jesus, depois de vocês terem sofrido por pouco de tempo, os restaurará, os confirmará, os fortalecerá e os porá sobre firmes alicerces" (1Pedro 5:10).

Pedro ressalta que os sofrimentos são por pouco tempo, ou seja, temporalidade, e não eternidade. Eternidade é o que viveremos com Cristo; nele podemos desfrutar, desde então, daquilo que não se desfaz com o tempo. Neste dia, o Senhor nos convida a sair deste emaranhado de sentimentos e olharmos para a sua Palavra, que nos garante que os sofrimentos são temporais, mas o futuro com ele será glorioso!

Ore comigo

Senhor, escolho olhar para ti, não para os dias maus. Pela fé, creio que tudo na terra é temporário. As dádivas das tuas mãos é que são eternas. Em nome de Jesus, amém!

Perspectiva correta

Você certamente já ouviu a expressão “Nem tudo o que parece, é”. Fato é que, para muitas situações da vida, tudo vai depender das lentes com as quais estamos analisando a situação. No nosso caso, como discípulos de Jesus, a lente deve ser uma só: a Palavra de Deus.

Mais importante que o politicamente correto é o viver biblicamente embasado. Se a Palavra do Senhor for o guia de nossas perspectivas, não seremos frustrados. Como lemos no texto-base de hoje, tudo pode passar — e passará —, mas a única coisa que jamais passará é a Palavra de Deus.

Jesus é o mesmo ontem, hoje e para sempre. Ele é o verbo, a Palavra encarnada, e é por isso que, aliando nossas perspectivas a ela, temos garantias eternas. De maneira alguma a nossa alegria deve ser circunstancial; ela é um mandamento (Filipenses 4:4). Ora, se nossa alegria está firmada em Cristo, então ela pode ser eterna e presente, ainda que em meio aos sofrimentos.

Hoje, o Senhor nos convida a crer em sua eternidade e na infalibilidade de sua Palavra. Existe um convite estendido a mim e a você para crermos que ele cumprirá o que prometeu, não porque merecemos, mas pela fidelidade de quem prometeu. Apeguemo-nos, pois, àquilo que é eterno, alinhando nossas perspectivas a quem era, é e para sempre será!

Ore comigo

Querido Deus, ajuda-me a alinhar minhas perspectivas e depositar no Senhor todas as minhas expectativas. Em nome de Jesus, amém!

LEITURA BÍBLICA
Romanos 5:1

Garantia vitalícia

O Inimigo de nossa alma é também conhecido como acusador. Tudo que ele quer nos roubar é a certeza de que, em Cristo, somos perdoados e reconciliados com Deus. Se crermos que o sangue de Jesus nos cobre e nos lava, temos a garantia de que nosso nome está escrito no livro da vida.

Assim, aqueles que têm Jesus como Salvador não precisam temer o fim dos tempos. Enquanto, para uns, a eternidade é motivo de assombro e terror, para nós, deve ser motivo de alegria. Isso porque a paz com Deus nos é garantida pelo poder do sangue de Jesus. Nossa vida não se resume a este tempo chamado hoje. Existe uma eternidade que nos aguarda e já chegou, pois a eternidade é Cristo.

Que nada nos acuse ou nos leve para longe da verdade de que fomos reconciliados com Deus. Não somos daqueles que resumem a esperança apenas a esta vida; antes, temos convicção de que somos peregrinos e forasteiros nesta terra, e logo mais estaremos com Deus, no nosso verdadeiro lar.

Existe um plano perfeito, preparado desde antes da eternidade, do qual fazemos parte mesmo antes de nascermos. É por crermos e fundamentarmos nossa esperança nessa verdade que, em uma medida que excede todo o entendimento, caminhamos, dia após dia, na paz do Senhor, que é a nossa garantia vitalícia. Aleluia!

Ore comigo

Querido Deus, como é bom saber que posso viver em paz apesar das dificuldades, pois tu, Jesus, controlas o futuro. Em teu nome, amém!

O encontro que transforma lágrimas

Maria Madalena ilustra a jornada de dor e transformação. João 20 nos mostra devoção e amor a Jesus. Ela foi a primeira a chegar ao túmulo naquela madrugada para ungir o corpo de Jesus com bálsamos. No entanto, a pedra removida e o túmulo vazio a deixaram confusa e desesperada. Maria corre para contar aos discípulos. Pedro, impetuoso, entrar no túmulo e testemunha os detalhes: os lençóis dobrados, o lenço que envolvia a cabeça de Jesus cuidadosamente colocado, mas o túmulo estava vazio.

O que chama mais atenção é Maria. Os discípulos voltaram para casa, mas ela ficou sozinha diante do túmulo, chorando. Seu pranto revela a dor da mulher que já havia chorado muito, oprimida antes de ser liberta. Ao olhar para o túmulo com lágrimas nos olhos, viu dois anjos. Quando perguntam o motivo do choro, Maria respondeu: "Levaram o meu Senhor, e não sei onde o puseram". A ausência do corpo era mais um sinal de sofrimento: nem o descanso de Jesus havia sido respeitado. Ela ainda não tinha compreendido a ressurreição.

A ressurreição de Cristo simboliza muito mais do que uma vitória sobre a morte física. Ela transforma o choro em esperança, a dor em alegria e o desespero em vida nova. As lágrimas de Maria, que antes eram de lamento, se transformam em lágrimas de adoração e gratidão ao perceber que Jesus estava vivo, cumprindo sua promessa.

Ore comigo

Senhor Jesus, obrigado por ter nos dado nova vida. Que, ao ouvir tua voz, possamos reconhecer teu poder e amor. Em nome de Jesus, amém.

LEITURA BÍBLICA
Gênesis 15:5

Planos maiores

Abraão é conhecido como o pai da fé, um homem cuja história está relatada na Bíblia e é tida como um exemplo para os que creem em Deus. Contudo, o pai da fé duvidou, não uma, mas duas vezes!

Na leitura bíblica de hoje, vemos Deus falando de bênçãos incontáveis e de uma descendência grandiosa, um plano bem diferente do apresentado por Abraão, que sugeria fazer de seu servo Eliézer seu herdeiro. Dez anos depois da promessa, Abraão mais uma vez acredita saber o que é melhor para si e, ouvindo os conselhos de Sara, deita-se com Hagar e gera Ismael. Em nenhum momento ele questionou se aquela era a vontade de Deus.

Assim como Abraão, muitas vezes nós pensamos que sabemos o que é melhor para a nossa vida. Contudo, o que o Senhor nos diz é: "'Porque sou eu que conheço os planos que tenho para vocês — declara o Senhor,' planos de fazê-los prosperar, não de causar dano, planos de dar a vocês esperança e um futuro" (Jeremias 29:11).

Deus tem planos maiores. Os seus caminhos e pensamentos não são os nossos. Hoje o Senhor nos chama a olhar para o céu e crer em suas promessas, pois ele sabe quais pensamentos tem ao nosso respeito, pensamentos de paz. O mundo e toda sua agitação tentam nos convencer a agir, antecipando-nos àquilo que o Senhor já preparou. Contudo, agir na força do nosso braço só trará tristeza e dor, e insistir nisso será como gerar um filho que, mais cedo ou mais tarde, teremos que mandar embora.

Ore comigo

Pai, ajuda-me a olhar para as tuas promessas sem tentar interferir ou me adiantar. Ensina-me a descansar e confiar em ti. Oro em nome de Jesus, amém!

O Deus que pode todas as coisas

José e Jó são exemplos de fé e perseverança no sofrimento. Eles tinham certeza de que os planos de Deus são imutáveis. José foi incompreendido, humilhado e rejeitado; passou anos preso e esquecido, mas confiou no plano de Deus. No tempo certo, foi exaltado e tornou-se instrumento de Deus para todo o povo.

Jó, na sua dor, descobriu que Deus não ignora o sofrimento, pois nas aflições ele se revela. Jó compreendeu que suas palavras eram ignorantes diante da majestade e sabedoria divina. Em sua angústia, ele encontrou em Deus respostas e paz.

Na vida, podemos enfrentar dúvidas e a sensação de que tudo está perdido. Como Deus é fiel, é capaz de transformar qualquer situação. As aparentes limitações, injustiças, tempos de espera e desafios fazem parte do processo divino para nos preparar e fortalecer. Em cada luta, podemos aprofundar nosso conhecimento sobre Deus e sobre o poder dele. José precisou do vale para experimentar o cuidado de Deus. E nós, em meio aos desafios, descobrimos que não há problema tão profundo que ele não possa resolver, nem plano divino que possa ser impedido.

A cada luta, somos chamados a conhecer Deus de forma mais profunda e verdadeira. Não uma relação superficial ou religiosa, mas um relacionamento pessoal. Essa confiança transforma a nossa caminhada e nos permite viver em paz e segurança, sabendo que, seja qual for o desafio, o Deus que controla todas as coisas está ao nosso lado e nada pode frustrar seus planos.

Ore comigo

Senhor, quero te conhecer mais. Ensina-me a descansar no teu poder em qualquer circunstância. Em nome de Jesus, amém.

LEITURA BÍBLICA
Colossenses 4:2

Uma jornada diária de propósito com Deus

Você já orou durante suas atividades diárias? Imagine viver sua fé a cada momento, transformando simples atos em oportunidades de comunhão com Deus. O apóstolo Paulo nos exorta a ser sábios e a orar sem cessar. Ele nos desafia a sair do templo, a orar para a sabedoria espiritual fazer parte da nossa vida cotidiana.

Paulo ensina que a oração deve estar enraizada em nós, seja assinando contratos, seja dirigindo ou cuidando da casa. Adotar essa prática é viver em constante conexão com Deus, para que ele nos guie e revele sua vontade. Paulo desafia os colossenses a buscar a vontade de Deus acima dos próprios planos e desejos. Quando oramos para que a agenda de Deus se cumpra, alinhamos nossa vida e nos tornamos instrumentos do seu amor e vontade.

Somos chamados a ser agentes do Reino, com sabedoria e amor. A sociedade, muitas vezes resistente, precisa do evangelho vivido e praticado, não apenas falado. A sabedoria que buscamos só é possível por meio de uma vida de oração.

Paulo sabia que, para sermos testemunhas eficazes, precisamos estar em constante comunhão com Deus. Nossa vida deve refletir a presença de Jesus em tudo que fazemos. Que possamos, como Paulo nos instrui, temperar nossas palavras com sabedoria, graça e o amor transformador de Cristo. Que possamos viver com intencionalidade, sendo sal na terra e luz onde estivermos, refletindo a glória e a bondade de Deus para o mundo ao nosso redor.

Ore comigo

Senhor, ensina-me a viver em constante oração, buscando cumprir a tua vontade em cada momento para a tua glória. Amém.

LEITURA BÍBLICA
João 5:7

25
AGOSTO

Redirecionando a esperança

Ao passar pelo tanque de Betesda, Jesus encontrou um homem paralítico havia trinta e oito anos. Este esperava pelo mover sobrenatural das águas do tanque para ser curado. Sua reclamação era de que não havia ninguém para ajudá-lo a entrar e, além disso, todas as vezes que tentava, alguém passava na frente dele. A salvação de que aquele homem precisava dependia de que ele chegasse em primeiro lugar.

Muitas vezes, a religiosidade faz as pessoas pensarem da mesma forma. Elas acreditam que precisam chegar primeiro, passar na frente dos outros ou até "trapacear" para obter a salvação, as bênçãos e o favor de Deus. Alguns pensam que merecem mais, com base em suas obras, no próprio esforço e mérito.

Os impeditivos que encontramos no texto são desanimadores. O homem estava sozinho, não podia contar com ninguém. Quando chegava perto, alguém o ultrapassava. Acontece que, quando depositamos a nossa esperança do milagre em princípios meritocráticos, nos afastamos mais dele. Nossos olhos não devem estar em nosso próprio esforço, tampouco nos obstáculos, e sim naquele que pode operar o sobrenatural em nós.

A lei e a religiosidade impõem critérios difíceis de alcançar. Contudo, a Bíblia nos ensina que nada do que temos e recebemos é mérito nosso, e sim dom de Deus. Em vez de idealizar condições, exigências e parâmetros para viver nosso milagre, tudo o que precisamos fazer é esperar em Jesus Cristo.

Ore comigo

Perdoa-me, Deus, pois muitas vezes deposito as minhas esperanças na minha própria capacidade, nos meus esforços. Ajuda-me a confiar em ti. Amém!

LEITURA BÍBLICA
Gálatas 6:8

Sob o governo de Deus ou sob o governo da carne?

Viver sob o próprio governo significa investir os ricos tesouros espirituais recebidos do céu em coisas que não edificam. É exatamente isso que um cristão carnal faz. Ele até está na igreja, mas ainda não possui a mentalidade de Cristo. É fácil identificar esse tipo entre os servos de Deus, pois são aqueles que perdem tempo com discussões tolas, críticas desnecessárias e preocupações mundanas. Além disso, são desatentos e frequentemente se distraem durante os momentos de adoração e comunhão com Deus. Em vez de se concentrarem nas coisas espirituais, deixam-se levar por futilidades e opiniões infundadas.

Paulo nos alerta que esse comportamento revela imaturidade espiritual e um coração ainda governado pela natureza humana. A verdadeira maturidade cristã se manifesta quando buscamos as coisas do alto, quando nossas ações e conversas edificam a nós mesmos e os outros. Isso significa submeter-se ao governo de Deus, deixando para trás discussões que não trazem benefício, fofocas e críticas que só geram contenda.

A escolha é sua: ser governado por sentimentos e desejos humanos ou permitir que Deus governe suas decisões, atitudes e palavras. O cristão que é espiritual reflete em suas atitudes do dia a dia atributos celestiais que o distinguem do cristão carnal. Não somos do mundo, portanto não agimos nem vivemos como pessoas do mundo. Lembre-se disso!

Ore comigo

Senhor amado, governa minhas decisões, atitudes e palavras, para que eu reflita teus atributos. Em nome de Jesus, amém.

Experiências do deserto

Com frequência ouvimos os cristãos dizerem que passaram pelo deserto. O deserto é um lugar hostil, seco, quente, onde não se encontra água ou alimento com facilidade. O deserto é um lugar de vulnerabilidade. Na Bíblia, vemos essa figura com frequência. Sabemos que os israelitas peregrinaram pelo deserto por quarenta anos após o êxodo do Egito. O deserto também foi o lugar onde Jesus foi tentado pelo Diabo.

Será que a passagem pelo deserto seria somente um período de isolamento, reflexão, punição, provas? Não. Muito mais do que isso, o deserto é um lugar de experiências com Deus. Outra personagem bíblica que esteve no deserto foi Hagar, a serva de Sarai. Em uma tentativa de fuga da opressão de sua senhora, Hagar foi encontrada pelo Anjo do Senhor no deserto e teve uma experiência única e transformadora com Deus.

Precisamos entender que temos um Deus que nos encontra quando passamos por tribulações. Se tirarmos os nossos olhos da nossa dor, da angústia, do nosso sofrimento, teremos a oportunidade de viver experiências únicas, profundas e transformadoras com Deus.

Cada situação pela qual passamos nesta vida tem um propósito, seja ela boa ou ruim, seja alegre ou dolorosa. No deserto, podemos aprofundar o nosso relacionamento com Deus e conhecê-lo mais intimamente. Portanto, sigamos com a convicção de que o Senhor está conosco e ele vem ao nosso socorro no deserto.

Ore comigo

Eu te agradeço, Senhor, pois tu és o Deus que vem ao meu encontro e providencia socorro e auxílio. Louvado seja o teu nome, amém.

28
AGOSTO

LEITURA BÍBLICA
2Timóteo 2:16

Conversas perigosas

Na segunda carta de Paulo a Timóteo, o apóstolo oferece ao seu filho na fé algumas instruções fundamentais para que o jovem viva uma vida correta perante o Senhor. Um dos conselhos paulinos que também podemos aplicar à nossa vida diz respeito a evitar conversas inúteis.

Todo falatório inútil serve para profanar e corromper o relacionamento de santidade que deve haver entre duas ou mais pessoas. Esse tipo de diálogo pode aparecer de diversas formas: fofocas, acusações, ofensas, conversas banais e até comentários e discussões nas redes sociais. Contudo, como está escrito em Salmos 1:1: "Bem-aventurado aquele que não anda segundo o conselho dos ímpios, não se detém no caminho dos pecadores nem se assenta na companhia dos zombadores".

Então, da próxima vez que alguém começar a falar mal de outra pessoa que não esteja na conversa, levante-se e saia. Quando alguém proferir palavras que ferem e corroem, afaste-se. Pessoas espiritualmente maduras não se associam aos impiedosos. Deus quer que a sua vida seja diferente. Deus quer que saiam bênçãos da sua boca, palavras de edificação, encorajamento e crescimento.

Se desejamos ter uma vida agradável a Deus, temos de nos afastar dessas conversas. Devemos ser intencionais não somente quanto ao que dizemos, mas também ao que ouvimos, aos círculos dos quais escolhemos fazer parte, aos conteúdos que consumimos. Dediquemo-nos ao amadurecimento espiritual, para que este seja refletido em todos os aspectos da nossa vida.

Ore comigo

Amado Deus, ensina-me a viver segundo a tua vontade e afasta de mim as conversas inúteis e profanas. Em nome de Cristo Jesus, amém.

LEITURA BÍBLICA
1Reis 18:44

29
AGOSTO

A nuvem do tamanho da mão de um homem

Quando tudo parece estar em ordem, podemos enfrentar a espera. Assim foi com Elias que, após restaurar o altar e levar o povo à adoração, manda seu servo olhar para o mar, à espera da chuva prometida. Por várias vezes, o servo volta dizendo: "Não vi nada". Essa experiência nos é comum. Restauramos nossa vida espiritual, obedecemos, mas não vemos resultados imediatos.

Você já esteve nesse lugar? Já se esforçou para restaurar seu altar, se afastar de práticas que não agradam a Deus, mas não viu nada que indique que a chuva está vindo? É fácil desanimar, sentir que suas ações foram em vão, mas Elias nos ensina a persistir. Ele disse: "Volte". E o servo voltou. E voltou novamente. Ele continuou a olhar, mesmo sem ver os sinais. Essa repetição é um lembrete de que a obediência e a paciência são fundamentais.

Muitas vezes, esperamos ver grandes sinais após obedecermos a Deus. No entanto, a fé perseverante é fundamental. Elias não desistiu, mesmo com sucessivas respostas negativas. Ele continuou a orar e enviar o servo até que, na sétima vez, uma pequena nuvem surgiu. Para muitos, não pareceria promissora, mas para Elias, era o início do cumprimento da promessa.

Não vermos algo grandioso não significa que Deus não está agindo. A bênção começa pequena, mas cresce com nossa fé e obediência. O que parece uma pequena nuvem hoje pode ser o sinal de que precisamos aprender a reconhecer e valorizar as pequenas respostas de Deus antes que a tempestade de bênçãos chegue.

Ore comigo

Senhor, fortalece-me para que eu não desista diante do "nada" que vejo. Em nome de Jesus, amém.

LEITURA BÍBLICA
1Coríntios 15:58

Seguir o caminho até o fim

Somos tentados a nos distrair por ansiedades sobre o futuro. No entanto, Deus nos chama a focar no presente e na nossa caminhada com ele. Assim como uma fruta colhida tem validade imprevisível, nossa vida também não tem garantia de duração. Deus nos lembra de viver com propósito e firmeza, sem desculpas, porque o tempo da salvação é agora.

Daniel recebeu uma mensagem de Deus dizendo para seguir seu caminho até o fim e, depois disso, ele descansaria e receberia sua herança. Não cabe a nós saber quando Jesus voltará ou quando será nosso encontro com ele. Cabe a nós estarmos preparados, vivendo para a glória divina, com a certeza de que, ao final, receberemos a herança eterna.

O teólogo Warren Wiersbe conta que, quando jovem, se preocupava com datas e profecias, até que um sábio idoso lhe disse: "Passei da comissão de planejamento da volta de Jesus para a comissão de boas-vindas", ou seja, devemos viver cada dia como se Jesus fosse voltar agora, prontos para recebê-lo.

A paz não vem de saber o tempo, mas de viver em Cristo, seguros da salvação. Se Jesus nos chamar hoje, estaremos prontos? Que possamos viver todos os dias para honrar a Deus. Como Paulo ensinou, sejamos "firmes e inabaláveis" na nossa fé, pois nada que fazemos para Deus é em vão. Assim, em vez de nos preocuparmos com os detalhes do fim, que possamos nos juntar à "comissão de boas-vindas", esperando com alegria a volta de Cristo e assegurando que nossa vida está em paz com ele.

Ore comigo

Senhor Deus, que eu não adie minha decisão de viver para ti e que minha vida seja um testemunho constante do teu amor. Em nome de Jesus, amém.

Fundamento sólido

Você não precisa ser engenheiro ou arquiteto para saber que uma casa precisa ser construída sobre um fundamento sólido. Uma casa edificada sobre um fundamento seguro não se abala quando vêm as tempestades ou os ventos fortes, porque seus alicerces são firmes.

Essa foi a figura utilizada por Jesus para ilustrar uma importante verdade sobre a vida espiritual. Se a nossa vida for edificada sobre um fundamento sólido, ela não será abalada. O segredo para passar por toda e qualquer adversidade que nos seja imposta é estabelecer fundamentos seguros na Palavra de Deus.

Jesus disse que aqueles que ouvem suas palavras e as praticam são como quem constrói a casa sobre a rocha. Se queremos permanecer firmes em todas as circunstâncias, temos de ser não apenas conhecedores da Palavra, como também praticantes.

Precisamos conhecer a Bíblia de maneira profunda, precisamos amar a Palavra e ter sede por mais conhecimento. A Bíblia deve ser nossa companhia diária, nossa melhor amiga. Contudo, é necessário ir além. Não basta ouvir, ler e conhecer as Escrituras; também temos de praticá-las.

Conhecer a Palavra e viver em obediência aos seus ensinamentos é o segredo para edificar um fundamento sólido. Nada disso nos impede de passar pelas tempestades ou ventos fortes, mas nos ajuda a estar preparados para enfrentá-los sem ser destruídos. Em outras palavras, as dificuldades virão sobre nós, mas se conhecermos e praticarmos a Palavra, não seremos abalados.

Ore comigo

Deus santo, enche o meu coração de amor e zelo por tua Palavra, para eu conhecê-la e praticá-la com devoção. Em nome de Jesus, amém.

COOPERAÇÃO

SETEMBRO

Meu planejamento

Meta

Plano

Leitura bíblica do livro

Atividade em família

Refeição especial

Avaliação alimentar

Tempo de qualidade com amigos

Um filme/série

Um livro/*podcast*

Um médico a agendar

Nota da minha saúde emocional

Atividade física pelo menos três vezes por semana

Participação semanal na comunidade espiritual

Ingestão diária de água

Gestão das finanças pessoais

LEITURA BÍBLICA
Lucas 5:5

01 SETEMBRO

Obedecer mesmo sem entender

Quantas vezes ficamos cansados, sem respostas, e Deus ainda nos pede para dar mais um passo de fé? Pedro, depois de passar a noite inteira tentando pescar e falhar, sabia que seria inútil tentar de novo, especialmente durante o dia. Mas, quando Jesus o mandou lançar as redes mais uma vez, ele obedeceu, mesmo sem entender. Por ser obediente, ele experimentou um milagre.

Às vezes, nossa fé está enfraquecida porque ouvimos pouco o que Deus nos diz. Nós nos tornamos pessoas que insistem em fazer as coisas do próprio jeito. "Sei o que estou fazendo", dizemos, enquanto Deus tenta nos mostrar um caminho melhor.

Outra vezes, queremos saber tudo antes de obedecer. A fé verdadeira, porém, não precisa entender os porquês, mas confiar e obedecer, mesmo sem compreender. Pedro, cansado e desconfiado, escolheu obedecer porque era Jesus quem falava. A decisão de confiar na palavra divina mudou tudo.

Deus quer falar conosco de forma íntima, pessoal, no silêncio das nossas orações e na quietude do nosso coração. Ele não se revela apenas na multidão, mas em nosso barco, na nossa rotina. Pedro estava em seu barco, no meio do seu dia comum, e foi ali que Jesus escolheu se revelar a ele de maneira profunda.

Se queremos experimentar milagres, precisamos estar dispostos a sair da "multidão" e ter um encontro particular com Jesus. Os milagres não acontecem para quem apenas olha de fora; eles acontecem para quem está disposto a seguir a voz de Deus, mesmo quando isso não faz sentido.

Ore comigo

Senhor, ajuda-me a confiar em ti mesmo quando não entendo completamente o que tu estás pedindo. Em nome de Jesus, amém.

LEITURA BÍBLICA
Mateus 9:35-36

Uma vida piedosa

Como discípulos de Cristo, precisamos estar cada vez mais sensíveis às necessidades daqueles que estão ao nosso redor. Temos de ser pessoas piedosas, espirituais, cheias de Deus. A sensibilidade é uma das principais características do indivíduo piedoso.

O poder do Espírito Santo sobre a nossa vida nos capacita a olhar para os outros com compaixão. Uma grande igreja, com força e influência, mas que não olha para a necessidade dos órfãos, das viúvas e dos pobres não é uma igreja cheia do poder do Espírito Santo. Igrejas e indivíduos egocêntricos, preocupados somente com o próprio crescimento e bem-estar, não trazem consigo a característica da Igreja Primitiva, cheia do poder de Deus.

Portanto, se desejamos ser piedosos, cheios do poder do Espírito, temos de olhar para o próximo da maneira como Cristo olhava para aqueles ao seu redor. Jesus olhava para as ovelhas perdidas de Israel e tinha compaixão por elas. Uma das características mais presentes na vida e no ministério de Jesus era a sua compaixão para com os sofredores, rejeitados e enfermos.

Que possamos, como Jesus, olhar para o necessitado com um olhar diferente. Como é preocupante notar que muitos veem a miséria ao seu redor e já não se sensibilizam, não se comovem. Começaremos a fazer a diferença na vida das pessoas quando desenvolvermos a compaixão semelhante à de Cristo. Assim, seremos capacitados a cumprir o nosso papel como igreja do Senhor.

Ore comigo

Senhor Deus, tem misericórdia dos que estão ao meu redor e que têm passado por dificuldades. Abre os meus olhos para olhar para o aflito e o necessitado com compaixão. Amém!

LEITURA BÍBLICA
Lucas 5:11

03
SETEMBRO

Na contramão

Com frequência, o mundo vê os cristãos como loucos. Ele não compreende os motivos pelos quais alguém escolheria uma vida em favor de outros em detrimento de uma vida centrada nos próprios interesses. As pessoas têm mais dificuldade ainda de entender por que alguém abriria mão de riquezas, reputação e títulos em virtude do engrandecimento e da glória de Deus.

O que o mundo não entende é que, a partir de um encontro genuíno com Cristo, descobrimos que tudo o que considerávamos de valor na verdade não tem valor algum. Entregamos a nossa vida e, se necessário, os nossos bens, porque o que de Deus recebemos, por intermédio de Jesus, tem muito mais valor do qualquer coisa que poderíamos conquistar por mérito próprio. Enquanto o mundo abre mão de uma vida com Deus para conquistar prazeres passageiros, nós abrimos mão dos prazeres deste mundo para viver com o Senhor e segundo a vontade dele.

No Evangelho de Lucas vemos o relato de quando Jesus instruiu aqueles que viriam a ser seus discípulos a irem para águas mais profundas e lançarem a rede. Apesar de terem passado a noite toda tentando pescar, sem sucesso, eles obedeceram àquela orientação e pegaram tantos peixes que o barco não dava conta. No entanto, o versículo 11 é o que me chama a atenção. Após aquela pesca extraordinária, os discípulos "deixaram tudo e o seguiram". De alguma forma, eles sabiam que uma vida com Jesus valeria mais do que o dinheiro que conseguiriam com a venda daqueles numerosos peixes.

Ore comigo

Eu te agradeço, ó Deus, pelo privilégio inestimável de ter um relacionamento contigo por intermédio do teu Filho, Jesus. Amém!

04
SETEMBRO

LEITURA BÍBLICA
2Coríntios 1:8-9

Diante das lutas

Quando parece não haver saída, o que você faz? Você já passou por circunstâncias que pareciam estar além de sua capacidade de suportar? Quantas vezes você já pensou: "Eu não aguento mais!"?

Na segunda carta de Paulo aos coríntios, encontramos um relato do apóstolo a respeito de uma situação para a qual não havia escapatória. Estava sobre ele uma sentença de morte, uma tribulação além de sua "capacidade de suportar" (cf. 1:8). Aqui, vemos a vulnerabilidade de Paulo.

Algo que me deixa extasiado nos relatos do apóstolo é que ele não tentava, de maneira alguma, preservar sua imagem. Paulo não aparentava ser intocável, viver uma vida perfeita, livre de lutas. A exemplo de Jesus Cristo, um "homem de dores e experimentado no sofrimento" (Isaías 53:3), Paulo não tinha dificuldades em confessar que passava por momentos em que não encontrava forças em si mesmo para resistir.

Contudo, nesse contexto de 2Coríntios, ele decidiu reagir. Com base na experiência de Paulo, podemos aprender como o Senhor espera que respondamos às dificuldades.

Em momentos nos quais a nossa força não basta e a esperança se esvai, nossa resposta deve ser a confiança no Deus "que ressuscita os mortos" (cf. 2Coríntios 1:9). Ele é o Deus que muda destinos, que torna situações adversas em testemunhos e que transforma a morte em vida.

Ore comigo

Senhor, ajuda-me a ter conhecimento da tua Palavra para aprender a reagir segundo a tua vontade e orientação diante das lutas. Em nome do teu Filho, amém.

Esteja em vigilância

Há distração por toda parte. Seja pela correria do dia a dia, seja pelas responsabilidades que assumimos, muitas vezes nos esquecemos de manter uma postura espiritual vigilante.

A vigilância espiritual é fundamental para nossa caminhada com Cristo. Paulo nos lembra da importância de estarmos atentos, para que o Inimigo não encontre oportunidade para nos desviar do caminho. A falta de atenção espiritual pode nos expor a armadilhas perigosas que comprometem nossa comunhão com Deus. Em 1Pedro 5:8 somos alertados de que o Inimigo anda ao nosso redor como um leão que ruge, procurando a quem devorar.

Não podemos permitir que as distrações do mundo nos afastem daquilo que é essencial: a fé e a obediência ao Senhor. A oração e a leitura da Bíblia são armas poderosas que nos mantêm espiritualmente atentos, pois fortalecem nossa capacidade de resistir ao mal.

Além disso, também devemos vigiar nosso coração. Muitas vezes, o perigo não está fora, mas dentro de nós, em atitudes, pensamentos e desejos errados. Jeremias 17:9 nos lembra que o coração humano é enganoso e, por isso, devemos mantê-lo sob constante vigilância, submetendo tudo ao Espírito Santo, para que ele nos guie em santidade.

A vigilância espiritual nos mantém alinhados com a vontade de Deus e nos dá a força para resistir às armadilhas do Inimigo. Ao sermos fiéis e vigilantes, seremos capacitados a permanecer firmes na fé, andar em amor e glorificar a Deus em tudo o que fazemos.

Ore comigo

Senhor, ajuda-me a estar atento às tentações e aos perigos. Protege meu coração e minha mente para que eu permaneça firme. Em nome de Jesus eu oro, amém.

LEITURA BÍBLICA
Salmos 15:5

Inabalável

Há um Deus que nos conhece intimamente. Ele define as pessoas segundo dois grupos: aqueles a quem ele aprova e aqueles a quem reprova. Provérbios 6 nos mostra o perfil descrito por Salomão daqueles a quem Deus reprova, os perversos, enquanto Salmos 15 apresenta as características daqueles que vivem de maneira agradável ao Senhor.

Se compararmos os dois textos, veremos que as características descritas em cada um são antônimas. Deus condena os iníquos, mas aprova os íntegros. Reprova os corruptos, mas aceita os que praticam o que é justo. Deus abomina o mentiroso e o trapaceiro, mas aprova o que diz a verdade e não faz mal ao próximo.

O versículo 15 de Provérbios 6 revela o destino do perverso: "[...] a desgraça se abaterá repentinamente sobre ele; de um golpe será destruído irremediavelmente". O destino de justo, no entanto, é bastante diferente: "[...] nunca será abalado!" (Salmos 15:5).

A Bíblia é muito direta ao apontar o caminho pelo qual devemos seguir se desejamos ser aprovados por Deus. Não há meio-termo no que diz respeito à conduta reta aos olhos do Senhor. O que Deus espera de nós é que escolhamos viver uma vida de integridade, honestidade, justiça, retidão, amor e paz. Assim, não seremos abalados, como afirma a Palavra. Isso não quer dizer que não teremos aflições, mas que, quando elas vierem, permaneceremos de pé, pois estamos alicerçados sobre um fundamento inabalável.

Ore comigo

Meu Deus, examina a minha conduta. Se há algo em mim que não esteja conforme a tua vontade, transforma-me e torna-me semelhante a ti. Amém!

Estrangeiros e peregrinos

Muitas vezes os cristãos são tachados como "diferentões". As pessoas que não vivem como nós costumam estranhar o nosso estilo de vida, a forma como nos portamos, vestimos, comunicamos. Se você já foi chamado de diferente, significa que está no caminho certo. Como cristãos, vivemos pela expectativa da eternidade na glória. Não pertencemos a este mundo e, portanto, não devemos nos amoldar a ele (veja João 17:16, Romanos 12:2 e 1Pedro 2:11).

Um discípulo de Jesus vive pela expectativa da eternidade na glória e, como pessoas que habitarão no céu, o nosso estilo de vida aqui na terra deve ser compatível com a nossa morada eterna. Enquanto vivermos neste mundo, na esperança do retorno de Cristo e da eternidade com Deus, nos dedicamos a viver de tal maneira que expressemos que, de fato, estamos aqui de passagem. O nosso destino final é a glória.

Se você já se sentiu deslocado neste mundo, há uma excelente razão para isso: você não foi criado para este mundo, mas para viver a eternidade com Deus, pela graça do Senhor Jesus Cristo. Portanto, não perca seu tempo tentando provar nada para ninguém, pois este não é o seu lar. Você está aqui, mas não pertence a este lugar.

Ore comigo

Senhor, lembra-me, a cada dia, de que eu não pertenço a este mundo. Alinha a minha mente à tua e coloca em mim o anseio pela eternidade contigo. Em nome de Jesus, amém!

LEITURA BÍBLICA
João 6:5-6

Quanto maior o desafio, maior a fé

De todos os registros do ministério público de Jesus, o milagre da multiplicação de pães e peixes é o único narrado em todos os quatro Evangelhos. De fato, é um milagre impressionante.

Jesus estava no auge do ministério, seguido por uma multidão de cerca de cinco mil homens, sem contar mulheres e crianças. Imagine o tamanho da multidão que ele atraía! Então, surgiu o dilema: como alimentar todas aquelas pessoas? Ao olhar para esse texto, perceba o tamanho do desafio diante de Jesus e dos discípulos. Hoje em dia já seria difícil suprir as necessidades daquela multidão, quanto mais há dois mil anos, quando não havia *fast-food* ou aplicativo de entrega de comida.

Há algumas situações que parecem impossíveis aos nossos olhos. Certamente foi assim que Filipe se sentiu quando Jesus se voltou para ele e perguntou como resolver aquele problema, a fim de colocá-lo à prova. O método que o Mestre usou com seu discípulo continua a ser usado conosco, para que, não importa quão desafiadora a situação, aprendamos a confiar no poder de Jesus.

Àquela altura, os discípulos já haviam visto a manifestação do poder de Jesus na cura de enfermos, na transformação da água em vinho e em outros milagres. Contudo, estavam diante de mais um problema aparentemente impossível de resolver. Talvez hoje você esteja lidando com um dilema para o qual não parece haver solução humana. Saiba, porém, que essa é uma grande oportunidade para exercer a sua fé em Deus.

Ore comigo

Deus, ajuda-me a confiar em ti em todas as situações, por mais difíceis que elas pareçam aos meus olhos. Em nome de Cristo Jesus, amém.

Mais que um rosto bonito

Certa vez, Jesus estava retornando de Betânia e teve fome. Ao ver uma figueira com folhas, buscou nela frutos, mesmo não sendo aquele o tempo de figos. Essa história é um relato intrigante. Ao não encontrar nenhum fruto, Jesus amaldiçoou a figueira e ela secou. Ora, mas se não era tempo de figos, que culpa tinha a pobre da figueira?

O grande problema está justamente nas folhas. Não que fosse errado ser frondosa e estar verdinha, mas as folhas eram um indicativo de fruto que, no caso, não existiam ali. A figueira era linda, mas era preciso algo mais que beleza. Foi o que Jesus procurou, mas não encontrou.

No mundo temos uma expressão que diz: "Ele é mais que um rostinho bonito". É o tipo de comentário feito para dar a entender que, diferentemente daquela figueira, se alguém buscar por algo além do exterior, encontrará. Toda árvore saudável é cheia de folhas, e assim também é com nossa vida pessoal, profissional, relacional; as folhas representam vida. Contudo, não podemos ser como aquela figueira, ornamentada, mas estéril.

Somos chamados a refutar uma fé fingida; as folhas não nos são suficientes. O próprio Jesus nos chama a atenção para sairmos da superficialidade, daquilo que é apenas bonito, e andarmos no que é verdadeiramente eficaz. Se não duvidarmos, mas crermos de todo coração, o que declararmos acontecerá, assim como foi quando ele declarou sobre a figueira.

Ore comigo

Senhor, não quero mais caminhar na superficialidade. Ajuda-me a ser frutífero na fé, declarando o seu poder e vivendo uma vida sobrenatural. Em nome de Jesus, amém!

LEITURA BÍBLICA
Jeremias 17:9

Um conselho para a vida

Talvez um dos piores conselhos que alguém possa dar para o próximo é "Siga o seu coração". Quantas vezes escutamos essa frase em momentos de decisão, conflito ou desafios. A verdade é que seguir o nosso coração é a receita para o fracasso, porque o nosso coração é enganoso. A Bíblia nos ensina que o coração do homem é corrupto, voltado apenas para as próprias vontades e interesses. Na caminhada cristã, não podemos seguir o nosso coração, porque ele nos levará à ruína, nos afastará de Deus e da vontade dele para nós.

Precisamos substituir esse conselho por: "Siga o Espírito". Se andarmos pelo Espírito, estaremos na direção certa. É o Espírito Santo quem nos conduz para viver uma vida reta diante de Deus, quem nos aproxima da vontade do Pai. O caminho do coração leva à morte, mas o caminho do Espírito leva à vida eterna. A Bíblia afirma que, se vivermos pelo Espírito, de modo algum satisfaremos "os desejos da carne" (Gálatas 5:16).

Muitas vezes o nosso coração nos leva a tomar uma decisão errada, a agir pelo impulso. Falamos a coisa errada na hora errada, priorizamos nossas vontades em detrimento das necessidades do próximo, aceitamos propostas enganosas, abrimos mão dos nossos princípios, ferimos aqueles a quem amamos.

Em vez de seguir o seu coração, siga o Espírito. Siga a orientação das Escrituras. Baseie-se nos ensinamentos de Jesus, e não nos seus sentimentos e vontades.

Ore comigo

Espírito de Deus, que eu seja guiado pelos teus conselhos e pela tua voz, não pelo meu coração. Conduz-me a viver a vontade do Pai. Amém.

Arrependimento e transformação

Arrependimento é mais do que culpa ou remorso; é mudança radical de direção. É ver a realidade do pecado e compreender que nossos caminhos estavam afastados da vontade de Deus. Jesus nos chama a abandonar o caminho antigo e a seguir a direção de vida e paz que ele nos dá.

Em Antioquia, o evangelho chegou a uma cultura pagã contrária a Deus. Ali, a mensagem de Cristo provocou arrependimento genuíno, transformou vidas. Aquele que antes vivia em pecado agora vive para a glória de Deus. Essa mudança é evidente, como no caso do homem em Gadara.

Ser cristão é mais do que usar um rótulo. Não se trata apenas de frequentar uma igreja, mas de experimentar uma mudança profunda que só o evangelho pode realizar. Quando arrependidos, recebemos a graça de Deus e ela se torna visível em nossa vida, como foi visível para Barnabé ao chegar em Antioquia. A graça de Deus transforma nosso coração, nossos valores e nossas ações.

Muitos dizem ser cristãos, mas desconhecem a mensagem central que transforma vidas: a boa-nova da salvação em Jesus Cristo. Sem o conhecimento profundo dessa verdade, é impossível experimentar uma verdadeira transformação interior e viver conforme o propósito de Deus.

Que possamos buscar esse arrependimento genuíno, essa transformação verdadeira que só Cristo pode nos dar. Que nossa vida sejam um reflexo claro da graça de Deus para o mundo.

Ore comigo

Senhor, dá-nos um arrependimento genuíno e transforma nossa vida pela tua graça, para vivermos segundo a tua vontade. Amém.

LEITURA BÍBLICA
Isaías 55:8-9

Poder manifesto de diversas maneiras

Conta-se com frequência a história de um homem que, devido à enchente, teve de subir no telhado de sua casa, pois esta fora tomada pelas águas. Ele esperava que Deus lhe enviasse socorro. Quando um bote salva-vidas passou pela casa para resgatar os que haviam ficado para trás, ele recusou a ajuda e disse: "Não preciso de ajuda, Deus é quem vai me ajudar." O resgate insistiu, mas acabou indo embora.

Depois de um tempo, passou um barco da marinha em uma operação de busca. Eles avistaram o homem, mas, outra vez, ele rejeitou e disse: "Eu creio que Deus vai me ajudar."Após insistir muito, o barco da marinha partiu. Por fim, apareceu um helicóptero e sobrevoou a casa, que já estava quase coberta pela água. No entanto, o homem se recusou a sair outra vez. Infelizmente, esse homem veio a falecer. Ao chegar no céu, ele estava revoltado: "Que decepção, Deus. Eu tinha fé e cria que o Senhor enviaria socorro. Eu cria na provisão sobrenatural". Deus, por sua vez, respondeu: "Eu mandei um bote, um barco e até um helicóptero para buscá-lo, mas você não quis".

Muitas vezes, o orgulho nos impede de ver que a provisão e o auxílio divinos vêm de diversas formas, de modo que Deus pode usar outras pessoas para realizar sua obra. Não podemos condicionar o poder de Deus às nossas expectativas, porque ele é capaz de fazer muito além, da maneira que desejar. Se de fato cremos em Deus e em seu poder, temos também de acreditar que os planos dele são sempre melhores do que os nossos.

Ore comigo

Pai, dá-me a convicção de que os teus planos são sempre melhores e ajuda-me, por favor, a discernir a tua provisão e a recebê-la. Em nome de Jesus, amém.

LEITURA BÍBLICA
Isaías 1:18

13 SETEMBRO

Toque purificador

A história do leproso curado por Jesus nos ensina que ninguém quer ver sua vida transformada, restaurada e liberta tanto quanto Cristo. Muitas vezes, pensamos: "Será que há esperança para mim?". Assim como o leproso, talvez você esteja coberto de problemas, pecados ou falhas, achando que não há mais solução.

Surpreendentemente, quando o leproso disse: "Senhor, se quiseres, podes purificar-me!" (Mateus 8:2b), Jesus foi compassivo: "Quero. Seja purificado!". Cristo estendeu a mão e tocou o leproso, algo impensável pelo risco de contaminação. Em vez de ser contaminado pela lepra, Jesus a cura, pois o poder de Deus sobre o pecado e a impureza é muito maior.

Jesus estende a mão para nós hoje. Não importa quão impuros, manchados ou distantes nos sintamos, ele nos alcança com graça e amor. Podemos experimentar a transformação imediata em nossa vida quando nos rendemos a ele. Nenhum erro ou pecado pode nos afastar para sempre de Deus. Tudo o que precisamos fazer é nos aproximar de Jesus e dizer: "Senhor, se quiseres, podes purificar-me!". E a resposta de Jesus é clara: "Quero".

Jesus não apenas quer te limpar, ele quer restaurar tudo o que o pecado destruiu. Ele quer te dar uma nova vida, um novo começo. Não importa o tamanho da mancha em sua vida, o sangue de Jesus é mais poderoso do que qualquer pecado. A Bíblia nos lembra:"[...] Embora os seus pecados sejam vermelhos como o escarlate, eles se tornarão brancos como a neve [...]" (Isaías 1:18).

Ore comigo

Senhor Jesus, obrigado por não desistir de mim, mesmo quando me sinto sujo ou sem esperança. Sei que, com o teu toque, posso ser liberto e restaurado. Em teu nome, amém.

LEITURA BÍBLICA
João 10:10

A importância das nossas escolhas

Você já parou para pensa que a nossa vida é reflexo direto das escolhas que fazemos? Muitas vezes, reclamamos das circunstâncias que enfrentamos sem perceber que grande parte delas é fruto das nossas próprias decisões equivocadas. Isso nos leva a um ponto importante: se identificamos áreas em nossa vida que precisam de mudança, mas escolhemos não agir, não podemos nos queixar das consequências da nossa falta de atitude.

A verdade é que, ao tomarmos decisões sem sabedoria, desperdiçamos o grande potencial que Deus nos deu para usufruirmos de uma vida plena. Sim, fomos criados para viver uma vida plena e abundante no Senhor. Ele mesmo declarou: "[...] eu vim para que tenham vida e a tenham plenamente". Isso significa que sem Jesus é impossível viver a plenitude que Deus nos oferece. Somente nele podemos encontrar verdadeira realização e propósito.

Viver em comunhão com Cristo é a escolha mais importante que podemos fazer. Ignorar essa decisão significar escolher viver aquém do que Deus planejou para nós. Se você se sente insatisfeito ou frustrado com sua vida hoje, talvez seja o momento de reavaliar suas escolhas. A abundância que você tanto anseia não está em outro lugar senão aos pés de Jesus, em um relacionamento íntimo e profundo com ele. Escolha caminhar ao lado de Cristo, experimentando a vida abundante que só ele pode oferecer.

Ore comigo

Senhor, muitas vezes tomei decisões erradas. Peço tua sabedoria para tomar decisões sábias e alinhadas com tua vontade, para que eu viva a plenitude da vida que planejaste. Amém.

LEITURA BÍBLICA
Marcos 10:17

15
SETEMBRO

A pergunta do milhão

Você já deve ter visto algum programa de televisão no qual cada pergunta acertada vale um prêmio, cujo valor aumenta progressivamente, até chegar na "pergunta do milhão". É sobre isso que o texto de Marcos 10 trata, um homem que queria a resposta para a mais importante pergunta já feita.

Temos algumas características desse homem: ele era jovem, rico e influente. Apesar de estar no alto escalão, ainda lhe faltava algo, e a sua juventude, riqueza e posição de destaque não poderiam satisfazer essa falta. O jovem se aproxima de Jesus com o desejo de encontrar uma resposta para a dúvida que dominava seu coração: o que era preciso fazer para herdar a vida eterna?

Aprendemos, com o encontro desse jovem com Jesus, que uma pessoa não encontra todas as respostas apenas por ser bem-sucedida. Há pessoas com dinheiro, fama, poder, mas que ainda procuram algo. Muitos têm todos os recursos e bens, porém, se um indivíduo não tiver Deus, é pobre, não tem nada.

O rapaz parecia educado e, apesar de rico, tinha um discurso polido. Não foi arrogante, mas se ajoelhou diante de Jesus e foi reverente. Além disso, o jovem conhecia a Lei, cumpria os mandamentos, seguia à risca a exigência da religião e guardava os mandamentos e as tradições. Ainda assim, havia um vazio em sua alma. Ao se dirigir a Jesus, ele pensou que poderia fazer algo para herdar a eternidade. A salvação não diz respeito ao que podemos fazer por nós mesmos, mas ao que Jesus fez por nós.

Ore comigo

Ó Deus, faz-me entender que dinheiro, bens, posses ou mesmo outras pessoas não podem satisfazer a necessidade da minha alma. Somente a tua presença e o teu amor. Amém.

LEITURA BÍBLICA
Provérbios 3:11-12

A importância da disciplina

Na Bíblia, muitas pessoas foram disciplinadas por Deus após desobedecerem a mandamentos ou a uma ordem específica. Sabemos que toda ação tem consequência, portanto, se agirmos contra a vontade de Deus, viveremos as consequências da nossa decisão.

Nenhum pai ou mãe que de fato ama seu filho e deseja o melhor para ele castiga porque tem prazer em ver o filho sofrer. Pelo contrário, a disciplina correta é uma demonstração de amor. Disciplinamos porque amamos nossos filhos e queremos que eles sejam pessoas justas, honestas, gentis, bem-sucedidas. Quanto mais o nosso Pai celestial, cujo amor é perfeito e cujos caminhos são retos, quer o melhor para nós.

Quando agimos de forma contrária à vontade de Deus, perdemos tempo, nos decepcionamos e nada parece dar certo. Então, quando as consequências da nossa decisão nos atingem, nos sentimos injustiçados. Questionamos e, como crianças, fazemos birra quando as coisas não saem do nosso jeito. A verdade, porém, é que, como crianças ingênuas, não sabemos o que é melhor para nós, mas temos um Pai que sabe. Por isso, as ordens e a disciplina de Deus são para o nosso bem.

Não somos filhos de um Deus cruel, mas de um Deus amoroso, que sabe o que é melhor para nós e nos dá os meios para que vivamos conforme a sua vontade. A disciplina divina não vem como uma punição impiedosa, e sim como uma lição para que compreendamos a vontade de Deus para nós e não voltemos a repetir os mesmos erros.

Ore comigo

Pai, ensina-me a obedecer à tua voz. Instrui-me e guia-me por teus caminhos, pois tu me amas e sabes o que é melhor para mim. Amém.

Águas impuras

Você já comprou uma fruta bonita por fora, porém, ao cortá-la, viu que estava estragada? Por fora, impecável; por dentro, podre. Muitas coisas na nossa vida são assim: lugares, relacionamentos e oportunidades aparentam ser bons, saudáveis, porém, em sua essência, são prejudiciais.

No contexto de 2Reis 2:19, o povo de Jericó estava com um grave problema. A cidade era influente, parecia prosperar e era bem localizada. No entanto, ela tinha um defeito: a água que nutria e irrigava aquela cidade não era boa, portanto, a terra era estéril. Tudo ali produzido seria impróprio para o consumo, porque a essência estava impura, contaminada.

Esse texto aborda uma preocupação que precisamos ter. Temos de parar de viver de aparências e pensar na nossa essência. Sabemos muito bem que a essência do ser humano é o coração. Jesus disse: "[...] O que sai do homem é o que contamina o homem" (Marcos 7:20). Em outras palavras, o exterior reflete o interior. Se o nosso interior é puro, de nós fluirão palavras de bênção, boas ações, frutos agradáveis. Se, porém, o nosso coração for impuro, tudo o que fizermos e falarmos estará contaminado.

Se o nosso coração não for bom, todas as demais áreas da nossa vida serão prejudicadas. Tudo começa do que flui no nosso interior. Portanto, não importa se a sua aparência é agradável, se as suas roupas são sofisticadas, se você tem posses, fama, influência. Você precisa de um coração puro, bom, uma essência que frutifica e produz bênção.

Ore comigo

Senhor, purifica-me por completo e produz em mim uma essência agradável a ti. Que o meu exterior demonstre um coração bom. Em nome de Jesus, amém.

LEITURA BÍBLICA
Daniel 3:17-18

Devoção incondicional

Infelizmente, a arrogância e prepotência do homem o fazem, em algumas ocasiões, pensar que pode exigir algo de Deus. Muitos acreditam que podem tratar o Senhor como um gênio da lâmpada. No entanto, o relacionamento com Deus vai além de fazer pedidos e esperar que eles se cumpram. Um cristão maduro entende que Deus pode realizar tudo o que pedimos, mas que, ainda que não o faça, é igualmente poderoso, fiel, justo, bom, amoroso e supremo.

As pessoas que tentam condicionar o poder de Deus às suas próprias vontades e interesse demonstram, para além de uma ignorância a respeito do caráter de Deus, que ainda não entenderam a essência da vida cristã. São essas pessoas que viram as costas para o Senhor e o culpam quando não obtêm o que desejam.

Às vezes tentamos colocar a culpa em Deus quando as crises vêm. Questionamos: “Que Deus é este, que não tirou a minha dor?” ou “Que Deus é este, que não responde às minhas orações?”. Muitas vezes o nosso olhar está tão centrado em nós mesmos que perdemos de vista as obras divinas manifestas em nossa vida mesmo em meio ao sofrimento, mesmo quando as coisas não saem como queríamos.

A conduta de Sadraque, Mesaque e Abede-Nego nos ensina qual deve ser a nossa perspectiva a respeito de Deus diante das adversidades. Precisamos crer que ele tem poder para realizar, porém, se não o fizer, ele continua sendo o Deus a quem servimos e honramos.

Ore comigo

Deus, eu creio que tu tens poder para livrar-me das adversidades que me assolam, mas sei que, ainda que não o faças, és poderoso e digno de ser adorado. Amém.

LEITURA BÍBLICA
2Coríntios 4:8-10

19
SETEMBRO

Pressionados, mas não desanimados

Algumas pessoas dizem que a vida delas se tornou mais difícil em alguns aspectos após começarem a seguir Jesus, porque começaram a enfrentar dificuldades que antes não existiam. Ao escolher obedecer à direção de Deus, nos opomos ao sistema. Andar com Deus nos coloca na contramão do mundo, que é governado pelo Maligno. Na realidade, deveríamos nos preocupar se, ao seguir a Cristo, nada mudar na nossa vida.

Quando combatemos as trevas e a ação do mal, o Inimigo tenta nos enfraquecer. Quantas vezes ouvimos histórias sobre alguém que aceitou Jesus e, por isso, foi rejeitado pela família, maltratado por colegas de trabalho, zombado por amigos, ignorado, afrontado. Se alguém se encontra em situações como essa é porque Satanás o vê como uma ameaça para a continuidade de sua obra maligna na vida das pessoas.

Todas as vezes em que a luz chega, as trevas se incomodam. Diante disso, o que faremos? Será que temos de parar? De modo algum! Nossa resposta deve ser continuar pregando o evangelho, anunciando as boas-novas, cumprindo o nosso chamado e cultivando uma vida de oração, adoração e serviço a Deus. A perseguição nada mais é do que uma validação do nosso chamado.

Que a mensagem de 2Coríntios 4:8-10 seja o nosso encorajamento nos momentos de grande dificuldade na caminhada de fé. Não desanimamos ou desistimos, pois o nosso objetivo aqui nesta terra é trazer "sempre no corpo o morrer de Jesus, para que a vida de Jesus também seja revelada no nosso corpo" (v. 10).

Ore comigo

Senhor, fortalece-me perante as tribulações e oposições do Maligno. Que a vida do teu Filho seja revelada em mim. No nome dele eu oro, amém.

LEITURA BÍBLICA
Lucas 6:7

O olhar de Jesus e o nosso coração

No Evangelho de Lucas, podemos perceber que os fariseus estavam mais preocupados em encontrar um erro para acusar Jesus do que em perceber as necessidades dos que estavam ao redor. Eles criticavam Jesus e queriam julgá-lo por curar no sábado. No entanto, Jesus conhecia os pensamentos deles e os desafiou a mudar de perspectiva. Muitas vezes, nós também deixamos que o julgamento ou as preocupações triviais tomem nossa atenção e a desviem da presença de Deus.

Quando Jesus chamou o homem da mão ressequida, mostrou que nosso foco deve estar em quem precisa de ajuda, não em manter aparências ou regras. O coração de Deus é cheio de compaixão, e ele quer que nós também curemos, acolhamos e tenhamos misericórdia. Jesus, então, pergunta: "O que é permitido fazer no sábado: o bem ou o mal? Salvar a vida ou matar?" (Lucas 6:9). Cristo revela a essência da nossa fé. O amor de Deus deve sempre prevalecer. A lei pode ser tecnicamente correta, mas, se ignoramos a graça, a misericórdia e o amor, erramos.

Precisamos voltar os olhos para o sofrimento e as necessidades. O amor de Deus deve ser manifesto por nós. Com a graça e a misericórdia de Cristo, tocamos a vida dos outros.

Jesus nos desafia a viver com olhos atentos ao que realmente importa: as pessoas. Ele nos convida a sermos instrumentos da sua graça e misericórdia, não a sermos juízes ou críticos. Que possamos seguir seu exemplo com coração compassivo, pronto para abençoar e ajudar aqueles ao nosso redor.

Ore comigo

Senhor, que possamos estar atentos às necessidades daqueles que estão ao nosso redor. Em nome de Jesus, amém.

O Senhor é generoso

A história de Rute nos lembra o quão Deus é generoso conosco. Ele usa situações, lugares e pessoas. Fato é que, de acordo com a Palavra de Deus, quando Rute foi buscar sustento no campo de Boaz, ela encontrou muito mais do que esperava. Boaz não apenas permitiu que ela colhesse espigas em seu campo, mas também falou aos seus servos que deixassem cair algumas espigas do feixe para que ela pudesse recolher (Rute 2:16). Um simples gesto, mas que nos faz lembrar que Deus é bondoso e cuida de cada uma das nossas necessidades. Ele sempre provê aquilo de que precisamos, mesmo que não seja da forma como imaginamos.

Muitas vezes, buscamos grandes milagres e nos esquecemos das pequenas bênçãos que recebemos diariamente, como o pão que não falta em nossa mesa, um amigo que nos ajuda ou um momento de paz em meio às preocupações do dia.

Deus não apenas supre nossas necessidades, mas também nos coloca em lugares onde podemos ser abençoados e também abençoar. Quando repartimos o que temos, em forma de palavras, tempo ou recursos, somos parte do plano do Senhor para alcançar aqueles que estão ao nosso redor.

Assim como Boaz foi um canal de bênção para Rute, nós também podemos ser usados por Deus para abençoar outros. Pequenos gestos de gentileza e generosidade podem fazer uma grande diferença na vida de quem precisa. Em Cristo, há sempre o suficiente para todos.

Ore comigo

Senhor, obrigado por suprir todas as minhas necessidades. Ajuda-me a ser grato por cada bênção recebida. Em nome de Jesus, amém.

Escolhas direcionadas por Deus

A tomada de decisões é um aspecto muito importante da caminhada com Deus. Muitas vezes as pessoas se preocupam mais em buscar riquezas e prosperidade do que em seguir a voz de Deus. Por isso, as escolhas são feitas com base no que cada um tem a ganhar, não com base na instrução do Senhor.

Certas decisões aparentam ser boas, contudo, se não estiverem alinhadas com a vontade de Deus, trarão consequências negativas, como aconteceu com Ló, sobrinho de Abrão. Ele saiu com o tio em direção à terra que o Senhor prometera a Abrão. Em dado momento, tiveram de se separar, pois os pastores dos dois homens estavam em desavença. Em decorrência disso, o tio determinou que eles deveriam seguir caminhos diferentes e deu ao seu sobrinho a chance de escolher para que lado iria. Ló escolheu ir para a planície do Jordão, uma região bem irrigada. Sabemos que ele passou por momentos muitos difíceis como fruto de sua escolha, pois a região em que estava, das cidades de Sodoma e Gomorra, se corrompeu a ponto de Deus decidir destruí-las.

O que Ló não sabia era que a bênção de Deus não recai sobre um lugar, e sim sobre pessoas. A bênção do Senhor não está sobre lugares ou coisas, mas sobre aqueles que confiam nele e vivem conforme sua vontade. Por esse motivo, nossa preocupação não deve ser encontrar prosperidade ou acumular bens, e sim seguir a instrução e a orientação de Deus para nós. Se a bênção de Deus estiver sobre a sua vida, não importa o local onde você esteja, ela o acompanhará.

Ore comigo

Deus, guia-me em cada uma das minhas decisões e alinha o meu coração à tua vontade para mim. Em nome de Jesus, amém.

Os fundamentos de um lar saudável

Talvez você já tenha escutado: "Mães de joelhos, filhos de pé". Por trás dela, há uma verdade para o desenvolvimento de uma vida familiar saudável. A oração é um dos pilares sobre os quais a família deve ser edificada. Se há algo que você deseja fazer para abençoar a sua casa, comece pela prática da oração.

Pessoas firmes na oração não têm somente a própria vida transformada, como também sua casa. A melhor coisa que podemos fazer por aqueles a quem amamos é interceder em favor deles. Lares fundamentados na oração são mais fortes, mais saudáveis, mais frutíferos.

Além disso, o lar deve ser edificado sobre a adoração e o serviço a Deus. Famílias que se regozijam na presença de Deus e fazem de sua casa um ambiente de adoração e serviço, produzem valores e princípios preciosos que darão frutos eternos.

Por último, mas não menos importante, o ensino e a prática da Palavra são indispensáveis para um lar saudável. Os princípios bíblicos devem ser transmitidos e preservados de geração em geração (cf. Deuteronômio 6:6-7).

Em tempos como os nossos, em que muitas famílias têm sido destruídas e abaladas, se você deseja que a sua família permaneça firme, edifique-a sobre os fundamentos corretos: oração, adoração, serviço a Deus e a prática das Escrituras. Como Josué, decida com convicção que você e sua casa servirão a Deus.

Ore comigo

Pai amado, graças te dou pela família que me deste. Ajuda-nos a edificar um lar saudável, sólido, firmado em ti e na tua Palavra. Em nome de Jesus, amém.

LEITURA BÍBLICA
Provérbios 13:20

Por quem você é influenciado?

A cada dia, temos diante de nós uma série de escolhas que influenciarão na nossa caminhada com Deus. Os lugares que frequentamos, as tarefas que realizamos, a forma como falamos e nos comportamos, as pessoas com quem nos associamos, tudo isso pode interferir no nosso relacionamento com o Senhor.

A Bíblia é muito clara em distinguir os sábios dos ímpios e em descrever o comportamento de cada grupo. Um dos conselhos dados em Provérbios diz respeito à importância de escolher com sabedoria as nossas companhias, pois a nossa associação com pessoas tolas nos leva a um destino ruim, enquanto o envolvimento com sábios nos torna mais sábios.

Com as redes sociais, podemos nos associar a certas pessoas sem sequer conhecê-las, o que aumenta a nossa necessidade de zelar pelas influências que recebemos. Se nos deixamos ser influenciados por pessoas que não vivem segundo as Escrituras, nos afastamos da vontade do Senhor para a nossa vida e nos colocamos em um caminho que leva à destruição.

Precisamos nos aproximar das pessoas que andam com Deus, priorizam o relacionamento com ele, buscam viver em santidade, amam a Palavra e compartilham dos nossos princípios. São essas companhias e influências que nos ajudam a crescer e amadurecer na vida espiritual. Também precisamos ser o tipo de pessoa cuja vida aponta para Cristo e influencia os outros para o bem, não para o mal. Portanto, sejamos cuidadosos com a influência que desejamos ser e receber.

Ore comigo

Senhor Deus, que as pessoas ao meu redor me ajudem a estar mais perto de ti e que eu também possa fazer isso por elas. Em nome do teu Filho Jesus, amém.

Sob a proteção do escudo de Deus

Durante o Império Romano, a formação "formação de tartaruga" era usada em batalhas para proteger os soldados com escudos que cobriam todos os lados, incluindo o topo. Assim, o inimigo não os alcançava. Hoje, Israel tem o "Domo de Ferro", sistema que intercepta foguetes inimigos no ar.

Deus se apresenta a Abrão em Gênesis 15:1: "Não tenha medo, Abrão. Eu sou o seu escudo; a sua recompensa será muito grande" e nos ensina que não precisamos ter medo, pois estamos sob seu cuidado. Ele é nosso protetor; nada pode nos atingir sem a sua permissão. Portanto, pare de temer o amanhã, pois Deus é o seu escudo.

Além de proteger, Deus também recompensa a fidelidade. Hebreus 11:6 nos lembra que o Senhor "recompensa aqueles que o buscam". Ele prometeu a Abrão uma grande recompensa. Apesar das incertezas e dos medos, Deus recompensa nossa perseverança, conhece cada oração, lágrima e decisão de não desistir.

Ainda assim, Abrão questiona: "De que me adiantam todas as tuas bênçãos, se não tenho um filho?". Muitas vezes, assim como Abrão, estamos presos a dúvidas, imaginando o pior cenário possível. Mas Deus afirma: "Não será como você pensa, mas como eu disse". Então, Deus tira Abrão de sua tenda, o leva para fora, mostra-lhe o céu estrelado e renova sua promessa. Às vezes, temos de sair do pequeno mundo de preocupações e limitações e olhar para as promessas de Deus.

Ore comigo

Senhor Deus, que eu possa confiar em tua palavra, não temer e lembrar sempre que tu és meu escudo e recompensa. Em nome de Jesus. Amém.

LEITURA BÍBLICA
Juízes 6:12-16

Vencendo o medo com a força de Deus

O medo pode aprisionar e distorcer a forma como nos enxergamos. Gideão estava paralisado pelo medo quando o anjo do Senhor o encontrou. Ele se achava fraco e insignificante: "O meu clã é o menos importante de Manassés, e eu sou o menor da minha família" (v. 15). O medo havia distorcido sua visão de si mesmo e do seu potencial.

O medo é uma ferramenta do Inimigo para distorcer a percepção de quem somos. Assim como fez com Gideão, o medo tenta nos convencer de que somos fracos, incapazes e insignificantes. Entretanto, o Senhor não se baseia em nossas fraquezas ou nas vozes que ouvimos ao nosso redor, mas naquilo que ele mesmo nos criou para ser. Deus chamou Gideão de "poderoso guerreiro" e o enviou: "Vá com a força que você tem" (v. 2-14). Da mesma forma, Deus nos chama para enxergar além do medo e das limitações impostas pelo mundo ou por nós mesmos. Ele nos convida a ver a nós mesmos por seus olhos, com coragem e propósito.

Deus sabia o que poderia fazer por intermédio de Gideão. Muitas vezes, permitimos que as circunstâncias e o medo nos façam acreditar que somos incapazes, que não podemos realizar grandes coisas. Deus, porém, nos vê de um jeito diferente.

O encontro de Gideão com Deus mudou sua perspectiva e o libertou do medo. Quando nos encontramos com o Senhor, ele nos revela nossa verdadeira identidade e nos dá coragem para avançar. Lembre-se: Deus está com você assim como ele foi com Gideão. Não permita que o medo defina seu futuro. Confie no Senhor e avance.

Ore comigo

Senhor, obrigado por me lembrar de quem eu sou em ti. Ajuda-me a vencer o medo e a confiar na força que depositaste em mim. Em nome de Jesus, amém.

Amigo de Deus

Tiago afirma que não podemos ser amigos de Deus e, ao mesmo tempo, amigos do mundo. "Mundo" aqui refere-se ao sistema de valores que se opõem a Deus — a busca pelo prazer, pelo poder e pelas satisfações momentâneas que não se alinham com os princípios do reino de Deus.

Antes de conhecer Jesus, vivíamos no pecado e não víamos problema algum nisso. Talvez até zombássemos dos cristãos piedosos. Ao ser resgatados, a cegueira espiritual caiu e entendemos a beleza da graça de Deus e o vazio das promessas do mundo. Como filhos de Deus, devemos nos afastar das influências do mundo e nos submeter ao governo de Cristo.

Muitas vezes, não percebemos a cegueira antes de conhecer Jesus. A vida antes de Cristo pode ter parecido atraente, mas era repleta de enganos. Ao nos depararmos com a graça do Senhor, vemos que seu plano é infinitamente maior e melhor do que qualquer coisa que o mundo possa oferecer.

Tiago também nos lembra que essa transformação só é possível pela graça de Deus. Não por nossa força ou merecimento, mas por um coração humilde, orientado pelo Espírito Santo. Ao nos sujeitarmos a Deus, resistimos ao Diabo e suas tentações. Passamos a valorizar aquilo que é eterno e rejeitar o que é passageiro.

Esse processo exige uma busca constante de estar sob o governo de Cristo, permitindo que ele guie nossas escolhas, desejos e ações. O caminho não é fácil, mas a recompensa é eterna: uma vida em comunhão com Deus e longe da escravidão do pecado.

Ore comigo

Senhor, ajuda-me a estar cada vez mais próximo de ti. Que eu possa viver buscando as coisas do alto e rejeitando as influências do mundo. Em nome de Jesus, amém.

LEITURA BÍBLICA
Romanos 8:31

Não há por que temer, Jesus é o vencedor

Quantas vezes já não ficamos presos, confinados por medos que nos paralisam? Assim como os discípulos que, após a morte de Jesus, se trancaram em um quarto (João 20:19), nós também podemos fechar a porta para as oportunidades e para os planos de Deus, pensando estar seguros. Mas essa segurança é uma ilusão, pois o medo nos impede de viver a plenitude que Deus tem para nós.

Não há por que temer. Você está ao lado do vencedor que já superou todas as ameaças. Tudo o que o ameaça não tem mais poder, pois Jesus pagou o preço. Com ele, você é mais que vencedor e não precisa se trancar em um quarto de medo e incertezas.

Os discípulos estavam amedrontados, pensando que o fim havia chegado, mas Jesus lhes mostrou que sua ressurreição venceu a maior ameaça. Há mais poder dentro de você quando Jesus está presente do que qualquer desafio externo. Se Deus é por nós, quem será contra nós?

Os discípulos se encheram de alegria ao ver o Senhor. Essa alegria é a evidência da presença de Cristo em nossa vida, substituindo o medo por esperança. Jesus, o Príncipe da Paz, prometeu estar conosco todos os dias. Sua presença garante que não estamos sozinhos, mesmo em nossos momentos mais sombrios.

E, assim como enviou os discípulos com um propósito, Jesus também nos comissiona. Não estamos aqui para viver em confinamento, mas para cumprir a missão que ele nos deu.

Ore comigo

Senhor, obrigado por ter vencido o medo e a morte em meu lugar. Eu te entrego todas as áreas da minha vida onde o medo tem me aprisionado. Em nome de Jesus, amém.

LEITURA BÍBLICA
Atos 3:2

29
SETEMBRO

Quando Jesus entra na nossa rotina

A maioria das pessoas tem uma rotina estabelecida, um horário certo para cada atividade, desde a hora que se levanta até o momento que se deita. Alguns gostam disso, outros não, mas o fato é que, queira você ou não, temos uma rotina. Essa rotina pode ser diária, isto é, as atividades realizadas todos os dias, e até semanal, como a ida à igreja, o almoço de família aos domingos. Existe um padrão a ser seguido, um ciclo que faz parte do nosso cotidiano.

Algumas rotinas são boas e importantes. Por exemplo, você precisa cultivar o hábito de ir à igreja e estabelecer um compromisso, de modo que nada tire sua prioridade. Rotinas e hábitos saudáveis fazem parte da nossa vida. No entanto, infelizmente, atividades indesejadas ou desagradáveis também fazem parte do cotidiano, de modo que o nosso conceito de rotina esteja atrelado à dor, ao sofrimento.

Em Atos 3, encontramos a história de um homem aleijado que estava em sofrimento desde o nascimento. Todos os dias, ele era colocado junto à porta do templo para pedir esmolas. Essa era a rotina dele. Uma rotina de dor, angústia, desolação. Contudo, certo dia, a rotina desse homem foi quebrada pela presença de Jesus. Os discípulos Pedro e João o curaram em nome de Cristo e, a partir desse momento, sua vida jamais foi a mesma.

Talvez você esteja preso a uma rotina de angústia e cansaço há muito tempo. Contudo, Jesus sempre entra na nossa história para quebrar a rotina de dor e sofrimento. Ele deseja transformar a sua história!

Ore comigo

Eu te agradeço, Senhor, pelo teu poder transformador. O meu desejo é estar na tua presença dia após dia. Amém.

30
SETEMBRO

LEITURA BÍBLICA
2Coríntios 10:3-4

Vencendo as batalhas espirituais

A Bíblia é um livro que trata de guerras em diversos momentos. Isso se dá porque vivemos em guerra. Talvez você pense que essa realidade não se aplica à sua vida, mas a realidade dos cristãos é uma guerra espiritual constante. Nessa guerra, enfrentamos batalhas; algumas maiores, outras menores.

Para sermos vitoriosos, temos de nos apropriar dos recursos que temos a nosso dispor para enfrentar as batalhas da vida. O grande problema de muitas pessoas na vida espiritual é que elas não sabem como guerrear e, por isso, perdem batalhas, se amedrontam e chegam a pensar que Deus falhou com elas. Quando não sabemos guerrear, damos vantagem ao nosso inimigo, Satanás, e suas hostes.

Quem vive pela fé precisa ter certeza de que, apesar das circunstâncias, Deus tem poder para realizar e para vencer. Em Josué 6:1, lemos que a cidade de Jericó estava fechada, de modo que ninguém poderia entrar ou sair. Uma cidade fortificada, nunca antes conquistada. Para os homens, isso é um problema, uma barreira intransponível. Contudo, para Deus, nada é impossível. Mesmo diante de um cenário de impossibilidades, o povo de Deus foi vitorioso porque tinha consigo o Senhor dos Exércitos, o Todo-poderoso.

A nossa luta não é humana, mas espiritual, portanto, nossas armas também são espirituais. Assim como Deus realizou uma vitória sobrenatural em favor dos israelitas na conquista de Jericó, ele é quem nos capacita a vencer as batalhas que enfrentamos.

Ore comigo

Senhor, tu és o Deus invencível e poderoso para operar o sobrenatural. Que o teu Espírito me capacite a vencer as batalhas que enfrento a cada dia. Amém.

Dedique-se à oração,

à leitura **bíblica**

e **ao jejum**, as

disciplinas **espirituais**

do poder de **Deus**.

PATERNIDADE

OUTUBRO

Meu planejamento

Meta

Plano

Leitura bíblica do livro

Atividade em família

Refeição especial

Avaliação alimentar

Tempo de qualidade com amigos

Um filme/série

Um livro/*podcast*

Um médico a agendar

Nota da minha saúde emocional

Atividade física pelo menos três vezes por semana

Participação semanal na comunidade espiritual

Ingestão diária de água

Gestão das finanças pessoais

LEITURA BÍBLICA
Atos 19:5

01
OUTUBRO

Transformados pelo Espírito

O livro de Atos relata de maneira sobrenatural a obra da igreja, pela manifestação do poder do Espírito Santo. Paulo é um daqueles que foi alcançado pelo Senhor e capacitado pelo Espírito para a obra. O apóstolo foi enviado para outras regiões para pregar o evangelho e, por onde passava, era poderosamente usado por Deus.

Ao passar pela cidade de Éfeso, Paulo se encontrou com um grupo de discípulos que ouviram a mensagem de João Batista, mas não receberam o batismo do Espírito Santo e sequer sabiam a respeito dele. Aqueles que ouviam e criam na mensagem de João Batista se arrependiam, porém lhes faltava algo imprescindível: a transformação pelo poder do Espírito Santo.

Paulo sabia que aqueles homens não precisavam somente ouvir falar sobre a pessoa do Espírito Santo, mas também de uma experiência com ele. O que haviam vivido até então era muito bom, mas o apóstolo sabia que algo melhor os esperava. Deus queria que eles fossem cheios da sua presença na pessoa do Espírito Santo.

Aqueles homens estavam diante de alguém cuja vida havia sido poderosa e completamente transformada pelo poder sobrenatural do Espírito de Deus. Talvez Paulo tenha contado testemunhos, ou talvez eles vissem algo diferente nele, no entanto, o que quer que tenha sido, os doze homens decidiram que também queriam ser cheios do Espírito Santo. Da mesma forma, o Espírito produz coisas diferentes em nós e nos transforma para que possamos testemunhar o evangelho.

Ore comigo

Eu te agradeço, Deus, pela manifestação do teu Espírito, que me transforma conforme a tua vontade e me conduz a uma vida firmada na Palavra. Amém!

Nada oculto

A Palavra de Deus é clara em nos garantir que "não há nada oculto que não venha a ser revelado, e nada escondido que não venha a ser conhecido e trazido à luz" (Lucas 8:17). Amparados nessa verdade, é possível a certeza da ação daquele que julga retamente.

O conhecimento de quem Deus é nos leva a um lugar de descanso. Nada está oculto ao Deus que, em sua grandeza, observa atentamente a todos. Ora, se é a ele — e a ninguém mais — que pertence o julgamento, é muito justo que também os maus tenham suas intenções provadas.

Tal verdade deve gerar em nós um santo temor pois, como disse o apóstolo Paulo, não devemos julgar nada antes da hora devida, e ainda: "esperem até que o Senhor venha, pois, trará à luz o que está oculto nas trevas e manifestará as intenções dos corações. Nessa ocasião, cada um receberá de Deus a sua aprovação" (1Coríntios 4:5).

Para os que temem ao Senhor, esta não é uma verdade assustadora ou uma ameaça. Não devemos viver acuados, com medo de um Deus carrasco, mas amá-lo o suficiente para confiar que, muito embora não vejamos ou saibamos de tudo, ele vê e sabe. Não há nada oculto para Deus... nada!

Ore comigo

Senhor, meus olhos são incapazes de ver todas as coisas e minha mente é limitada para comportar todo o conhecimento. Tu, porém, és o Deus soberano e também nos ama. Obrigado por tal verdade! Em nome de Jesus, amém!

Crescimento espiritual e maturidade

Crescer e amadurecer deveria ser um processo natural. A maturidade espiritual exige esforço e dedicação. Paulo nos dá um exemplo de como passar por desafios e privações sem perder a fé. Ele aprendeu a viver contente em todas as situações, pois sua força vinha de Cristo e sua dependência estava em Deus. Nós somos chamados a crescer.

Infelizmente, muitos cristãos vivem em altos e baixos, movidos por qualquer vento de doutrina ou circunstância. Os espiritualmente imaturos são facilmente enganados, como crianças levadas por promessas vazias. No entanto, Deus nos chama a um relacionamento profundo com ele, fundado nos princípios básicos da fé: oração, leitura da Palavra, comunhão e serviço.

Você é uma árvore plantada junto a ribeiros de águas, profundamente enraizada em Cristo. Uma vida espiritual madura não é facilmente abalada por ventos de ideologias ou falsas doutrinas, porque seus fundamentos estão firmados em Deus. Ele tem grandes coisas para você, mas elas só serão alcançadas quando decidirmos avançar além do básico.

A maturidade não é algo que se alcança de forma automática, mas através de um esforço contínuo em buscar a Deus. Que possamos nos comprometer a crescer espiritualmente, a investir tempo na oração e no estudo das Escrituras, para que sejamos cristãos firmes e maduros, capazes de viver experiências profundas com Deus e de influenciar aqueles ao nosso redor. Como Paulo disse: “Sigamos em frente, alcançando a maturidade em Cristo”. Que este seja o nosso alvo.

Ore comigo

Senhor Deus, quero crescer e amadurecer para refletir a tua graça e o teu amor, e que minha vida glorifique o teu nome em todas as áreas. Amém.

LEITURA BÍBLICA
2Coríntios 11:30

Não viva de aparências

Com as redes sociais, as pessoas têm, cada vez mais, usado máscaras e filtros na tentativa de retratar uma vida perfeita. Muitos tentam mostrar que está tudo bem, ainda que o mundo ao seu redor esteja caindo. Contudo, ninguém vive de aparência por muito tempo.

Uma hora ou outra, é preciso ser sincero e vulnerável. Normalmente isso acontece quando as dificuldades chegam. Nos momentos difíceis, percebemos que precisamos de ajuda e nos deparamos com a nossa fraqueza e impotência. Se você quer viver um milagre em sua vida, é necessário parar de viver de aparências.

Encontramos na Palavra de Deus exemplos de pessoas que aparentavam ter uma vida boa e confortável, até que uma crise as atingiu e, pela fé, tiveram de ser vulneráveis. Foi isso que aconteceu com Naamã quando ele teve de buscar ajuda do profeta Eliseu para ser curado, segundo o conselho de uma garota israelita que trabalhava como escrava em sua casa (cf. 2Reis 5). Também vemos isso na história do oficial romano que implorou a Jesus que curasse seu servo (cf. Mateus 8).

Muitas vezes pensamos ter tudo sob controle, até as dificuldades nos provarem o contrário. Não somos tão fortes nem tão indestrutíveis quanto gostaríamos. Entretanto, isso deixa de ser um problema uma vez que entendemos que nossas dificuldades são oportunidades para que Deus nos aperfeiçoe, transforme o nosso caráter e nos ensine a depender dele em todas as circunstâncias.

Ore comigo

Senhor, não quero viver de aparências. Quero buscar tua presença com sinceridade e transparência, para que tu possas realizar a tua vontade. Em nome de Jesus, amém.

LEITURA BÍBLICA
Marcos 4:35-37

05
OUTUBRO

Em meio à tempestade

A leitura da Bíblia é eficaz para sabermos lidar com o que vivemos no dia a dia. Os Evangelhos, de maneira específica, nos permitem conhecer a vida e os ensinamentos de Jesus, o que os torna indispensáveis para a caminhada cristã saudável e frutífera.

A história de quando Jesus acalmou a tempestade é muito conhecida do Novo Testamento. Naquela ocasião, Jesus e seus discípulos entraram no barco ao anoitecer, após o Mestre ter passado o dia inteiro ensinando, em direção ao outro lado do lago. Então, os discípulos foram surpreendidos por fortes ventos e uma tempestade que chacoalhava o barco, deixando-os apavorados a ponto de temerem pela vida. Em meio a tudo isso, Jesus estava dormindo. Acordado pelos discípulos, ele se levantou e acalmou as águas e os ventos.

Essa narrativa nos ensina muito sobre o caráter de Jesus, mas também sobre as tempestades da vida. As tempestades mudam realidades; nada nem ninguém permanece igual. Contudo, diferentemente do que muitos pensam, elas não vêm para nos destruir, mas para nos moldar, fortalecer, ensinar e aumentar a nossa fé.

Algo que precisamos notar é que as tempestades vêm mesmo quando estamos na companhia de Jesus. Os dias difíceis chegam até para aqueles que andam com Cristo, mas o que diferencia o resultado é o lugar onde depositamos a nossa confiança. Se a nossa fé está em Jesus, a tempestade não trará destruição, mas ensinamento, encorajamento e preparação para viver o que ele reservou para nós.

Ore comigo

Senhor, mostra-te presente em meio às tempestades pelas quais eu passar e capacita-me a sair delas com mais fé e confiança em ti. Amém.

LEITURA BÍBLICA
1Pedro 1:15

Viver em santidade

Como um discípulo de Jesus deve viver? O estilo de vida do cristão deve ser de santidade no cotidiano.

Existem muitas definições de santidade. Talvez a mais comum seja a ideia de separação, isto é, ser separado para Deus. No entanto, o conceito vai muito além disso; o nosso Deus é santo, portanto, a santidade é o atributo que descreve a sua essência. Ele é diferente de tudo o que conhecemos.

Uma pessoa santa é, também, diferente deste mundo. Seus princípios, valores e desejos são moldados segundo aquele que nos gerou, o Deus santo. Quando o apóstolo Pedro escreveu, em sua carta, a respeito da vida de santidade para a qual somos chamados, ele iniciou tratando da esperança da vida eterna (1Pedro 1.3-12). Então, abordou o padrão que um dia Deus espera que alcancemos, bem como a maneira de alcançá-lo (v. 13-25).

Desse modo, até que possamos enfim desfrutar da vida eterna, temos de viver na expectativa dela, mas não somente isso. Deus espera que vivamos de maneira santa nesta terra, enquanto aguardamos o retorno do Senhor Jesus Cristo. A espera da segunda vinda de Jesus não deve ser passiva; somos incumbidos a viver em obediência a Deus, separados dos prazeres mundanos.

O nosso objetivo de vida nesta terra deve ser viver em santidade, “como é santo aquele que [nos] chamou” (v. 15), a fim de que alcancemos o padrão de vida que Deus determinou para o seu povo. Portanto, a essência dos cristãos deve ser a santidade.

Ore comigo

Santo Deus, eu te louvo por conhecer a tua essência por meio da tua Palavra. Santifica-me e conforma-me à tua vontade, em nome de Jesus. Amém.

Um passo de fé

Você já esteve no futuro? Se acha que sim, vamos enviá-lo para Hollywood! Ninguém jamais esteve no futuro, porque ele é desconhecido. Ninguém sabe o que está por vir. No entanto, Deus já está no nosso amanhã, conhece os nossos dias e tem um plano para cada um de nós. Para isso, precisamos ser conduzidos por Deus e dar passos de fé.

Muitas pessoas começam bem, mas se perdem no caminho porque deixam de ser conduzidas por Deus. No casamento, na criação dos filhos ou nos negócios, é fácil começar com entusiasmo, mas perder o rumo quando os desafios surgem. Quando nos afastamos da Bíblia, da oração e buscamos nossas próprias soluções, nos tornamos como um viajante perdido em um caminho desconhecido. Deus quer nos conduzir, sabe o caminho e quer nos guiar, mas precisamos segurar firme na sua mão.

Assim como Jesus chamou Pedro para andar sobre as águas, Deus frequentemente nos chama a dar passos de fé. Pedro saiu do barco e colocou o pé na água, certo que Jesus o sustentaria. Deus nos chama quando tudo parece estar contra nós. Nos momentos mais difíceis, nossa fé é testada.

Em Josué 3, Josué e Calebe sabiam o que Deus podia fazer, porque já tinham visto o Senhor abrir o mar Vermelho. Quando enfrentamos obstáculos, devemos nos lembrar do que Deus já fez no passado. Um Deus que abre mares certamente pode abrir rios. Ele quer que ajamos pela fé. O desafio é molhar o pé, mesmo quando parece que não há chão seguro à frente.

Ore comigo

Senhor, ajuda-me a confiar em ti e a dar passos de fé, mesmo quando o caminho parece incerto. Em nome de Jesus, Amém.

LEITURA BÍBLICA
Naum 1:7

Buscando a Deus em tempos difíceis

Quantas vezes nos sentimos incapazes de enfrentar os problemas que surgem em nossa vida? Podemos ter a sensação de que a situação é maior do que conseguimos lidar. De fato, se não estivermos ancorados no poder de Deus, não conseguiremos avançar. Nessas horas, devemos intensificar nossa busca por ele.

A vida pode ser repleta de altos e baixos. Nos tempos favoráveis, podemos nos acomodar, negligenciar a oração e a leitura da Palavra. Na luta, voltamos nosso coração a Deus, reconhecemos a necessidade de intervenção. Quando enfrentamos dificuldades, como o pai relatado que clamou por ajuda para seu filho oprimido (Marcos 9), precisamos nos lembrar que Deus não nos chamou para desistir. Deus nos convida a prosseguir, a orar e nos consagrar mais. Em Lucas 9:42-43, quando tudo parecia perdido, Jesus trouxe cura e restauração.

Talvez você tenha enfrentado momentos de impotência. Nesses momentos, somos desafiados a crer que, ao buscar a Deus intensamente, experimentaremos sua grandeza. A oração e a consagração são instrumentos poderosos que nos ajudam a superar os desafios.

O que parecia um fracasso aos olhos dos discípulos tornou-se uma demonstração grandiosa do poder de Deus. E assim será em nossa vida, se decidirmos não recuar, mas intensificar nossa fé, oração e consagração. Não desista! Busque mais ao Senhor, pois ele transformará o cenário de frustração em um de vitória.

Ore comigo

Senhor, eu te agradeço por seres meu refúgio. Que eu veja tua glória se manifestar na minha vida. Em nome de Jesus, amém.

LEITURA BÍBLICA
João 11:39

09
OUTUBRO

Exalando o bom perfume de Cristo

Todos nós exalamos algum tipo de cheiro, seja ele bom, seja ruim. Paulo nos ensina que os cristãos devem exalar o "bom perfume de Cristo".

Perfumes têm diferentes composições e odores, nossas palavras e atitudes também. Há palavras que trazem vida; outras, morte. O que define o aroma é a composição da vida: atitudes, pensamentos e relacionamento com Deus. Se estamos mortos no pecado, nosso cheiro é desagradável. Quando nascemos de novo em Cristo, exalamos perfume de vida.

Quando exalamos uma vida santa, palavras de amor, atitudes de misericórdia, algumas pessoas podem se sentir desconfortáveis, pois o "cheiro de morte" surgirá delas mesmas.

Precisamos ser um reflexo do bom perfume de Cristo, transformando o ambiente e as pessoas ao nosso redor. Se alguém exala um mau cheiro — fruto do pecado, da dor, da amargura —, que a nossa presença e o nosso testemunho possam ajudar a transformar esse odor em um perfume agradável a Deus.

Pergunte a si mesmo: "Que tipo de cheiro tenho exalado? Minhas palavras e ações têm sido um perfume agradável que glorifica a Deus, ou permito que o pecado e as influências negativas contaminem minha fragrância espiritual?" Jesus nos dá um exemplo claro quando traz Lázaro de volta à vida, mesmo quando já estava "cheirando mal". O Senhor é capaz de transformar o mau cheiro em aroma de vida!!

Ore comigo

Senhor, ajuda-me a exalar o bom perfume de Cristo em minha vida. Purifica-me de tudo o que é desagradável aos teus olhos. Em nome de Jesus, amém.

LEITURA BÍBLICA
Tiago 1:2-3

Provação que leva ao aperfeiçoamento

As histórias de superação talvez sejam as mais celebradas. Gostamos de ouvir relatos encorajadores de pessoas que passaram por adversidades e foram capazes de sair delas mais fortes.

A Bíblia está repleta de histórias assim. Homens e mulheres tinham tudo para desistir, porém aprenderam a viver pela fé, amadureceram, cresceram, descobriram como se relacionar com Deus de outra forma e se tornaram referências.

De igual modo, todos superamos dificuldade, e elas nos mostram que a graça de Deus é o que nos sustenta em meio às tribulações. Nossas experiências nos moldam, transformam e capacitam a passar por outros desafios.

Na caminhada de fé, quando passamos por tribulações e as superamos, saímos delas mais maduros, firmes e aperfeiçoados na fé. Quando uma pessoa imatura na fé passa por uma provação, ela tem mais chances de desistir do que aqueles que tem mais experiência e conhecem a graça sustentadora de Deus.

Precisamos caminhar com a convicção de que o Senhor tem poder para transformar situações de dificuldade em triunfo e aperfeiçoamento para a nossa vida. Deus usa a nossa experiência para gerar amadurecimento e testemunho para que outras pessoas sejam encorajadas. Em vez de sermos vítimas, tornamo-nos exemplos de fé. Não importa quais sejam as provações externas ou tentações internas, por meio de Cristo Jesus, podemos experimentar uma vida vitoriosa.

Ore comigo

Eu te agradeço, Senhor Deus, pela tua Palavra, que me traz encorajamento e direcionamento nos momentos de dificuldade. Amém.

LEITURA BÍBLICA
Filipenses 4:8

11
OUTUBRO

O que ocupa a sua mente?

Há um ditado bastante conhecido pela liderança cristã, que afirma que a atitude de um indivíduo afeta sua altitude. Isto é, a maneira como alguém se posiciona define como será sua vida; os pensamentos determinam os sentimentos. A epístola de Paulo aos filipenses, escrita quando o apóstolo estava preso, relata a conduta de Paulo num cenário adverso para encorajar outros cristãos.

O livro de Filipenses orienta os leitores a terem a perspectiva correta em face dos acontecimentos da vida. As palavras "pensar" e "lembrar" são utilizadas com frequência para enfatizar o que deve ocupar o pensamento dos cristãos. Ao final da carta, no capítulo 4, ele reforça: "[...] pensem em tudo o que for verdadeiro, tudo o que for digno de respeito, tudo o que for justo, tudo o que for puro, tudo o que for amável, tudo o que for de boa fama, em tudo o que houver alguma virtude ou algo de louvor".

Preso e acorrentado, os olhos físicos de Paulo não podiam vislumbrar uma perspectiva de melhora imediata. Contudo, ele podia intencionalmente elevar seus olhos espirituais e seu pensamento para aquilo que Jesus Cristo lhe prometera.

Talvez hoje você esteja preso a uma situação difícil e seus pensamentos estejam mais inclinados a ceder às circunstâncias. Contudo, assim como Paulo, seja intencional em dirigir sua mente às promessas do Senhor para a sua vida.

Ore comigo

Meu Deus, ajuda-me a lembrar da tua fidelidade e do teu amor na dificuldade. Capacita-me a conduzir a minha mente ao que vem de ti, em nome de Jesus, amém.

LEITURA BÍBLICA
Juízes 6:15

Em Deus você é grande

A sensação de inferioridade é uma barreira que impede muitos de viverem o propósito de Deus para a sua vida. Quando o anjo do Senhor se apresentou a Gideão (cf. Juízes 6) e o chamou de "poderoso guerreiro", ele imediatamente se desculpou e mencionou suas limitações, pois era o menor de sua família e seu clã era o menos importante. Isso apenas revela que um coração cheio de dúvidas sobre si mesmo traz uma visão distorcida de nosso valor.

Mesmo diante do chamado de Deus, Gideão não acreditava ser capaz. E conosco é diferente? Quantas vezes deixamos de agir por acreditar que não temos habilidade, força ou valor suficientes para vencer o que está à nossa frente? Deus, porém, não nos vê assim. Ele vê além das nossas limitações e nos capacita conforme a sua vontade.

Quando aceitamos o valor que o Senhor nos dá e entendemos sua visão sobre quem somos, deixamos de viver presos a comparações e começamos a nos enxergar através dos olhos do nosso Criador. Ele não nos chamou para sermos inferiores, mas para sermos seus filhos, embaixadores de seu reino. Deus sabe das nossas fraquezas, e mesmo assim escolhe agir por meio de nós.

Seja qual for a visão que temos de nós mesmos, o Senhor nos chama para enxergar além. Devemos, portanto, viver conforme a identidade que ele nos deu. Nossa força está em Cristo, que vê em nós potencial e nos capacita para vivermos seu propósito.

Ore comigo

Pai, ajuda-me a vencer o sentimento de inferioridade e a aceitar a identidade que o Senhor me deu. Capacita-me a ser corajoso e a ter plena confiança em ti. Em nome de Jesus, amém.

LEITURA BÍBLICA
Jeremias 32:17

13
OUTUBRO

Deus pode todas as coisas

Todos passamos por dificuldades. Por mais que tenhamos de ser prudentes e evitar situações que nos coloquem em perigo, seja físico, emocional ou espiritual, há situações que simplesmente não podem ser evitadas. Nesses casos, é importante que saibamos passar por essas circunstâncias com a atitude e o pensamento certos.

Deus permite que passemos por certas dificuldades para que aprendamos e possamos amadurecer. Quando a nossa fé é provada, ele trabalha em nós para que sejamos mais pacientes, fortes, obedientes, justos e agradecidos. Existe um propósito para tudo na nossa vida, inclusive para as dificuldades.

Não podemos, entretanto, permanecer nas situações difíceis. Elas devem ser para nós um lugar de passagem, de transição, de aprendizado, mas não de permanência. Muitas pessoas se veem em um beco sem saída e desistem, quando, na verdade, o Deus que tem poder para derrubar muralhas e mover montanhas deseja que elas vejam a manifestação de seu poder de maneiras sobrenaturais. Deus não precisa diminuir o problema para demonstrar sua grandeza.

A situação que pode parecer, para você, uma impossibilidade é uma oportunidade para que o poder de Deus se manifeste. Portanto, concentre-se em ver a revelação do caráter e do poder de Deus na sua vida e em ser moldado por ele por meio das circunstâncias que ele usa para fazê-lo crescer na fé.

Ore comigo

Meu Deus, muda a minha perspectiva e ajuda-me a focar no teu poder e no que desejas me ensinar. Que o teu nome seja glorificado em minha vida e por intermédio dela. Amém!

LEITURA BÍBLICA
Salmos 23:4

Você não está sozinho

Muitas vezes, diante das adversidades, temos a sensação de estar sozinhos. A solidão gera amargura, dor, desolação e nos faz questionar se Deus se importa conosco. Precisamos nos livrar dessa armadilha do Inimigo, pois é o que ele quer que pensemos. Satanás quer que duvidemos do amor, da fidelidade e do cuidado do Senhor. Precisamos recorrer à certeza revelada na Palavra.

Diversos textos bíblicos nos asseguram de que não estamos sós, pois Deus está conosco. O próprio Deus, na pessoa de Jesus Cristo, afirmou: "[...] E eu estarei sempre com vocês, até o fim dos tempos" (Mateus 29:20). A presença de Deus conosco é garantia para todo aquele que aceita Jesus como seu Senhor e Salvador. A partir do momento de nossa conversão, nunca mais precisamos passar por nada sozinhos, pois Deus está conosco.

Temos de nos apegar às Escrituras em todos os momentos, em especial quando passamos por dificuldades. A certeza da presença de Deus conosco nos consola e encoraja. O próprio Deus disse: "Sejam fortes e corajosos. Não tenham medo nem fiquem apavorados [...], pois o Senhor, o seu Deus, vai com vocês; nunca os deixará nem os abandonará" (Deuteronômio 31:6).

Portanto, não importa onde você esteja hoje, Deus está com você. Quando passar pelos vales, Deus estará com você. Quando a sua alma estiver aflita e a sua mente estiver confusa, Deus estará com você. Nesta longa estrada da vida, Deus está com você em todo tempo. Ele prometeu jamais nos deixar ou abandonar. Deus é conosco.

Ore comigo

Senhor, ajuda-me a perceber que estás comigo em todas as situações. Essa é minha oração, em nome de Jesus. Amém!

LEITURA BÍBLICA
Êxodo 1:2

15
OUTUBRO

Crescendo na adversidade

A vida nos ensina que a adversidade pode esconder oportunidades para crescermos e fortalecermos nossa fé. Em Êxodo, após a morte de José, um novo rei que nada sabia sobre José e a história de Israel subiu ao trono. Com isso, começou a temer o crescimento da nação israelita e tentou oprimi-los de todas as formas. Contudo, quanto mais afligia o povo de Israel, mais eles cresciam. Isso mostra que Deus estava ao lado de seu povo mesmo em meio às adversidades.

Assim como os israelitas, nós também enfrentamos momentos em que a opressão parece sufocar nossa esperança. Talvez você esteja passando por um período de dificuldades no trabalho, na família ou na saúde. Nessas horas, devemos lembrar que Deus está no controle. Ele vê as suas lutas c, assim como fez com Israel, pode transformar a adversidade em crescimento.

Romanos 5:3-5 nos lembra que a tribulação produz perseverança, caráter aprovado e esperança. Os momentos de luta e adversidades nos fazem mais fortes em nossa caminhada com Deus. O segredo está em permanecer firmes, na confiança de que Deus está trabalhando, mesmo quando as circunstâncias parecem contrárias.

Se mantivermos os olhos fixos em Deus, ele nos fará multiplicar em todas as áreas de nossa vida, no amor, na fé ou na coragem. Que possamos aprender com o exemplo do povo de Israel e nos fortalecermos em tempos de provação, sabendo que o Senhor está sempre a nosso favor.

Ore comigo

Senhor, ajuda-me a confiar em ti quando as lutas parecerem grandes demais, pois tu estás no controle e trabalhas em meu favor. Em nome de Jesus, amém.

16
OUTUBRO

LEITURA BÍBLICA
Lucas 3:11

Mão estendida

Cada vez mais, temos visto as pessoas se tornarem gananciosas, arrogantes e egoístas. Enquanto uns acumulam bens e ostentam suas posses como se seu valor estivesse nelas, outros sofrem com a fome, a sede e a a miséria.

Nesse cenário tão desigual, o nosso papel permanece o mesmo: amar a Deus sobre todas as coisas e amar o próximo como a nós mesmos (cf. Mateus 22:37). Se amarmos a Deus de todo nosso coração, nada nem ninguém tomará o lugar dele em nossa vida. Não seremos atraídos e governados pelo dinheiro, pela fama ou pelos prazeres deste mundo. Se amarmos o próximo como a nós mesmos, estenderemos a nossa mão para ajudar os necessitados, cuidaremos dos rejeitados e demonstraremos que viemos a esta terra para fazer a diferença, para ser sal e luz.

Deus quer usar a sua vida para ser um proclamador da esperança em meio à desolação. Ele quer que você seja luz na escuridão. Não desperdice a sua vida tentando ser como as outras pessoas, sempre em busca de mais riquezas e luxos. Olhe para o necessitado. Ande pelas ruas atento àqueles que carecem de atenção, de uma palavra de esperança. Estenda a mão ao próximo.

Evangelho é mão estendida, não é mão recolhida. O evangelho deve ser pregado com palavras, mas ele precisa ser, antes de tudo, vivido. Você precisa abraçar o aflito e o oprimido. Você não veio a este mundo para fechar a porta para ninguém, e sim para abri-la.

Ore comigo

Meu Deus, dá-me um coração generoso e sensível às necessidades do próximo. Que eu possa brilhar a tua luz e anunciar tua esperança. Amém.

LEITURA BÍBLICA
1Pedro 5:7

17
OUTUBRO

Ele cuida de vocês

Gostamos de estar no controle. Alguns jogos nos permitem criar cenários e personagens ou decidir a sequência dos fatos, materiais e ferramentas para organizar a rotina. Essas e uma série de outras coisas nos dão a falsa sensação de controle. Então, surge uma situação imprevisível, e essa sensação desmorona perante nossa impotência.

Quando as coisas não saem conforme nossos planos e desejos, sentimo-nos frustrados, angustiados. Surgem preocupações e inseguranças sufocantes. No entanto, as situações que parecem fora de controle na verdade nunca estiveram sob nosso controle. Podemos nos organizar, mas não determinar nossa vida. Não podemos prever os acontecimentos nem sequer o amanhã.

Temos de lançar sobre o Senhor ansiedades, preocupações, inseguranças, dúvidas e medos, porque ele cuida de nós. Não sabemos como será o futuro, mas podemos confiar que Deus sabe e que os planos dele são de nos fazer prosperar, não de causar dano, planos de nos dar esperança e um futuro (cf. Jeremias 29:11).

Portanto, largue esse apego pelo controle. Deixe para trás o engano de que você está no comando e entregue o governo da sua vida nas mãos do Senhor. Por mais que certas coisas não façam sentido no momento, confie no que a Bíblia diz: "[...] todas as coisas cooperam para o bem de todos aqueles que amam a Deus, dos que foram chamados de acordo com o seu propósito" (Romanos 8:28).

Ore comigo

Senhor, eu entrego nas tuas mãos o controle da minha vida. Coloco diante de ti os meus medos e angústias, pois sei que tens cuidado de mim. Amém.

LEITURA BÍBLICA
Marcos 8:22

Uma ponte para o milagre

Certa vez, em Betsaida, algumas pessoas trouxeram um homem cego até Jesus, fazendo-lhe um pedido que mudaria a história dele. Depois de conduzi-lo para fora do povoado, Jesus, sem qualquer dificuldade ou impedimento, operou um milagre, devolvendo ao homem a perfeita capacidade de enxergar. Antes de ter um encontro com Cristo, aquele homem não tinha qualquer perspectiva de futuro, pois a cegueira o excluía completamente da sociedade.

A história do cego de Betsaida traz um alerta importante para todos nós: Jesus é acessível e faz milagres, mas precisa ser apresentado às pessoas, e esse é justamente o nosso papel enquanto igreja. Deus espera que cada um de nós leve as pessoas a Jesus para que os milagres continuem acontecendo. Aquelas pessoas tiveram a iniciativa de levar o homem cego porque certamente já haviam testemunhado os milagres de Jesus. Como é bom poder contar para os outros o que Jesus fez em sua vida e ter a oportunidade de levá-los a conhecer Jesus também. Não existe nada melhor que você possa fazer na vida de uma pessoa do que falar do Senhor para ela.

Você não precisa se preocupar em converter alguém, pois essa não é sua missão. Isso é obra do Espírito Santo. Nossa responsabilidade é levar pessoas até Jesus e deixar que ele mesmo termine a obra. Lembre-se, você é a ponte que leva alguém necessitado até o milagre. Que glorioso poder ser um canal de milagres usado por Deus para abençoar as pessoas!

Ore comigo

Obrigado, Senhor, por me chamar para ser uma ponte para o teu milagre. Ajuda-me a cumprir o meu chamado. Amém.

LEITURA BÍBLICA
Salmos 139:23

19
OUTUBRO

Jornada da fé

A vida real é feita de altos e baixos. Não são raras as vezes em que nos encontramos em cenários de impossibilidades, onde o tempo vai passando e as circunstâncias não nos favorecem; ou, pior, parece que nunca chegam ao fim.

Deus, constantemente, nos convida a crer no impossível. A jornada com ele não possui garantias palpáveis, antes, falam de coisas eternas e que não se podem ver. Porém, o Senhor sabe como nos consolar, e, junto com o desafio, vem também uma palavra de renovo e esperança, como uma brisa que acalma ou como o gás que precisamos para nos manter firmes e voltar a caminhar.

Deus nos sonda e nos conhece. Ele sabe exatamente como está o seu coração neste momento. Conforme lemos no versículo de hoje, todas as nossas inquietações lhe são conhecidas e ele sabe exatamente em que ponto da jornada estamos. Todas as adversidades no caminho não são para nos matar, mas para nos fortalecer, a fim de que alcancemos a linha de chegada.

Assim como Abraão, hoje o Senhor nos convida a ir a uma terra que ele ainda nos mostrará e espera que confiemos nele o suficiente para crer que, seja no vale ou no cume, sua presença não faltará. O Deus que move montanhas também caminha por elas, nos dando o chão, guiando, suprindo e, até mesmo, carregando no colo, se preciso for.

Ore comigo

**Pai Eterno, tua Palavra me consola ao dizer que, seja no vale seja nas montanhas, comigo tu estás. Ajuda-me a manter-me firme, para que sejas glorificado.
Em nome de Jesus, amém!**

LEITURA BÍBLICA
1João 4:18

Antídoto

Desde que o homem foi criado e o pecado entrou no mundo, lidamos com os mesmos problemas. Por isso, não é tão difícil nos identificarmos com as histórias dos homens e mulheres da Bíblia que, nas mais diversas situações, sentiram medo. Sabemos que, mesmo comuns, viveram e realizaram grandes feitos com Deus, mas também sabemos que, antes, o fator medo precisou ser vencido.

Deus sabe do quê e quando sentimos medo. Esse sentimento paralisante pode estar ligado ao passado, ao presente ou ao futuro, e é o responsável por impedir tantos de avançar. De maneira nenhuma tal sentimento será menosprezado, pois, sim, na maioria das vezes ele tem causas plausíveis e inquestionáveis.

Porém, mais confiável que a causa dos nossos medos é a Palavra de Deus. Estudos já comprovaram que na Bíblia está escrito a frase "Não temas" 366 vezes, e gosto de pensar que se trata de um lembrete para cada dia do ano. Conforme lemos no versículo do dia, o verdadeiro amor é o antídoto para esse sentimento que nos aprisiona, isso porque Deus é o próprio amor (1João 4:8).

Hoje o Senhor convida você a se entregar a esse amor verdadeiro, que lança fora todo o medo, nos protege e não desiste. Se ele cuida dos pássaros e das flores, quanto mais vale para ele cada um de nós (Mateus 6:26-34)! Deus é o nosso escudo intransponível, pelo qual estamos seguros e bem guardados. Jamais duvide disso!

Ore comigo

Senhor, obrigado por teu amor fiel e tua palavra que me garante segurança, provisão e proteção. Em tuas mãos entrego tudo o que tenho e sou. Amém!

Não desista

Igreja é mais do que um lugar físico; é um espaço de fortalecimento, encorajamento e renovação. Quando nos reunimos, o Espírito Santo passeia entre nós, toca cada coração, renova forças. Muitas vezes, saímos de um culto consolados, encorajados e prontos para enfrentar desafios. Isso acontece porque Deus está presente na reunião dos fiéis, enchendo-nos de esperança e motivação.

Todos nós passamos por momentos em que pensamos em desistir, seja nas pequenas lutas do dia a dia ou nos grandes desafios da vida. Mas é importante lembrar que Deus tem promessas para nossa vida e que a nossa caminhada de fé é necessária para alcançar essas bênçãos. O apóstolo Paulo nos ensina a continuar avançando, olhando para frente, confiando que há uma recompensa prometida àqueles que permanecem firmes.

Precisamos de incentivo, e a igreja é o lugar onde encontramos esse apoio. Assim como uma torcida que empurra seu time para a vitória, a comunhão dos santos nos ajuda a perseverar. Hebreus 12 nos lembra que estamos rodeados por uma grande nuvem de testemunhas, aqueles que já correram essa corrida e venceram. Isso nos encoraja a continuar firmes, sabendo que há uma promessa à nossa espera.

Seja qual for a luta que você esteja enfrentando hoje, lembre-se: há uma promessa de Deus para você. Assim como atletas que não olham para trás, mas para o prêmio à frente, prossigamos com fé, confiando que o melhor de Deus ainda está por vir.

Ore comigo

Senhor, ajuda-me a perseverar nas tuas promessas. Que eu continue firme na tua vontade, sabendo que o melhor está por vir. Em nome de Jesus, amém.

Recompensa

Deus nunca nos escondeu que haveriam recompensas ao seu povo. Contudo é necessário que aquele que se aproxima do Senhor creia que ele existe e que é galardoador dos que o buscam. Galardoar é presentear, compensar, conferir prêmio a quem merece e, apesar de não merecermos nada, é isso que Deus nos garante se o agradarmos mediante a fé.

Há recompensa na sua fidelidade! Deus está vendo que você se recusa a desistir e recuar, por isso, não pense que alguma coisa está escondida aos olhos do Senhor. Em sua Palavra temos a garantia de que "Nada em toda a criação está oculto aos olhos de Deus. Tudo está descoberto e exposto diante dos olhos daquele a quem havemos de prestar contas" (Hebreus 4:13).

Somos chamados a agradar a Deus com a nossa fé, a nos aproximarmos crendo que é dele a última palavra. Por mais contrária que seja a situação pela qual você esteja passando, vale a pena se manter fiel e constante; não desistir daquilo que ele já disse que faria.

O Senhor é digno de confiança. Sua palavra é a verdade e ele permanece desde a eternidade. Não será vã a caminhada na fé, em que deixamos de lado nossos planos e projetos para seguir naquilo que o Senhor decidiu para nossas vidas. Em seu livro, todos os nossos dias foram determinados, antes de qualquer deles existir (Salmos 139:16), e estes são dias de recompensa para aqueles que creem.

Ore comigo

Senhor, me perdoe por tentar fazer as coisas do meu jeito. Que eu possa permanecer com as tuas promessas e esperar confiante em ti. Em nome de Jesus, amém!

Aptos

Tudo na vida espiritual passa por um processo, e é lindo ver como as Escrituras apresentam os processos de Deus. Assim como na vida natural, na qual avançamos de fase em fase, se quisermos viver a plenitude daquilo que Deus tem para nós, devemos respeitar cada um deles.

Os processos não só preparam, eles também nos tratam. É por meio deles que somos condicionados a uma nova realidade até então desconhecida. Uma criança recém-nascida não sai do leite comendo qualquer tipo de alimento, tampouco sai do colo de sua mãe correndo. Há todo um processo envolvido, etapas a serem cumpridas e vencidas.

Em nossa caminhada cristã devemos ter esse entendimento. Estamos sendo preparados, equipados, forjados a cada desafio que nos é apresentado. Assim como uma criança, vamos amadurecendo em meio aos processos e conquistando novos postos e níveis. É por isso que a Palavra nos fala da diferença entre crianças e adultos, no tocante à fé. Crianças na fé não tem experiência, já os adultos estão aptos para discernir tanto o bem quanto o mal.

Hoje somos chamados a esse lugar de maturidade, no qual, uma vez aprovados pelos processos da jornada, passamos a nos alimentar de alimentos sólidos e não mais do leite destinado às crianças. É tempo de fortalecer-se no Senhor, suportar os processos e avançar em Deus!

Ore comigo

Senhor Deus, reconheço minha imaturidade na fé. Obrigado pelos processos necessários para que eu cresça e avance. Ajuda-me, em nome de Jesus, amém!

LEITURA BÍBLICA
1João 4:4

O princípio da resistência cristã

Muitas pessoas se tornaram alvo constante dos ataques do Diabo porque não resistem a ele. A Bíblia nos instrui a não recuar diante do Inimigo, pois a vida cristã triunfante não é compatível com uma postura acuada. Não há outra maneira de sermos vitoriosos; é preciso, antes de tudo, resistir!

"Resistência" é um termo de origem militar, mas, no contexto da vida cristã, refere-se a não ceder espaço para o Inimigo. Talvez seja difícil resistir ao Diabo, porém saiba que Deus já lhe conferiu essa capacidade ao torná-lo totalmente dele. Você é de Deus, e por isso o Inimigo não tem autoridade sobre a sua vida, sua família, seu trabalho e nem sobre a sua comunhão com o Pai. Resistir é simplesmente se levantar e lutar, em vez de fugir.

Embora a Bíblia nos diga que temos que fugir da aparência do mal, isso não significa que devemos fugir do Diabo. O melhor exemplo disso é a ocasião em que Jesus foi conduzido ao deserto para ser tentado por seu adversário. Acaso Jesus fugiu? Não. Pelo contrário, ele resistiu, lançando contra o inimigo a arma contra a qual o Diabo não tem a menor chance: a Palavra de Deus. Com seu exemplo, Jesus nos ensina a contra-atacarmos o inimigo com as verdades bíblicas e, assim, sairmos vitoriosos da batalha.

Não ceda seu território ao Diabo! Lembre-se de que aquele que está em você é maior do que aquele que está no mundo. Você já tem todas as armas necessárias para resistir ao mal de uma vez por todas. Tome posse dessa promessa e firme-se nela!

Ore comigo

Senhor Deus, fortalece-me com tua Palavra e ajuda-me a resistir aos ataques do Inimigo com armas espirituais. Em nome de Jesus, eu oro. Amém.

LEITURA BÍBLICA
Filipenses 4:11-13

25
OUTUBRO

Tudo posso!

Para cada etapa da nossa vida há uma palavra e uma direção de Deus. O que nos trouxe até aqui já não servirá para a nova estação; para o amanhã precisaremos de uma palavra hoje, por isso a importância de estar firmado no Senhor todos os dias.

Deus é infinito, assim como os seus direcionamentos e auxílio para enfrentar os desafios da vida. No texto de reflexão do dia, vemos o apóstolo Paulo relatar diversos momentos, bons e ruins, de abundância ou escassez dizendo que, em tudo, encontrou o contentamento.

Parece paradoxal pensar que, passando pelas adversidades que Paulo passou, seja possível alguém alegar contentamento. Mas a verdade é que, diferente de felicidade, que visa um estado de espírito temporário e influenciado por fatores externos, o contentamento é uma sensação de realização que vem de dentro, no caso, o resultado da nossa fé.

Por certo, não conseguimos chegar a esse entendimento sozinhos. Precisamos do Espírito Santo para compreender que é possível viver contente em toda e qualquer situação, mesmo na falta ou em circunstâncias adversas. A verdade é que precisamos apenas de uma coisa: Cristo! É ele quem nos fortalece, e é nessa força que Paulo declara que tudo pode.

Ainda hoje, eu e você podemos dizer que somos fortalecidos. Ao contrário do que o mundo entende por contentamento, o nosso advém de em um só lugar: Cristo Jesus, nosso Senhor.

Ore comigo

Senhor, meu contentamento está apenas em ti. Estou certo de que tudo posso naquele que me fortalece. Em nome de Jesus, amém!

LEITURA BÍBLICA
Salmos 27:1

Temer por quê?

O medo é uma emoção natural e comum a todos. Enfrentar o desconhecido ou lidar com incertezas pode despertar em nós muita insegurança. No entanto, quando permitimos que o medo controle nossas ações e pensamentos, isso pode nos paralisar e nos impedir de viver plenamente os planos de Deus para nós.

Em 2Timóteo 1:7, Paulo deixa bem claro que Deus não nos deu um espírito de medo ou covardia. Ao contrário, ele nos capacitou com poder, amor e domínio próprio. Isso significa que, mesmo diante de situações que possam parecer impossíveis de resolver, temos em nós o Espírito Santo, que nos fortalece e nos encoraja a seguir em frente. Vencer o medo não é ignorar os desafios, mas escolher confiar que Deus é maior do que qualquer problema.

Muitas vezes, o medo nos faz focar no que pode dar errado, nas nossas limitações ou fraquezas. Contudo, o Senhor nos convida a colocar nossa confiança nele. Ele é a nossa força, aquele que nos sustenta e que prometeu estar ao nosso lado em cada passo de nossa vida.

Vencer o medo é entender que não estamos sozinhos. Deus nos concedeu amor e a oportunidade para vencermos qualquer batalha com domínio próprio. Isso nos ajuda a manter a calma e a buscar sabedoria. Assim, vivemos uma caminhada de crescimento espiritual, na qual aprendemos a confiar cada vez mais em Deus e a deixar que a sua paz inunde nosso coração, mesmo nas circunstâncias mais incertas. Por isso, não devemos temer, pois o Senhor está conosco.

Ore comigo

Senhor, dá-me coragem para enfrentar qualquer problema com confiança em ti, pois sei que estás ao meu lado. Em nome de Jesus, amém.

LEITURA BÍBLICA
Lucas 7:14-15

27
OUTUBRO

Quebra de protocolo

Segundo a tradição judaica, não era permitido se aproximar de cadáveres, pois eram impuros, e todo aquele que o fizesse também se tornaria impuro. Desse modo, em um velório, não importava quão próximo fosse o falecido, seus entes queridos não podiam tocar nele, chorar sobre o corpo ou se despedir, algo tão comum na cultura contemporânea.

Todavia, em uma narrativa tocante, lemos que Jesus quebrou esse protocolo para um bem maior. No contexto de morte que encontramos em Lucas 7:11-17, um toque de Jesus traz vida, cura e transformação. Para surpresa da multidão ao redor, Jesus tocou no caixão do jovem que estava sendo sepultado e ordenou que ele se levantasse.

É possível que os presentes tenham se entreolhado, em espanto, confusão e talvez até indignação. No entanto, naquele funeral, Jesus mostrou quem ele é e revelou seu poder sobrenatural. O jovem se levantou conforme a ordem que recebera. Então, aquele velório se transformou em festa. A mãe enlutada teve seu único filho de volta. Os espectadores viram algo inimaginável, inexplicável. Aquele jovem se tornou testemunha de uma grandiosa história que testifica o poder e a glória de Jesus Cristo, o Deus Filho.

Quando Jesus entra na nossa realidade, ele transforma paradigmas e quebra os protocolos que forem necessários, porque o que realmente importa é que saibamos quem ele é e o que pode fazer. O Senhor é capaz de transformar a escuridão em luz, a morte em vida e o pranto em alegria.

Ore comigo

Senhor, eu te louvo, pois tu realizas o sobrenatural, intervéns em nossa realidade e transformas a dor em alegria. Bendito seja o teu nome, amém!

LEITURA BÍBLICA
Oséias 11:4

Laços de amor

Muitos relacionamentos baseados em imposição são prejudiciais. Ninguém gosta de ser obrigado a fazer algo, quanto mais se relacionar com alguém por obrigação. Os relacionamentos saudáveis, de todas as naturezas, dependem de amor, confiança, respeito e interesse mútuos.

Existe uma verdade muito bela na forma como Deus se relaciona conosco. O nosso Deus não nos obriga a fazer nada; ele nos atrai por amor. Deus deseja que o desejemos. Ele quer que a nossa decisão de segui-lo seja uma escolha feita por amor, e não algo que nos é imposto. Deus não nos acorrenta ou aprisiona; pelo contrário, ele nos conduz "com vínculos humanos e com laços de amor" (Oseias 11:4a).

Algumas pessoas têm uma imagem incorreta de Deus como alguém que obriga, manda e controla, mas essa não é a essência dele. Quem pensa que se relacionar com Deus é um dever ainda não conheceu o caráter dele. O pecado, sim, nos aprisiona e nos mantém reféns. Contudo, pelo sacrifício de Jesus no Calvário, fomos libertos da escravidão do pecado e recebemos o direito de desfrutar da liberdade que existe somente em Cristo.

O nosso relacionamento com Deus é uma resposta voluntária ao seu amor e à sua graça derramados por nós na cruz por intermédio de seu Filho. Da mesma maneira, não obedecemos aos seus mandamentos porque estamos sob o jugo do legalismo, e sim porque o amamos, e no amor está a obediência, o respeito, a confiança.

Ore comigo

Amado Deus, eu te agradeço pelo doce privilégio de te seguir e de conhecer o teu amor a cada dia. Amém!

O equilíbrio indispensável à vida cristã

Quando começamos a andar de bicicleta, contamos com rodinhas para nos ajudar a manter o equilíbrio. À medida que ganhamos confiança, as rodinhas são removidas e aprendemos a pedalar livremente. Da mesma forma, na vida cristã, o segredo para uma caminhada triunfante está em desenvolver o equilíbrio para andar em Cristo sem oscilar.

Certos dias, talvez você se sinta profundamente conectado às coisas de Deus. Outros dias, distrações, preocupações e tentações parecem afastá-lo dessa proximidade. Pode ser que, em sua vida emocional, você oscile entre a euforia e desânimo, ou que suas atitudes alternem entre entusiasmo e apatia. Essas oscilações, embora comuns, revelam a necessidade de equilíbrio.

Você pode encontrar equilíbrio na Palavra de Deus, pois ali há o apoio necessário para um caminho estável em Cristo. Na vida cristã, a Bíblia é o trilho que equilibra e modera nossos passos. Ela mantém nosso coração centrado para que não desviemos nem para esquerda nem para direita no caminho para o céu. O equilíbrio que vem de Cristo nos ajuda a lidar com os altos e baixos da vida com sabedoria e moderação.

Hoje, pergunte a si mesmo quais áreas da sua vida estão fora de controle, oscilando entre extremos. Seja na vida espiritual ou em qualquer outra área, peça a Cristo que, pela sua Palavra, traga equilíbrio, moderação e constância para a sua vida, para que você possa caminhar de forma firme e estável com ele todos os dias.

Ore comigo

Senhor, que a tua Palavra seja o meu alicerce e fonte do equilíbrio necessário para vencer as oscilações da vida. Amém.

30
OUTUBRO

LEITURA BÍBLICA
Mateus 11:28

O alívio em Jesus

À medida que nos aproximamos do final do ano, ficamos esgotados, sobrecarregados e à beira de desistir —trabalho, relacionamentos, pressões da vida ou caminhada espiritual. Exaustos, nós nos lembramos das palavras de Jesus: "Vinde a mim, todos os que estais cansados e sobrecarregados". Esse convite se estende a todos nós que enfrentamos batalhas diárias.

A vida traz responsabilidades e desafios, mas a verdadeira sobrecarga surge quando tentamos carregar tudo sozinhos. Quando pensamos no salmo 23, vemos o cuidado de Deus retratado como um pastor que guia suas ovelhas para águas tranquilas, oferece descanso para a alma. Assim como o pastor cuida e guia, Jesus nos alivia do peso que não conseguimos carregar.

Jesus nos ensina a caminhar lado a lado com ele. Quando ele fala de "tomar o seu jugo", refere-se a dividir o peso conosco. O jugo é um pedaço de madeira utilizado para unir dois animais, como bois, permitindo que eles trabalhem juntos e compartilhem a carga. Quando Jesus nos convida a tomar seu jugo, nos chama a compartilhar nossos fardos com ele. Ele carrega a maior parte, nos dá direção e ensina a caminhar de maneira mais leve, sem esforços desnecessários. Se estivermos tentando carregar tudo sozinhos, inevitavelmente nos esgotamos. Mas, com Jesus, encontramos um alívio que o mundo não pode oferecer. Aceite esse chamado e permita que ele transforme sua vida, trazendo alívio e esperança para sua alma cansada.

Ore comigo

Senhor, entrego a ti o meu cansaço e sobrecarga. Ensina-me a andar ao teu lado, encontrando descanso e alívio em todas as áreas da minha vida. Amém.

LEITURA BÍBLICA
Gênesis 3:6

31
OUTUBRO

Aparências enganosas

Todos sabemos que as aparências enganam. Isso costuma nos ser dito como alerta, para que não sejamos iludidos por algo que aparenta ser bom na superfície. Um dos motivos pelos quais o pecado entrou no mundo foi justamente porque Eva, a primeira mulher, "viu que a árvore era [...] atraente aos olhos [...]" (Gênesis 3:6).

A aparência é muitas vezes usada para seduzir e nos fazer cair em tentação. Na história do rei Davi, também vemos como ele foi atraído pela aparência e, por isso, pecou. No caso dele, tratava-se de Bate-Seba, uma mulher que era, segundo a Bíblia, muito bonita (veja 2Samuel 11). O início do adultério se deu porque ele a viu tomando banho e teve interesse.

Se o nosso coração não estiver sensível à voz de Deus, sua inclinação natural será buscar o que agrada aos nossos olhos. Quando deixamos de ouvir a voz do Senhor, vamos atrás do que parece bom ou atraente. Às vezes, sem perceber, o nosso coração é seduzido pelos prazeres da vida porque cedemos ao desejo daquilo que é agradável aos nossos olhos. Portanto, precisamos da graça de Jesus Cristo e da obra do Espírito Santo em nós para que tenhamos discernimento e sabedoria para lidar com essas situações.

Para discernir se algo de fato é bom para nós, precisamos nos aproximar de Deus por meio da oração e da leitura da Palavra. Quando somos direcionados por Deus, o pecado não encontra lugar na nossa vida, os nossos olhos não nos levam a cair em tentação.

Ore comigo

Pai querido, dá-me discernimento e sabedoria para direcionar o meu olhar para as coisas do alto. Em nome de Jesus, amém.

GENEROSIDADE

NOVEMBRO

Meu planejamento

Meta

Plano

Leitura bíblica do livro

Atividade em família

Refeição especial

Avaliação alimentar

Tempo de qualidade com amigos

Um filme/série

Um livro/*podcast*

Um médico a agendar

Nota da minha saúde emocional

Atividade física pelo menos três vezes por semana

Participação semanal na comunidade espiritual

Ingestão diária de água

Gestão das finanças pessoais

Fé determinada

Quando Bartimeu ouviu falar de Jesus, expôs sua fé publicamente. Sem hesitar, clamou: “Filho de Davi, tem misericórdia de mim!”. A fé verbalizada e vivida tem impacto. Nós também precisamos ter coragem de confessar publicamente aquilo em que acreditamos.

Infelizmente, muitos são cristãos agentes secretos. Mas Jesus deixou claro: “Quem me negar diante dos homens, eu o negarei diante do meu Pai” (Mateus 10:33). A fé de Bartimeu foi ousada, ele não teve vergonha de proclamá-la, mesmo sendo repreendido pela multidão. Ele sabia em quem cria e estava certo do poder de Jesus.

Nossa fé precisa ser prática e pública. É fácil ser cristão dentro da igreja, mas como você se posiciona fora dela? Você tem coragem de confessar sua fé em todos os contextos? Paulo nos lembra: “Eu sei em quem tenho crido, e estou certo de que ele é poderoso para guardar o meu tesouro até o fim” (2Timóteo 1:12). Ter fé é mais do que acreditar em silêncio; é professar com convicção, sem medo das reações dos outros.

Bartimeu não atendeu à ordem, mas gritou ainda mais alto. A fé prática é determinada e não desiste, mesmo diante das adversidades. Não esconda aquilo em que você acredita. A coragem de declarar sua confiança em Jesus, assim como Bartimeu fez, pode abrir portas e trazer milagres que só uma fé prática e inabalável pode alcançar.

Ore comigo

Senhor, que eu não desista das tuas promessas para mim, mas que eu creia que tu és poderoso para transformar vidas e situações. Em nome de Jesus, amém.

LEITURA BÍBLICA
Romanos 6:6-8

Crucificados com Cristo

Jesus atraiu muitas pessoas com seus ensinos, sinais e maravilhas. No entanto, à medida que falava que, para segui-lo de fato, era necessário deixar para trás a antiga vida, algumas pessoas se afastavam. Isso também acontece em nosso tempo.

Precisamos entender que a vida eterna dada por Jesus, pela graça de Deus, exige que morramos para nós mesmos. Ao escrever aos romanos, Paulo disse: "[...] o nosso velho homem foi crucificado com ele [...], pois quem morreu foi justificado do pecado. Ora, se morremos com Cristo [...] viveremos com ele também" (Romanos 6:6-8).

Morrer para si mesmo é dizer "Não" àquilo que desagrada a Deus; é abandonar hábitos, prazeres, aparências, o *status*, a fim de nos apegar à nova vida. Diferentemente desta, a nova vida em Cristo não é efêmera, passageira, é eterna. Para viver o evangelho, temos de negar a nós mesmos e redefinir nossas prioridades e valores, com base na vontade de Deus.

Para alguns, esse é um preço muito alto a se pagar. Contudo, Cristo pagou um preço inestimável no Calvário para que recebêssemos a vida eterna; crucificar com ele o velho homem é uma resposta à graça de Deus, não um fardo. Sim, é difícil abandonar o antigo modo de viver porém o fazemos convictos de que a eternidade com Deus será infinitamente melhor do que tudo que possamos viver nesta terra.

Ore comigo

Eu te louvo, ó Deus, pois me concedeste muito mais do que mereço ao enviar o teu Filho como sacrifício em meu lugar. Que a minha vida seja dedicada a glorificar o teu nome. Amém.

Exponha à luz

Alguma vez você já foi acordado abruptamente quando alguém acendeu a luz do quarto? Se isso aconteceu, com certeza você se incomodou. Da mesma forma, isso também acontece no âmbito espiritual. Quando você expõe à luz algo que está na escuridão, aqueles que estão nas trevas se incomodam. Precisamos saber as estratégias corretas para lidar com as batalhas espirituais e as tentativas do Maligno.

Como, porém, trazer algo à luz? Pela exposição à Palavra de Deus. O salmista declarou: "A tua palavra é lâmpada para os meus pés e luz para o meu caminho" (Salmos 119:105). Desse modo, a exposição às Escrituras gera desconforto em qualquer área da nossa vida que ainda esteja em trevas.

Muitas pessoas intencionalmente deixam de buscar o conhecimento da Bíblia, seja por preguiça ou por desculpas, como falta de tempo. Alguns preferem somente escutar louvores e se reunir com a igreja aos finais de semana. Tudo isso é ótimo e imprescindível para nós, mas apenas o conhecimento da verdade nos liberta: "[...] conhecerão a verdade, e a verdade os libertará"(João 8:32).

Em seu ministério terreno, Cristo se dedicou a expor as trevas à luz. Ele, a Luz do mundo, veio para resgatar aqueles que viviam nas trevas. Ele não somente pregou a Palavra, ele é a Palavra. Conhecer Jesus nos liberta do domínio das trevas, lança luz na escuridão e nos permite viver no caminho da vida.

Ore comigo

Senhor, faz de mim um conhecedor da tua Palavra, da tua verdade. Se há algo em meu ser que ainda esteja encoberto, que a tua Palavra o exponha à luz. Amém.

LEITURA BÍBLICA
Mateus 8:3

Transformado por Jesus

Muitas vezes, nos sentimos imersos em problemas, angústias e pecados que parecem nos consumir. Assim como o leproso que se aproximou de Jesus, talvez nossa vida esteja marcada por feridas, desespero e desesperança. No entanto, o mesmo Jesus que estendeu a mão para tocar naquele homem continua a estender a mão para nós hoje.

Quando reconhecemos nossa necessidade de cura e salvação e nos aproximamos de Jesus com fé, ele nos encontra. Não importa o quão profundo seja o nosso pecado ou quão distantes nos sentimos de Deus. Jesus deseja nos perdoar e restaurar nossa honra, alegria e dignidade.

O leproso foi purificado instantaneamente ao toque de Jesus, e o poder do sacrifício de Cristo nos purifica de todo pecado quando nos rendemos a ele. O salmista nos lembra que Deus nos resgata do lamaçal do pecado e nos coloca sobre a rocha firme. Só Jesus pode nos limpar, levantar e dar um fundamento seguro.

Hoje, Jesus o encontra onde você está. Ele quer transformar sua vida, restaurar sua alegria e libertá-lo do pecado. Tenha fé e dê um passo em direção a ele. Quando você se entrega a Cristo, ele transforma sua vida de tal maneira que todos que um dia disseram que não havia esperança terão que testemunhar o que Jesus fez. Ele conhece o seu coração, o que está escondido e ninguém vê. Não finja que está tudo bem quando há pecado corroendo por dentro. Vá até Jesus e peça: "Senhor, limpa-me, purifica-me de toda impureza". Hoje é o dia de experimentar a verdadeira cura e restauração.

Ore comigo

Senhor Jesus, reconheço que sou pecador e preciso do teu toque transformador. Restaura minha vida e me faz novo em ti. Em nome de Jesus, amém.

Permanecer em Cristo para frutificar

A conexão com Cristo é essencial para que nossa vida produza frutos. Sem ele, somos como um ramo cortado da videira, que logo murcha e seca, sem propósito e vida.

Jesus é a nossa fonte. Somos chamados a permanecer nele, para os frutos nascerem na estação certa. Essa dependência não significa apenas orar por bênçãos, mas também alinhar nossa vida à vontade de Deus, permitindo que o Espírito Santo trabalhe em nós e através de nós. A frutificação espiritual é consequência da permanência em Cristo, a videira, fonte de vida e nutrição. Se você sente que sua vida já não tem o vigor de antes ou que seus frutos são escassos, volte-se para Cristo.

Muitas vezes, enfrentamos momentos de desânimo, tempos em que parece que os frutos não aparecem, e a tentação de nos desconectar da videira é forte. É fácil nos desviar e buscar forças em outras fontes, mas Jesus nos convida a permanecer ligados à videira verdadeira. Permanecer, mesmo quando tudo ao nosso redor parece desfavorável. É nessa fidelidade que os frutos nascem, não por nosso esforço, mas pela graça que flui de Deus para nós.

Nosso papel é simples: estar ligados a Cristo. Quando permanecemos nele, nossas orações se alinham à vontade de Deus, e o que pedimos em harmonia com seu plano será concedido. Frutos como amor, paciência, bondade e fé serão evidentes em nossa vida, e esses frutos glorificam ao Pai. Não podemos produzir sozinhos, mas se permanecermos em Cristo, os frutos virão abundantemente.

Ore comigo

Senhor Jesus, reconheço que sem ti nada posso fazer. Ensina-me a viver em tua presença, confiando na tua vontade e esperando o teu tempo. Em teu nome. Amém.

LEITURA BÍBLICA
Mateus 9:20-22

Não se acostume com a dor

As pessoas estão tão acostumadas com o sofrimento que ele molda a forma como vivem. Elas desistem de buscar uma solução para os problemas, pois estão desoladas, acorrentadas à dor, miséria e infelicidade. No entanto, o plano de Deus para nós é muito maior e melhor. Ele tem para nós uma saída, e esta sempre passa por um encontro com Jesus Cristo.

A mulher que vivia com um fluxo de sangue havia doze anos já tinha tentado de tudo. Procurou médicos que não a puderam ajudar, além de lhe darem prejuízo financeiro. Ela havia feito de tudo, porque não se conformou com a dor, com o sofrimento. Em meio à multidão que seguia Jesus, ela tentava alcançá-lo, pois pensava: "Se eu apenas tocar no seu manto, serei curada" (Mateus 9:21). E assim foi. Porque creu, foi curada. Porque creu, recebeu do poder sobrenatural de Cristo. Porque creu.

Quando nos acostumamos com a dor, deixamos de crer: "A vida é assim mesmo. Já me acostumei a ser infeliz. Fazer o quê?". Será que você tem pensado dessa forma? Como está a sua vida? Pode ser que você esteja preso ao sofrimento, quando Deus deseja que você viva uma vida plena. E essa vida só pode ser encontrada em Jesus, pois, conforme ele disse: "[...] eu vim para que tenham vida e a tenham plenamente" (João 10:10). Outras versões dizem: "[...] e a tenham em abundância". Você não foi chamado para uma vida de dor, sofrimento e miséria, mas para a plenitude e abundância!

Ore comigo

Deus amado, eu desejo viver a vida em abundância que nos deste por meio do teu Filho, Jesus. Ajuda-me a sair desta rotina de sofrimento e a confiar que tu tens a cura. Amém.

Como chegar à promessa

A Bíblia mostra que Deus é um Deus de promessas para a sua vida, família, casamento, trabalho, ministério. Mas como alcançamos as promessas do Senhor? O texto de Josué 6 nos mostra alguns passos do povo em direção à promessa divina.

A primeira coisa que precisamos saber na jornada em direção ao cumprimento das promessas de Deus é que ele está presente nas nossas batalhas e conquistas, na alegria e na dor. No tempo de Josué, a presença de Deus era representada pela Arca da Aliança. Não podemos viver as promessas do Senhor sem que ele esteja presente na nossa vida.

Outro aspecto que o texto nos ensina é que, para chegar às promessas de Deus, temos de respeitar e aceitar seu tempo perfeito. Nada acontece no nosso tempo, segundo a nossa vontade, e sim no tempo de Deus, segundo sua vontade. Os planos do Senhor são sempre bons, e o seu tempo é sempre o melhor para nós, por isso, podemos descansar e esperar nele, seguindo suas instruções e obedecendo a elas.

Muitas pessoas tentam apressar o cumprimento dos planos de Deus para sua vida, e as consequências são sempre desastrosas, pois o Senhor não se atrasa. Ele sabe o momento certo para cada coisa na nossa vida. Temos de ter a convicção de que vale a pena esperar pelas promessas de Deus. Vale a pena esperar o tempo dele. Se você crê que ele está presente, siga seus comandos e espere. No tempo certo, as promessas de Deus se cumprirão.

Ore comigo

Senhor Deus, direciona-me segundo a tua vontade e conduz meus passos até as tuas promessas para mim. Ensina-me a esperar em ti, em nome de Jesus. Amém.

LEITURA BÍBLICA
João 8:12

Não mais em trevas

Todos estávamos em trevas. Não havia esperança nem saída para o pecado. Os seres humanos foram acorrentados e escravizados. Como consequência da Queda, todos nascem pecadores e, portanto, destinados à morte eterna. A natureza humana foi completamente corrompida, de modo que todos estão inclinados à maldade.

No entanto, Deus, cuja mão sempre esteve estendida para resgatar seu povo, tinha um plano. O Senhor tinha um plano de redimir a humanidade, de nos tirar das trevas e nos dar a esperança de uma nova vida. Sacrificar rolinhas, pombinhos, ovelhas ou cabras não seria o bastante para salvar todos os seres humanos. Era necessário que um sacrifício maior fosse feito de uma vez por todas.

Em sua graça, "Deus tanto amou o mundo que deu o seu Filho Unigênito, para que todo aquele que nele crer não pereça, mas tenha a vida eterna" (João 3:16). O amor resgatador de Deus foi o que nos trouxe a esperança da vida. Não estamos mais condenados à morte eterna, porque Jesus Cristo foi condenado à morte pelos nossos pecados. Ele pagou o preço em nosso lugar.

Todos nós estávamos em uma caverna, a caverna do pecado. Tudo o que víamos era a escuridão. Vivíamos sob a opressão da culpa e da vergonha até que o amor de Deus nos foi revelado. Estávamos em trevas, entretanto, não existe lugar tão escuro que a luz do amor de Deus não nos possa encontrar. Não existe ninguém tão perdido que Deus não possa resgatar. Não existe quem a graça de Deus não possa alcançar.

Ore comigo

Senhor Deus, graças te dou porque me deste a vida e a salvação por meio do teu Filho. Entrego tudo o que sou a ti! Amém.

LEITURA BÍBLICA
Hebreus 10:24-25

09 NOVEMBRO

A igreja como lugar do sobrenatural de Deus

A igreja é um lugar onde Jesus faz coisas maravilhosas. É um ambiente de cura que ninguém consegue explicar. Enquanto a palavra é pregada e o louvor é entoado, o Espírito de Deus age, cura, liberta e realiza milagres.

Quando nos reunimos como corpo de Cristo, entramos num espaço onde o céu se encontra com a terra, o sobrenatural de Deus está presente e opera maravilhas entre nós. Na igreja, é onde vemos maravilhas acontecerem. Maravilhas não têm explicação humana; são intervenções divinas que surpreendem e edificam a fé. Precisamos ser uma igreja aberta ao mover do Espírito Santo, permitindo que ele opere com liberdade em nosso meio.

Jesus chamou a igreja de "casa de oração" e também fez dela um lugar onde as crianças proclamavam a glória de Deus. A igreja deve ser um lugar onde as próximas gerações encontram liberdade para adorar, louvar e testemunhar o poder o Senhor. Não devemos limitar o mover do Espírito, mas, ao contrário, precisamos permitir que ele trabalhe livremente entre nós.

Nós precisamos ser a igreja da Palavra. Assim deve ser a nossa vida: fundamentada, enraizada e firmada nas Escrituras. Não podemos nos guiar por modismos ou novidades passageiras, mas pela imutável verdade de Deus. Uma igreja que obedece aos princípios bíblicos dá espaço para os filhos crescerem no altar e mantém os pais em sabedoria, orientando e aconselhando. Que tipo de casa estamos construindo para Deus? Que seja uma casa de oração e reverência, onde a palavra de Deus é o fundamento.

Ore comigo

Senhor, faça de nós uma igreja na qual o sobrenatural é evidente, milagres e maravilhas acontecem. Em nome de Jesus, amém.

10 NOVEMBRO

LEITURA BÍBLICA
Salmos 103:8-10

O amor leal de Deus

A Bíblia nos mostra o relato de muitas pessoas que se relacionaram com Deus e o conheceram de maneira profunda. Um dos personagens que desfrutou de um relacionamento íntimo com o Senhor foi Davi. Nos Salmos, encontramos orações e cânticos que demonstram não apenas a devoção e o amor de Davi, mas que também revelam o caráter de Deus.

De maneira pessoal, Davi descobriu que "O Senhor é compassivo e misericordioso, tardio em irar-se e cheio de amor leal" (Salmos 103:8). Essa é a afirmação de alguém que conheceu essas características e provou delas. Devemos ser inspirados por Davi a viver um relacionamento profundo e a conhecer o caráter de Deus de maneira pessoal. Podemos ver a compaixão, a misericórdia e o amor do Senhor em cada aspecto da nossa vida, assim como o salmista.

Davi também sabia que Deus "não nos trata conforme os nossos pecados nem nos retribui conforme as nossas iniquidades" (v. 10). O nosso pecado merecia julgamento e disciplina muito maiores do que poderíamos suportar. Deus, em sua infinita graça, enviou seu Filho ao mundo para pagar o preço por nossas iniquidades e nos livrar da nossa dívida inestimável.

Deus é maravilhoso. Quanto mais nos relacionamos com ele, mais descobrimos seu amor. Quanto mais o conhecemos, mais o amamos. Quanto mais percebemos sua grandeza, mais dependentes somos da graça. Ele é melhor do que merecemos. Deus nos deu a graça de sermos salvos em Jesus, e nossos pecados foram perdoados.

Ore comigo

Graças te dou, meu Deus, por tua graça e por teu amor leal. O meu anseio é conhecer-te cada vez mais. Amém.

LEITURA BÍBLICA
Tiago 4:8

11 NOVEMBRO

Aproximem-se

Muitos são os que dizem que Deus não existe. Queixam-se que ele não lhes responde, que não conseguem ouvi-lo e, por isso, desistem de buscar um relacionamento com o Senhor. O fato é que é bem mais fácil afirmar que alguém não existe e nem fala do que aproximar-se e aquietar-se para ouvir.

Vivemos em tempos em que muitos falam. Todos têm um discurso, uma opinião, algo a ensinar... o silêncio tornou-se raro. Contudo, na Palavra de Deus encontramos escritos que afirmam que a sabedoria mora no ouvir mais e falar menos. Não à toa temos uma boca e dois ouvidos.

Deus sempre fala e, até mesmo no seu silêncio podemos ouvi-lo. O segredo está na distância que mantemos de quem fala conosco. A Palavra deixa claro que ao nos aproximarmos do Senhor, ele também se achegará a nós. Então, se não o estamos ouvindo, por certo que não estamos mantendo a distância correta!

Neste dia, um convite é estendido. Os desafios são diários e sem a orientação divina é fácil tomar decisões erradas que nos trarão consequências dolorosas. Precisamos da voz de Deus a nos guiar e nos dizer: "Este é o caminho, andai nele" (Isaías 30:21). Seguir uma vida sem Deus só nos fará andar em círculos até, por fim, resultar em morte. Por isso, não recusemos ao seu convite que nos diz: Aproximem-se!

Ore comigo

Pai querido, não quero mais andar distante. Perdoa-me pelas vezes em que pensei que não estavas comigo; eu só estava distante demais para ouvir-te. Quero estar ao teu lado. Em nome de Jesus, amém!

12
NOVEMBRO

LEITURA BÍBLICA
Apocalipse 3:20

É hora de abrir a porta para a mudança

Está na hora de abrir a porta para a mudança! Jesus o encontrou hoje, e a presença divina deseja transformar a sua realidade. Ele quer mostrar quem é, tudo o que já fez e ainda realizará em sua vida. A responsabilidade de abrir a porta é sua. O livro de Apocalipse nos lembra que Jesus bate à porta; se você abrir, ele entrará e caminhará ao seu lado. E com ele, você se torna imparável.

Quando Jesus está presente, as coisas mudam. Ele quer que você deixe para trás a vida de confinamento e medo, para viver plenamente o propósito dele para você. Não deixe que as mentiras do Diabo e o peso das circunstâncias o impeçam de acreditar que você pode ser livre e viver uma vida abundante. Jesus quer manifestar sua glória, para que você saia livre, pronto para viver todos os planos que ele têm para você.

Assim como Jesus entrou na vida dos discípulos, ele também entra na sua. A presença de Jesus é o que dissipa o medo. Ao vê-lo, os discípulos se alegraram, pois entenderam que ele nunca os abandonaria. Ele quer que você sinta a mesma alegria. A presença de Jesus é mais forte que qualquer mentira ou ameaça.

Se você sente que é hora de abrir essa porta e viver o que Deus tem para você, responda a esse convite. Não se deixe prender por mentiras, pois, onde o Espírito de Deus está, há liberdade. Agora, jogue a chave do cadeado fora e prepare-se para os melhores dias da sua vida. Você viverá grandes experiências com ele e será um canal da sua glória para os outros. Um novo tempo começou!

Ore comigo

Senhor, obrigado por me encontrar no lugar onde me escondi. Sopra sobre mim o teu Espírito e transforma minha história. Em nome de Jesus, amém.

LEITURA BÍBLICA
Lucas 5:5

13 NOVEMBRO

Obediência que transforma

A vida de fé frequentemente nos chama a agir sem entender tudo o que estamos fazendo. Pedro não entendeu exatamente porque deveria lançar as redes novamente, mas o fez. Nós também, muitas vezes fazemos o mínimo em obediência a Deus. Essa atitude pode ser motivada pela dúvida ou pelo cansaço, mas a verdadeira transformação acontece quando escolhemos obedecer, mesmo nas pequenas coisas.

Pedro poderia ter hesitado: “De jeito nenhum!”, mas escolheu obedecer. Junto com outros três discípulos, ele se lançou em uma jornada de fé que começou com a exposição à palavra de Deus. A obediência de Pedro foi a chave para experimentar o poder da fé. Talvez, hoje, você esteja esperando algo grandioso de Deus, mas ele quer de nós uma prática contínua de exposição e obediência à sua Palavra.

Como Pedro, devemos nos preparar para coisas grandes em nossa vida quando decidimos agir pela fé. A obediência não é apenas ação; é uma postura de coração que permite que Deus trabalhe em nós e por nosso intermédio. Uma oportunidade de experimentar a generosidade e o poder de Deus, que supera nossas expectativas e limitações.

O Senhor nos chama a ir mais fundo, a confiar mais, porque o que ele começou é só o início de algo muito maior. Como Pedro, você também verá o sobrenatural acontecer, se estiver disposto a viver pela fé e em obediência à voz de Deus. Quanto mais confiar, mais experiências extraordinárias você viverá!

Ore comigo

Senhor, reconheço que muitas vezes hesitei em obedecer. Que minha fé seja firme e que eu esteja sempre disposto a ouvir e obedecer. Em nome de Jesus, amém.

LEITURA BÍBLICA
1Reis 19:11-13

Brisa suave

O profeta Elias foi um homem muito usado por Deus e conhecido pelos inúmeros milagres, dentre eles, fazer parar de chover, fazer chover e até mesmo cair fogo do céu. Diante de tantos feitos gloriosos em Deus, quem imaginaria que, em um certo momento, ele temeria e fugiria para se esconder em uma caverna?

É esse o trecho trazido para a nossa reflexão hoje, quando o Senhor vai ao seu encontro para falar-lhe. O mais interessante é que, mesmo tendo Deus se manifestado a ele com grande força e poder, desta vez, a Bíblia nos relata que teve vento fortíssimo, terremoto e fogo, mas o Senhor não estava ali. Contudo, quando houve o murmúrio de uma brisa suave, o Senhor lhe falou.

Ainda hoje o Senhor fala. Ele é o mesmo Deus que falou com Elias, com os discípulos, com Paulo e João na ilha de Patmos. Ele pode, sim, falar por meio de grandes feitos, mas também por meio de sua Palavra, de um sussurro ao coração e no silêncio.

Talvez, assim como Elias, você tem enfrentado situações que lhe trouxeram medo, te fizeram fugir e, até mesmo, desejar a morte. Mas mesmo aí, nessa caverna, o Senhor te encontra e suavemente lhe pergunta: O que você está fazendo aí? Isso não é um julgamento, mas o convite para sair da caverna. Decida hoje aceitar o seu amor em forma de brisa suave.

Ore comigo

Pai, eu te agradeço por me encontrar. Não há lugar em que tu não possas me achar. Sinto paz ao ouvir tua voz na brisa suave. Em nome de Jesus, amém!

Encarando com fé

Uma das promessas mais preciosas de Deus é a certeza de que Jesus estará conosco todos os dias, até o fim dos tempos. Na dificuldade, dor ou incerteza, podemos descansar, pois ele nunca nos deixará. Sua presença constante é a âncora firme que nos mantém seguros nas tempestades. Quando compreendemos que a presença de Deus é permanente e imutável, enfrentamos as situações com nova perspectiva. O Senhor está conosco, guia nossos passos, fortalece nossa fé e sustenta-nos com seu amor.

Apresente ao Senhor todas as aflições e inquietações que perturbam sua alma. Seja um tratamento difícil, seja uma fase complicada ou um vale desafiador, é temporário. Pode parecer não ter fim, mas a dor é momentânea. Levante seus olhos e reconheça que algo maior e eterno está reservado para você. A promessa de Deus e a perspectiva de um futuro glorioso devem alinhar seu coração. Não se torne escravo de circunstâncias passageiras; tudo isso vai passar; a nova esperança e a eternidade o aguardam.

A verdade nos traz conforto e esperança, pois mesmo quando tudo ao nosso redor é incerto e passageiro, podemos confiar na presença eterna e fiel do nosso Senhor. Ele é nosso refúgio seguro, e nele encontramos a paz que ultrapassa todo entendimento.

Portanto, em cada momento de sua vida, escolha focar na presença de Deus. Lembre-se de que, mesmo nos dias mais difíceis, ele é aquele que nunca falha. Fixe seus olhos nele e confie em seu amor que dura para sempre.

Ore comigo

Senhor, agradeço por tua presença constante e fiel. Em meio às tempestades, confio que tu estás sempre comigo. Amém.

LEITURA BÍBLICA
Jeremias 31:9

Guiados por Deus

O Senhor sempre desejou conduzir seu povo, desde a saída do Egito, quando a multidão era guiada por uma nuvem durante o dia e uma coluna de fogo à noite. Em todo o tempo, Deus quis estar próximo, cuidar de Israel, que o rejeitou inúmeras vezes.

Na leitura de hoje vemos o Senhor novamente falando do seu desejo de conduzir e cuidar. O povo que se encontrava em exílio, e os que para longe se dispersaram, voltariam para casa e encontrariam riachos tranquilos e caminhos planos onde não tropeçariam. Esse é o mesmo desejo do Senhor para nós hoje. Ele anseia por nos conduzir por caminhos seguros e de paz.

Conduzir é o mesmo que guiar. É tomar pela mão e levar ao destino. Contudo, nós, muitas vezes, em nossa insensatez, soltamos o braço que nos conduz para andar sozinhos, achando que conhecemos o caminho. O Senhor é aquele que sabe de todas as coisas, que vê o que não vemos e cria coisas do nada. É ele quem nos dá garantia de coisas novas, caminhos no deserto e rios no ermo (Isaías 43:19). Ele não só nos mostra o caminho, mas nos guia, passo a passo, vai conosco até lá.

Quantos iniciam bem a jornada, mas no meio do caminho se perdem e não chegam ao seu destino. Por quê? Porque não se deixaram ser conduzidos por Deus. Neste dia, o Senhor lhe estende a mão. Seu desejo é conduzir os seus passos, andar de mãos dadas com você na jornada da vida. Aceite o seu convite e se permita ser guiado por ele!

Ore comigo

Senhor, segure minhas mãos! Eu não conheço o caminho e preciso de ti para me conduzir ao destino. Em nome de Jesus, amém!

LEITURA BÍBLICA
Filipenses 4:6

17
NOVEMBRO

Vencendo a ansiedade

Para muitos de nós, lidar com a ansiedade é uma batalha diária. Ela se infiltra em nossos pensamentos, turva nossa visão espiritual e pode nos paralisar. Paulo nos oferece uma solução poderosa, prática e contraintuitiva em sua carta aos filipenses: não nos preocupar com nada; em vez disso, colocar tudo nas mãos de Deus por meio da oração.

Paulo nos lembra que a ansiedade muitas vezes surge por querermos controlar as situações ao nosso redor. Tentamos prever o futuro, antecipar problemas e encontrar soluções fora do nosso alcance. No entanto, há uma maneira melhor de lidarmos com as incertezas da vida. Tudo o que precisamos é deixar de ser escravos das circunstâncias.

O que podemos controlar? Nossas ações, atitudes e a forma como reagimos aos desafios. O que não podemos controlar? O futuro, as atitudes dos outros ou os resultados das situações que enfrentamos. É aí que entra o ensinamento de Paulo: faça a sua parte, e o que estiver além de você entregue nas mãos de Deus. O Senhor não espera que façamos o impossível, mas que confiemos nele para lidar com o que está além do nosso poder.

Lidar com a ansiedade é uma jornada que temos de enfrentar, mas o caminho para a paz começa quando colocamos voluntariamente em oração nossas inquietações aos cuidados de Deus. Que você possa experimentar essa paz hoje e todos os dias. Faça a sua parte, apresente seus pedidos a Deus em oração, e, acima de tudo confie que ele cuidará daquilo que está além do seu controle.

Ore comigo

Amado Pai, entrego a ti minhas preocupações, ansiedades e medos. Já te agradeço, pois sei que ages mesmo quando não compreendo. Amém.

LEITURA BÍBLICA
Filipenses 1:18-19

A nossa certeza

A carta de Paulo à igreja de Filipos é também conhecida como a epístola da alegria. Ela nos permite perceber a certeza confiante do apóstolo quanto ao seu futuro em Cristo. No versículo 19 do capítulo 1, o apóstolo escreveu: "[...] pois sei que serei liberto por causa das orações de vocês e da provisão do Espírito de Jesus Cristo". Não havia espaço para dúvidas, não havia outro cenário. Paulo estava convicto de sua libertação.

Também precisamos dessa certeza de que, se a nossa vida estiver em Cristo, a despeito do que acontecer, tudo irá bem. A confiança e a positividade de Paulo não vinham da pregação do pensamento positivo, algo em que muitos acreditam hoje em dia, mas da convicção da promessa do Deus que prometeu estar conosco todos os dias.

O trecho que precede o versículo 19, "De fato, continuarei a alegrar-me", nos mostra que a certeza de Paulo produzia alegria. Essa alegria, diferentemente da alegria efêmera proporcionada pelas coisas deste mundo, não tem fim, pois está fundamentada naquilo que Deus prometeu. E as promessas de Deus não mudam nem falham.

Quando conhecemos as promessas de Deus para nossa vida e conhecemos o caráter dele, também sentimos essa alegria constante, mesmo em meio a situações difíceis. Se cremos em quem Deus é e no que ele prometeu, também vivemos pela certeza confiante e positiva de que a libertação virá e de que tudo dará certo. Não será pelo nosso empenho ou mérito, mas pela provisão do Espírito de Jesus Cristo.

Ore comigo

Deus, dá-me convicção do teu caráter e revela as tuas promessas para minha vida, para que eu possa me apegar a elas. Amém.

Coragem para permanecer firme

Muitas vezes enfrentamos situações em que nossa fé é testada e, nessas horas, Deus nos chama a ser fortes e corajosos e nos lembra que sempre está conosco. Ele nunca nos deixará e jamais nos abandonará, mesmo quando as dificuldades parecerem grandes demais.

Os desafios da vida que nos sobrecarregam, seja na área financeira, familiar ou emocional, trazem medo e insegurança, e podem até tentar nos fazer desistir. Contudo, a Palavra nos encoraja a permanecer firmes.

A coragem que Deus nos pede não é baseada em uma ausência de medo, mas na confiança de que ele é o nosso socorro bem presente nas tribulações. A verdadeira fé é revelada quando, mesmo diante do medo, escolhemos confiar no Senhor. Assim como Josué e o povo de Israel enfrentaram seus inimigos, sabendo que Deus estava com eles, nós também podemos enfrentar nossos "gigantes" com a certeza de que não estamos sozinhos.

A promessa de que o Senhor está conosco nos dá a confiança para prosseguir, mesmo quando tudo ao nosso redor parece difícil. Nossa força vem dele, e nossa vitória está garantida porque Deus é fiel em cumprir o que prometeu.

Portanto, em meio às adversidades, lembre-se de que você não está sozinho. Deus é o seu escudo, o seu defensor, e ele nunca falhará. Que essa certeza traga paz ao seu coração e coragem para enfrentar qualquer desafio. Quando o Senhor é por nós, não há o que temer!

Ore comigo

Senhor Deus, sou grato por tua fidelidade e companhia. Que eu jamais tema as adversidades. Em nome de Jesus eu oro, amém.

20
NOVEMBRO

LEITURA BÍBLICA
Mateus 15:28

O que move o coração de Deus

A fé genuína, mesmo diante de dificuldades e aparentes impossibilidades, permanece firme e perseverante. A mulher cananeia enfrentou várias barreiras: preconceito, silêncio de Jesus, desprezo dos discípulos. Ainda assim, sua fé não vacilou; ela insistiu com humildade e confiança.

A mulher não permitiu que barreiras ou vozes contrárias a detivessem: "Bastam-me as migalhas que caem da mesa". Sua fé provocou a reação de Jesus. Ele exclamou a grandeza da fé dela. Uma fé verdadeira, que persevera mesmo quando tudo parece perdido, move o coração de Deus e gera resultados extraordinários. Assim como a filha daquela mulher foi curada, nossa fé também pode trazer cura, restauração e milagres.

Quantas vezes, diante dos desafios e do silêncio de Deus, somos tentados a desistir? Contudo, é justamente nesse momento que nossa fé é testada e fortalecida. Uma fé que não depende das circunstâncias, mas do conhecimento de quem Deus é: Todo-Poderoso, Misericordioso e Soberano. Essa é a fé que transforma realidades.

Qual o tamanho da sua fé hoje? Lembre-se, a fé não depende das circunstâncias ou da ausência de problemas. Ela cresce à medida que conhecemos mais a Palavra e confiamos no caráter de Deus. Quanto mais sabemos sobre quem ele é, mais nossa fé aumenta. Assim como a fé daquela mulher alcançou lugares distantes e impossíveis, nossa fé em Cristo também pode ultrapassar barreiras e trazer à existência aquilo que parece inalcançável.

Ore comigo

Senhor, dá-me uma fé como a da mulher cananeia: que te impressione e mova o teu coração, trazendo cura e transformação para a minha vida. Em nome de Jesus, amém.

LEITURA BÍBLICA
Gênesis 19:17

21
NOVEMBRO

Não olhe para trás

Gênesis 19 nos mostra que, antes de destruir Sodoma e Gomorra, Deus enviou seus anjos para alertarem a família de Ló, sobrinho de Abrão. A ordem que o Senhor deu era: "Fuja por amor à sua vida! Não olhe para trás nem pare em lugar nenhum da planície! [...]". A família de Ló tinha apenas uma tarefa, mas a esposa dele foi incapaz de cumpri-la.

Deus amava a família de Ló de tal maneira que enviou anjos para resgatá-la, porém a insensatez da esposa de Ló fez que ela perdesse não somente a oportunidade de desfrutar do livramento divino, como também perdesse a vida de maneira trágica. A princípio, pode parecer fácil condenar o erro dessa mulher. No entanto, muitos de nós já desobedecemos a ordens semelhantes e tentamos voltar para situações das quais o Senhor nos tirou por sua graça.

Todos os dias temos o desafio de continuar olhando para frente. Alguns de nós, como a esposa de Ló, paramos e olhamos para trás. O lugar de passagem se torna um lugar de paralisia. Deixamos de viver o novo porque estamos presos ao velho.

O Senhor, por amor a nós, tem estratégias para nos livrar do sofrimento e nos levar a lugares e tempos melhores, a um futuro de bênção. Ao olharmos para trás, assemelhamo-nos à esposa de Ló e morremos. Ao olhar para a frente, seguimos em direção ao que Deus reservou para nós. Então, apegue-se ao que o Senhor lhe diz, não ao passado.

Ore comigo

Senhor, eu sei que teus planos são infinitamente melhores do que os meus. Direciona-me conforme a tua vontade e não permitas que eu olhe para trás. Amém.

LEITURA BÍBLICA
Romanos 8:28

Deus transforma a desesperança em propósito

Após a morte de Jesus, dois discípulos caminhavam para Emaús. Tristes e confusos, acreditavam que tudo o que haviam vivenciado ao lado do Mestre havia terminado. Para eles, a crucificação representava o fim da esperança. A dor e o desapontamento embaçaram a visão daquilo que Deus ainda estava fazendo. Os discípulos não podiam ver que Jesus estava ali, ressurreto, e que continuava a agir na vida deles.

A leitura bíblica de hoje nos mostra que tudo o que acontece, seja bom ou ruim, está sob o controle do Eterno. No caminho de Emaús, Jesus mostrou que o plano do Pai não havia falhado. Pelo contrário, a ressurreição demonstrava o poder de Deus de transformar tragédias em vitórias.

Isso nos traz um ensinamento muito profundo. Em meio aos momentos de maior incerteza e dor, o Senhor está trabalhando silenciosamente. Muitas vezes, o desânimo nos impede de enxergar tudo o que o Pai está preparando para nós. Assim como aqueles discípulos, podemos nos sentir perdidos ou abandonados, sem compreender os caminhos de Deus. Ele, porém, continua a guiar nossos passos, mesmo quando não o vemos.

Quando deixamos de focar nas dificuldades e começamos a perceber que Deus está no controle, encontramos propósito nas lutas. Assim como os discípulos que voltaram para Jerusalém com uma nova esperança, Deus também deseja transformar nossos momentos de fraqueza em oportunidades de crescimento e renovação.

Ore comigo

Senhor, ajuda-me a confiar em ti, mesmo quando minhas esperanças estiverem acabando, pois tu estás sempre trabalhando para o meu bem. Em teu nome eu oro, amém.

LEITURA BÍBLICA
2Timóteo 2:20-21

23 NOVEMBRO

Que tipo de vaso você é?

Em um de seus ensinamentos, o apóstolo Paulo usa os utensílios como analogia para a conduta da vida cristã. Cada um deles tem sua finalidade. Alguns são para honra; outros, para desonra. Diante disso, decida: que tipo de vaso você deseja ser para o Senhor?

Se você não apresenta disponibilidade para servir a Deus, uma consciência pura e aprovada por ele, bem como amor pelas Escrituras; se permanece em relacionamentos e ambientes que não condizem com a vontade do Senhor, é um vaso inútil para Deus. No entanto, há esperança, como vemos no versículo 21. Uma vez que você for purificado desses erros, se tornará utensílio para honra, "santificado, útil para o Senhor e preparado para toda boa obra".

Em certos momentos, é importante parar e levantar estes questionamentos: Deus pode contar comigo? Eu tenho sido útil para Deus? Tenho buscado viver em pureza e santidade? As minhas palavras, atitudes e o meu posicionamento têm abençoado ou causado danos? Tenho sido guiado e pautado pela Palavra?

Se, ao analisar a sua vida, você percebe que precisa abandonar certos hábitos e adotar outros a fim de viver de maneira agradável e útil a Deus, este é o momento de fazer essa mudança. Oro para que você viva para a glória de Deus, como servo útil, que abençoa, faz a diferença na vida dos outros e anda segundo a Palavra da verdade. Você pode ser um vaso para honra, santificado, útil e preparado para toda boa obra. Decida hoje o que você deseja ser.

Ore comigo

Santo Deus, ajuda-me a apresentar-me a ti como um servo útil para a tua obra e para o crescimento do teu reino. Em nome de Jesus, amém.

LEITURA BÍBLICA
Mateus 14:24

Lutar e resistir

Na década de 1920, o fisiologista Walter Cannon descreveu um fenômeno que ficou conhecido como reação de luta ou fuga, que se refere a uma resposta fisiológica diante de uma ameaça, seja ela física ou emocional. Isto é, quando sentimos que estamos em perigo, normalmente adotamos uma destas duas atitudes: enfrentar ou evitar.

Embora fugir seja a reação apropriada em determinados caso, a Bíblia nos ensina que, em algumas situações, a nossa resposta deve ser de encarar as dificuldades, por mais ameaçadoras que sejam. Como exemplo, podemos citar os discípulos de Jesus: "Enquanto isso, os discípulos, distantes da terra firme, lutavam contra as ondas, pois um vento forte havia se levantado" (Mateus 14:24 NVT). Naquele momento, a escolha deles foi de resistir à tempestade; eles não estavam dispostos a ceder.

Em certos momentos da nossa vida, essa também tem de ser a nossa resposta. Quando uma crise conjugal aparece, enfrentamos o problema ou desistimos de lutar pelo casamento? Quando uma notícia ruim nos atinge, cedemos? Não. Pelo contrário, a tempestade da vida deve despertar em nós o senso de enfrentamento. Temos de lutar por nossa vida, nosso casamento, nossos filhos, nossos princípios.

As tempestades nos fortalecem e nos ensinam a resistir pela fé. Enfrentamos, não por nossa força, mas pela força daquele que tem poder para vencer qualquer situação e que nos capacita a permanecer de pé ainda que tudo ao nosso redor esteja desmoronando.

Ore comigo

Senhor, ajuda-me a lutar e a resistir quando as tribulações vierem. Que o teu poder me dê forças para permanecer de pé. Em nome de Jesus Cristo, amém.

LEITURA BÍBLICA
Atos 16:26

25
NOVEMBRO

O que muda a realidade

Sabemos que as dificuldades vêm e não podemos evitar, adiar ou ignorar. O Senhor não se agrada com o nosso sofrimento, mas permite que passemos por determinadas circunstâncias para provar o nosso caráter e, depois, nos abençoar com coisas melhores.

Quando as situações difíceis chegam, a resposta inicial deve ser clamar a Deus. Em um momento muito complicado na vida de Paulo e Silas, quando foram aprisionados, a reação deles foi orar e louvar a Deus (v. 25). Elcs não permitiram que a prisão definisse quem eles eram, pois sabiam que, antes de tudo, eram servos do Deus vivo. Paulo e Silas sabiam que a oração poderia produzir algo naquele lugar, bem como no reino espiritual.

Temos a tendência de nos calar ou murmurar, porém o segredo para mudar a realidade começa pela oração. Quando a luta se torna severa, quando a batalha se torna ferrenha, precisamos adotar uma postura de oração. Se você tem passado por dificuldades no trabalho, crises na vida conjugal, enfermidades físicas e emocionais, lutas espirituais, perseguição ou afrontas, dobre os joclhos e ore.

A oração muda realidades. A oração muda ambientes, muda famílias. Neste momento, reflita: Em momentos de crise, qual é a primeira coisa que você faz? A oração não é somente um botão de emergência quando estamos em apuros; ela deve fazer parte da vida do cristão como o primeiro e principal recurso.

Ore comigo

Pai, eu te agradeço pelo privilégio de ter uma linha direta contigo. Ajuda-me a estar em comunhão por meio da oração em todo tempo. Em nome de Jesus Cristo, amém.

26
NOVEMBRO

LEITURA BÍBLICA
Lucas 13:13-16

O encontro que muda tudo

Algumas pessoas pensam que, por serem discípulos de Jesus, estão imunes a qualquer investida do Inimigo contra elas. No entanto, ser discípulo não nos blinda contra a opressão espiritual e os fardos impostos pelo pecado.

Uma história que ilustra esse princípio está em Lucas 13. Ao se deparar com uma mulher acometida por um espírito que a fazia andar encurvada, Jesus impõe as mãos sobre ela e a cura. Um aspecto que nos chama a atenção é que Jesus a identifica como uma filha de Abraão (v. 16). Por isso, concluímos que ela mantinha uma ligação com a fé, mas, de alguma maneira, o Diabo ainda a mantinha cativa.

Isso nos ensina que não é o fato de estar na igreja ou de professar a fé cristã que nos liberta de nossos males, mas sim um encontro com Jesus Cristo. Apenas ele pode libertar do pecado, da morte e do Inimigo. Apenas ele pode nos salvar e tirar de nós o fardo sobre nossos ombros que nos faz andar encurvados.

No versículo 13, lemos que a mulher, após esse encontro com Jesus, não passou apenas pela cura física ("ela se endireitou"), mas por uma cura interior que gerou frutos externos ("e passou a glorificar a Deus"). A obra de Jesus na vida dela tratou daquela condição física, cuja origem era espiritual, e a transformou por completo. Da mesma forma, após um encontro genuíno com Jesus, somos curados e transformados de dentro para fora e podemos testemunhar do que Deus fez em nós, para glória de seu nome.

Ore comigo

Deus amado, que eu carregue comigo evidências de um encontro genuíno e transformador com Jesus Cristo, e não apenas uma religiosidade infrutífera. Amém.

LEITURA BÍBLICA
Lucas 15:16

27
NOVEMBRO

Frutíferos

Afinal, eu escolho por Deus ou Deus me escolhe? No versículo de meditação do dia, o próprio Jesus, no evangelho de João, responde a esse que é um dos principais questionamentos do ser humano com relação a Deus. Ele diz: "Vocês não me escolheram, mas eu os escolhi". A eleição de Deus pode ser polêmica para as diferentes linhas teológicas, mas apontam para uma verdade em comum: a soberania de Deus.

Ele é detentor de todo o poder e é a sua vontade que prevalece. Ao nos dizer que é Ele quem nos escolhe, deixa claro também para que o fez: "para irem e darem fruto". É da vontade do Senhor que sejamos frutíferos, e o tempo de gerar frutos é agora! Por mais que conheçamos as estações, e como tudo muda, lemos inúmeras vezes como o Senhor conta que estejamos preparados em tempo e fora de tempo (2Timóteo 4:2).

Quando lemos a história de Ester, vemos que, a princípio, ela julgou não ser tempo de se expor, afinal, já estava no palácio como rainha. Contudo, Mardoqueu a fez refletir: "Quem sabe se não foi para um momento como este que você chegou à posição de rainha?" (Ester 4:14b). Assim como a saúde de uma árvore é medida pelos frutos que ela dá, você e eu também seremos julgados pelo tipo de frutos que dermos – e também, pelo que não dermos. Por isso, o Pai, que é o agricultor, cuida de sua vinha, podando e cortando os galhos, a medida do resultado que apresentam. Neste dia, o Senhor nos lembra da responsabilidade de sermos frutíferos, e que o nosso fruto permaneça.

Ore comigo

Senhor, tu és o agricultor e o único que pode realizar em mim a poda. Não quero ser lançado fora. Ajuda-me a dar frutos. Em nome de Jesus, amém!

LEITURA BÍBLICA
João 6:8-13

A importância da iniciativa

As adversidades tendem a tirar nossas forças e esperanças. Começamos a nos sentir desanimados em face de algo que aparenta não ter mais solução. Sentimo-nos insuficientes, pensamos que os recursos que temos não bastam, que a situação é grande demais e nós, pequenos demais. Questionamos se vale a pena mesmo investir esforços para resolver um problema conjugal, uma demanda no trabalho, um dilema na criação dos filhos.

Contudo, o pouco que temos pode se transformar em muito se ao menos nos dispusermos e entregarmos o que está em nossas mãos para Jesus, aquele que de fato pode resolver qualquer situação. Um casamento pode ser completamente transformado se um dos cônjuges tiver a iniciativa de dar o primeiro passo em direção à restauração. Um relacionamento entre pai e filho pode ser transformado se um deles estender a mão. Nem sempre podemos resolver os problemas diante de nós. Porém, se houver uma iniciativa da nossa parte de cooperar, os milagres podem acontecer diante dos nossos olhos.

O nosso pouco, diante da dimensão do desafio, nos desanima. No entanto, é uma oportunidade para que vejamos o muito de Deus. Sim, somos insuficientes. Sim, o que temos é pouco. Sim, sozinhos somos pequenos. Entretanto, não importa o problema, mas do poder do Deus em quem confiamos. Em tudo o que nos falta, Deus transborda, e isso deve nos motivar a tomar a iniciativa mesmo em cenários pessimistas.

Ore comigo

Senhor, ajuda-me a tomar iniciativa e a caminhar pela tua fidelidade e no teu poder. Que eu aprenda que tudo é possível ao que crê. Em nome de Jesus, amém.

Mais do que aparência

Jesus nos advertiu sobre os "sepulcros caiados": bonitos por fora, mas cheios de morte por dentro. Na época, os túmulos eram adornados para parecerem atraentes e esconderem a realidade que continham. Muitos de nós também podemos ter uma vida aparentemente impecável, mas por dentro estar vazios, sem vida.

Deus nos exorta a examinar se estamos produzindo frutos verdadeiros. Aparências podem enganar, mas o fruto revela a essência. Lembre-se da história da rainha de Sabá ao visitar o rei Salomão. Ela havia ouvido falar da grandiosidade do reino dele, mas ao vê-lo, ficou impressionada: "Não me contaram nem a metade" (1Reis 10:7). A beleza do reino de Salomão, a sabedoria de suas palavras e o esplendor de seu governo superavam as expectativas.

Devemos desejar que, quando nos conhecerem de perto, as pessoas encontrem muito mais do que aparentamos: frutos de arrependimento, humildade e fidelidade ao Senhor. É fácil criar uma imagem, um discurso ou estilo de vida que pareça bonito, mas o que realmente importa é o nosso coração.

Não há nada mais precioso do que uma vida que frutifica. Deus deseja que sejamos um jardim cheio de árvores frutíferas. O fruto que ele busca em nós não é medido pelo que está visível, mas pela transformação interior que gera impacto em nossa casa, nosso trabalho e nosso testemunho.

Ore comigo

Senhor, ajuda-me a ser mais do que aparência. Que minha vida seja frutífera, refletindo o teu caráter e produzindo frutos que glorifiquem o teu nome. Em nome de Jesus, amém.

LEITURA BÍBLICA
Colossenses 1:3-6

O que Deus espera da igreja

A igreja vai muito além de uma denominação ou um local em que congregamos e atuamos. A igreja é o corpo de Cristo, a união daqueles que professam a fé em Jesus e abandonaram a antiga forma de viver para caminhar segundo os preceitos do Senhor.

Deus espera que a igreja tenha um entendimento claro de que a sua vida não está relacionada ou limitada às coisas deste mundo. A igreja deve entender que seu compromisso é com a eternidade, muito além da ação neste tempo. Ela precisa estar presente e ativa nestes dias, fazendo a diferença em diversas áreas da sociedade "por causa da esperança que está reservada [...] nos céus" (Colossenses 1:5a).

Nossa expectativa como igreja deve ser de uma recompensa celestial. Tudo o que fizermos nesta terra precisa ter como princípio e finalidade a esperança e o compromisso com a eternidade. Essa expectativa é produzida pela verdade do evangelho. Deus espera que a igreja tenha conhecimento da Palavra e que esse conhecimento produza a esperança da vida eterna, do céu.

Por fim, Deus espera que o corpo de Cristo esteja em constante crescimento e frutificação. A igreja deve compartilhar o evangelho e anunciar a esperança da eternidade para todos os povos, a fim de que outras pessoas conheçam a graça de Deus e venham a fazer parte do corpo de Cristo.

Ore comigo

Eu oro pela tua igreja, meu Deus. Fortalece-nos e dá-nos ousadia para crescer e frutificar, firmados na esperança da eternidade contigo. Em nome de Jesus, amém.

Deus ama tanto você que **preferiu** enviar seu filho **Jesus** à cruz a passar a **eternidade** distante de **você**.

DESCANSO

DEZEMBRO

Meu planejamento

Meta

Plano

Leitura bíblica do livro

Atividade em família

Refeição especial

Avaliação alimentar

Tempo de qualidade com amigos

Um filme/série

Um livro/*podcast*

Um médico a agendar

Nota da minha saúde emocional

Atividade física pelo menos três vezes por semana

Participação semanal na comunidade espiritual

Ingestão diária de água

Gestão das finanças pessoais

LEITURA BÍBLICA
1Samuel 7:12

01
DEZEMBRO

O Senhor nos ajuda

Quem pode livrar como o Senhor? Ele é poderoso para nos proteger e nos conceder a vitória, mesmo quando tudo parece difícil.

E quem nunca precisou de um socorro? Israel estava cercado por inimigos e, ao buscar ajuda no Senhor, recebeu livramento. Samuel, então, ergueu uma pedra e a chamou de "Ebenézer", dizendo: "O Senhor nos ajudou até aqui". Hoje, veja quantas vezes Deus o protegeu e o sustentou.

A ajuda de Deus não se limita a um momento; ela é contínua. Ele não desiste de nós, mesmo que às vezes sejamos ingratos ou reclamemos. Seu amor é incansável e sua ajuda é constante. Em vez de deixar marcas de frustração, devemos levantar altares de celebração — monumentos de gratidão a Deus, que nos ajudou e continua nos ajudando.

Deus nunca diz "não ajudo mais". Mesmo quando falhamos, sua graça e misericórdia nos amparam. Ele nos trata como um pai que nunca se cansa de apoiar seus filhos. Talvez você já tenha ajudado alguém e essa pessoa nem agradeceu, mas Deus sempre nos ajuda, e ele espera apenas que sejamos gratos.

Em cada fase da sua vida, o Senhor é quem o ajuda. Seja qual for a dificuldade, ele está lá, sempre pronto para estender a mão. Que hoje você possa erguer esse "Ebenézer" espiritual em sua vida, reconhecendo que foi a ajuda de Deus que o trouxe até aqui. Ele promete continuar ao seu lado, suprindo e protegendo.

Ore comigo

Senhor, obrigado por me ajudar. Que eu nunca me esqueça da tua fidelidade e da tua ajuda contínua em minha vida. Em nome de Jesus, amém.

LEITURA BÍBLICA
João 20:18

Por que choras?

Em seu primeiro sermão, também conhecido como o Sermão do Monte, Jesus trouxe vários ensinamentos e, dentre eles, a promessa de que aqueles que choram seriam consolados (Mateus 5:4). Foram muitos os que o Senhor recebeu em lágrimas. Choro de luto, choro de tristeza, de decepção; lágrimas que o Senhor não desprezou.

No trecho bíblico da leitura de hoje, encontramos Maria Madalena, que ao chegar no túmulo de Jesus e não encontrá-lo, chorou. Os discípulos vieram, constataram a ausência do corpo e se foram, mas ela não. Permaneceu ali sentada, chorando. Foi quando Jesus, em suas primeiras palavras após a ressurreição, disse: "Mulher, por que você está chorando?" (João 20:13a). Sua pergunta era como se também dissesse: Não há mais motivos para chorar!

Ainda hoje o Senhor continua a enxugar nossas lágrimas. Vamos a ele com nossos problemas e dilemas e somos acolhidos, assim como Maria. Jesus a chamou pelo nome, o que fez com que ela imediatamente o reconhecesse; ele também nos chama hoje. Tereza, Carlos, Matheus, Ana... por que choras? Eu estou aqui!

Jesus é o único que pode recolher as nossas lágrimas. Assim como foi com Maria, ele espera que o reconheçamos e contemos aos nossos irmãos: "Eu vi o Senhor!" Quando nos encontramos com Cristo, não há mais motivos para chorar, afinal, ele está ali!

Ore comigo

Querido Jesus, obrigado por não desprezar minhas lágrimas. Creio que enxugas todas elas e que só o Senhor pode transformar pranto em riso. Em nome de Jesus, amém!

O Deus que me vê

Há momentos em que nos sentimos consternados com o que acontece — problemas familiares, relacionamentos turbulentos, dificuldades financeiras. Muitas vezes, as pessoas falham conosco e nos sentimos sozinhos, rejeitados, invisíveis, insignificantes. Às vezes, motivados por esses conflitos, temos vontade de fugir e nos esconder.

Embora esses sentimentos de rejeição e solidão perturbem a nossa alma, precisamos nos apegar a uma verdade inabalável: Deus nos vê. Ele vê a nossa dor, o nosso sofrimento. Ele ouve as nossas súplicas, ainda que não tenhamos força física para exprimi-las. Ele ouve o nosso choro, mesmo quando este está preso na garganta. Ele nos encontra quando tentamos fugir e nos esconder, e nos dá uma nova direção. Ele transforma a nossa angústia em alegria e nos dá um testemunho.

Ainda que as pessoas nos rejeitem, decepcionem ou machuquem, temos um Deus com quem podemos contar em todas as situações e que jamais nos ferirá. Ainda que sejamos invisíveis para as pessoas, não somos invisíveis para Deus. Podemos até tentar ocultar as nossas dificuldades dos outros, mas não do Senhor, que esquadrinha as profundezas da nossa alma.

Na presença do Senhor, podemos encontrar realinhamento, propósito e promessa. Ele nos redireciona e nos conduz por um novo caminho. Ele nos mostra que não somos insignificantes, pois tem um desígnio e uma promessa para a nossa vida. Portanto, não tente fugir do lugar onde Deus pretende o abençoar!

Ore comigo

Senhor Deus, traga ao meu coração a certeza de que tu me vês e ouves em todo o tempo. Em nome de Jesus, amém.

LEITURA BÍBLICA
João 5:6-9

Você quer ser curado?

Será que alguma coisa o tem impedido de viver os planos de Deus para a sua vida? Será que você tem se conformado à sua situação, em vez de abraçar a novidade, a transformação e os milagres do Senhor na sua vida?

Com frequência, vemos pessoas em situações complicadas e hostis, mas que não saem desse lugar de jeito nenhum. Elas culpam as circunstâncias, os outros, sentem que dependem de algo ou alguém, e assim permanecem presas, incapazes de se mover em direção à vontade de Deus para elas.

Quantas vezes nós mesmos fazemos isso? Encontramos desculpas, justificativas e empecilhos quando, na verdade, basta que tomemos uma decisão e tenhamos atitudes coerentes com ela.

Certa vez, ao se encontrar com um homem paralítico, Jesus lhe fez uma simples pergunta: "Você quer ser curado?" O homem lhe respondeu com os motivos pelos quais ele não conseguia a cura, mas não era isso que Jesus buscava.

De igual modo, em diversas ocasiões, Jesus nos faz a mesma pergunta. A forma como responderemos diz muito a respeito de onde está a nossa confiança e dependência. Para que vivamos os planos de Deus e desfrutemos de bênçãos e milagres, precisamos depender única e exclusivamente dele. O que define as nossas circunstâncias não é a conduta do próximo, o tamanho da dificuldade nem sequer o que pensamos a respeito delas, mas o nosso relacionamento com Deus.

Ore comigo

Deus meu, ensina-me a depender somente de ti e a confiar em ti de todo o coração. O meu anseio é viver os teus planos. Amém!

LEITURA BÍBLICA
Colossenses 2:14

05
DEZEMBRO

Onde ele está

Há uma esperança que só o Evangelho é capaz de produzir. É pela narrativa bíblica que tomamos conhecimento da verdade que, revelada em nosso coração, é a única coisa que nos faz verdadeiramente livres. De Gênesis a Apocalipse, as Escrituras nos apresentam Cristo, o Verbo encarnado, e é ele a razão de tudo desde a eternidade.

A fé cristã é toda pautada na morte e ressurreição de Jesus. Ele, que triunfou sobre o maior de todos os nossos inimigos, a morte, é digno de confiança pois, foi o único capaz de vencer o invencível. Um salvador morto não salva ninguém, mas, triunfando naquilo que nos limita, tem todo o poder para nos garantir vida, e vida eterna.

Somos chamados a meditar na profundidade e na altura que existe na morte e ressurreição de Cristo. Sem tal acontecimento, estaríamos todos fadados ao fracasso, sem direito à eternidade. Pensar em sua ressurreição é também a certeza de tê-lo aqui, dentro de nós, acessível ao nosso chamado.

Ele é o autor e consumador da vida. Nele, temos a certeza de um futuro que vai além de uma cova fria. Quando fixamos nossos olhos em Jesus, podemos ter em nós uma viva esperança. Em Cristo, vamos além do ponto final e temos o melhor destino de todos: estar onde ele está!

Ore comigo

Querido Jesus, teu sacrifício na cruz e vitória sobre a morte me fazem viver na esperança de um futuro de paz. Eu te agradeço, em nome de Jesus, amém!

LEITURA BÍBLICA
João 11:40

Nunca é tarde demais

Em situações de angústia, é comum que as pessoas se sintam desanimadas e desoladas a ponto de pensar que a vida se resume a dificuldades, dores e tribulações. Elas começam, então, a nutrir pensamentos de falta de esperança.

No entanto, o evangelho nos mostra que, independentemente da situação, por mais que tudo pareça estar perdido, Jesus pode nos dar a esperança do renovo. Ele, poderoso para ressuscitar os mortos, tem poder para também ressuscitar os sonhos que nos foram arrancados. Cristo tem poder para sarar as mais profundas feridas da nossa alma e para transformar a nossa dor em testemunho.

Vemos essa realidade retratada na Bíblia no relato da cura da mulher com fluxo de sangue. Ela perdeu todos os seus recursos na tentativa de buscar uma solução para seus problemas e, após doze anos de sofrimento, encontrou esperança em Jesus (cf. Lucas 8:40-56). Não é diferente da ressurreição de Lázaro, que havia sido sepultado quatro dias antes da chegada de Jesus (cf. João 11:39).

O Senhor nos ensina que, se crermos, veremos a glória de Deus. Temos de crer que nosso Senhor tem poder para intervir nas circunstâncias que nos assolam. Temos de crer que ele se importa conosco e vê a nossa aflição. Temos de crer que a vontade dele é soberana e que os planos dele são maiores e melhores do que os nossos. E temos de crer que, assim como nos exemplos bíblicos, nós também podemos ver a manifestação da glória de Deus na nossa vida!

Ore comigo

Senhor, creio em ti e no teu poder. Ajuda-me a perceber que não há situação alguma que tu não possas transformar. Em nome de Cristo Jesus, amém.

Olhe para o céu e creia

Você já parou para pensar para onde está olhando? Se você olha para seus recursos e limitações, é fácil cair na mesma crise de fé que Abraão enfrentou. O medo e a dúvida se instalam, e você começa a pensar que não terá um fim positivo.

Quando olhamos apenas para o que está ao nosso redor, podemos desanimar. Por isso, Deus tirou Abraão de sua tenda, dizendo: "Olhe para o céu", e ensinou que os recursos do céu são inesgotáveis e ilimitados. O Senhor desafiou Abraão a contar as estrelas, sabendo que ele não conseguiria, pois queria dar uma amostra do que estava por vir. Ele corrigiu a perspectiva de Abraão e o fez crer novamente.

O mesmo Deus que levou Abraão para fora da sua tenda limitada quer levar você para fora das suas limitações hoje. Pare de olhar para as suas circunstâncias e comece a olhar para o céu. O mesmo Deus que transformou o coração de Abraão de um homem cheio de medo e dúvida para um homem de fé, quer transformar o seu coração hoje.

Talvez você esteja enfrentando um cenário de incerteza, pensando que sua história terminará do jeito que parece. Mas Deus convida você a confiar nele. Ele é o Deus das promessas e nunca falha. Quando ele diz que fará, ele cumpre. Abraão creu no Senhor e foi considerado justo; Deus convida você hoje a crer nele também.

Olhe para o céu e creia. Os planos de Deus para sua vida são maiores do que você imagina. Saia da sua tenda de limitações e comece a contar estrelas. Creia no Deus que faz o impossível acontecer!

Ore comigo

Senhor, ajuda-me a confiar em ti e a deixar de lado meus medos e dúvidas; quero crer firmemente em tuas promessas. Em nome de Jesus. Amém.

08
DEZEMBRO

LEITURA BÍBLICA
Tiago 1:6-26

Confiança em meio à luta

Quando as batalhas testam nossa fé, perguntamos se Deus realmente pode agir em nosso favor. Assim como o pai do menino no Evangelho de Marcos procurou Jesus em desespero, talvez cheguemos diante de Deus com esperança abalada e cheios de dúvidas. O Senhor nos chama a confiar. Quando levamos nossos medos e limitações ao Senhor, ele nos acolhe e nos convida a confiar, dizendo: "Tudo é possível ao que crê".

As lutas da vida podem nos fragilizar e fazer nossa fé parecer pequena, mas, assim como aquele pai clamou por ajuda, podemos ser sinceros em nossas fraquezas. Ao reconhecer nossa impotência, Jesus se aproxima e diz: "Eu renovarei suas forças". Em momentos de desespero, ele nos convida a crer. Lembre-se do que Jesus disse a Jairo: "Não temas, crê somente". Não importa o que você esteja enfrentando, Deus tem poder para transformar sua situação.

Nas situações difíceis, somos convidados a orar mais, a buscar mais, a confiar mais. Nossa confiança não deve estar na resolução instantânea dos problemas, mas em Deus, que nos dá forças para suportar e superar cada desafio. O Senhor é poderoso para transformar nossa fraqueza em vitória, e, no momento certo, revelará glória em sua vida.

Coloque suas preocupações e angústias diante do Senhor. Hoje é tempo de buscar renovação. O milagre que você precisa pode estar mais perto do que imagina, mas é necessário crer e se entregar a Deus. Ele é a fonte de força e esperança em meio à fraqueza.

Ore comigo

Senhor, entrego a ti minhas lutas e fraquezas; e peço-te que renoves minhas forças e minha fé. Em nome de Jesus, amém.

Resistência ao mundo

A palavra de Deus é a arma mais poderosa contra as mentiras e os enganos. Quando conhecemos a Bíblia, podemos discernir os pensamentos e desejos que não estão alinhados com a vontade de Cristo e resistir às tentações. Muitas vezes, não precisamos orar por orientação, pois está clara na Palavra. Conhecer as Escrituras nos ajuda a resistir ao Diabo com autoridade, sabendo que ele foge da verdade.

A indecisão faz de nós alvos fáceis para o Inimigo. Aqueles que vacilam na fé e em suas convicções tornam-se presas fáceis para as artimanhas do Diabo. Tiago nos alerta a limparmos nossas mãos e nosso coração, reconhecendo nossas falhas e buscando a purificação.

Ele também nos ensina que a resistência ao Diabo requer ação, pois significa opor força e manter-se firme no Senhor. Além disso, Tiago nos chama a nos aproximarmos de Deus. Andar perto de Deus é viver uma vida de comunhão constante, não apenas em momentos de culto, mas em cada minuto do nosso dia, permitindo que o Espírito Santo nos guie em todas as nossas decisões.

Precisamos decidir se queremos andar com Deus ou com o mundo, pois não podemos servir a dois senhores. Nosso chamado é para sermos luz e sal neste mundo, refletindo o caráter de Cristo em tudo que fazemos.

Portanto, vamos nos comprometer a ser vigilantes, resistir ao mundo e ao pecado, e nos aproximar cada vez mais de Deus. Que nossa vida seja um testemunho da luz que expulsa as trevas e da verdade que transforma corações.

Ore comigo

Senhor, enche o meu coração com a tua Palavra para resistir ao Inimigo e viver em obediência à tua vontade. Em nome de Jesus, amém.

LEITURA BÍBLICA
Filipenses 3:14

Concentre-se no destino

Todo tratamento médico é doloroso, mas precisamos ter em mente o resultado para não desanimar ou perder as esperanças. Assim também deve ser a nossa vida. Os processos e momentos de dificuldades pelos quais passamos nem sempre são fáceis, porém precisamos pensar no objetivo para que não enfraqueçamos ou nos desviemos do nosso propósito.

A única forma de caminharmos pelas provações com perseverança, esperança e firmeza é focar nos resultados que serão produzidos. Embora passemos por tribulações e dores nesta terra, sabemos que a nossa vida não se resume a isso. Além das bênçãos que Deus nos concede, haverá um momento em que enfim desfrutaremos da eternidade com ele, distantes de qualquer dor, medo, angústia ou necessidade.

Precisamos, como orientou o apóstolo Tiago em sua carta, perseverar em meio às dificuldades (veja Tiago 1:2-4). Enquanto não desanimamos e continuamos a crer, esperar e confiar, Deus nos aperfeiçoa, fortalece e prepara para o prêmio que nos aguarda.

Em diversas circunstâncias, nossa fé será provada. Nesses momentos, não temos de focar no sofrimento, que é passageiro, mas no destino para o qual temos caminhado. Portanto, não desanimemos, pois há na linha de chegada um prêmio muito melhor do que poderíamos imaginar. Como escreveu o apóstolo Paulo: "Considero, pois, que os sofrimentos do tempo presente não podem ser comparados com a glória que em nós será revelada" (Romanos 8:18).

Ore comigo

Senhor Deus, dá-me forças para perseverar e tira do meu caminho qualquer coisa que me distancie do meu destino. Em nome de Jesus, amém.

LEITURA BÍBLICA
Hebreus 11:6

11
DEZEMBRO

A confiança gera recompensa

Na Bíblia, há muitos exemplos de fé e perseverança de pessoas que viveram o sobrenatural por confiarem nas promessas de Deus. Rute é exemplo perfeito. Sua história com Boaz nos mostra que o Senhor recompensa quem confia plenamente em seus propósitos. Rute, mesmo sendo uma estrangeira, decidiu cuidar da sua sogra Noemi e procurar uma forma de sustento para ambas. Sua coragem e dedicação chamaram a atenção de Boaz, que a acolheu e lhe deu segurança.

Deus vê o nosso esforço e valoriza a nossa dedicação. Ele é fiel para recompensar aqueles que escolhem caminhar em fé, mesmo quando o caminho parece incerto. Rute não ficou parada esperando que as coisas mudassem sozinhas. Ela foi em busca de uma solução e Deus lhe preparou um caminho de vitórias. Conosco não é diferente. Quando agimos com fé, podemos ter certeza de que Deus observa cada passo e nos prepara para algo grandioso.

O versículo de Hebreus 11:6 nos lembra que sem fé é impossível agradar a Deus. Isso significa que precisamos crer, mesmo quando não entendemos o que está acontecendo ao nosso redor. A fé nos leva a tomar decisões que mostram nossa confiança no Pai.

Durante toda a vida, podemos enfrentar desafios que parecem maiores do que nós. No entanto, podemos confiar que Deus tem algo preparado para aqueles que nele confiam. A recompensa pode não ser imediata, mas virá, porque o Senhor é fiel e justo para honrar aqueles que perseveram e creem em suas promessas.

Ore comigo

Senhor Deus, peço-te que aumente a minha fé para que eu possa te buscar com todo o meu coração. Em nome de Jesus, amém.

LEITURA BÍBLICA
Salmos 30:5

Por que choras?

No momento mais difícil de Maria Madalena, Jesus a encontrou. Ela chorava, desolada por ter perdido seu Senhor, sem nem sequer reconhecer que ele estava ali, vivo, diante dela. Muitas vezes, choramos pelo que parece perdido, sem perceber que Jesus está ao nosso lado, pronto para enxugar nossas lágrimas e renovar nossa esperança.

Jesus chama Maria pelo nome e traz à memória todo o amor e cuidado demonstrado por ela. Cristo também chama a mim e a você pelo nome. Ele conhece nossas angústias, dores e está presente para nos consolar.

A ressurreição de Jesus nos garante que não há mais motivo para nos desesperar, pois ele venceu a morte e nos oferece a vida eterna. Ele nos convida a trocar o pranto pela alegria da sua presença, cheia da esperança e certeza de que ele está conosco.

Jesus pergunta a Maria: "Por que você está chorando?" Essa é uma pergunta que ele faz a todos nós quando nos deparamos com as dificuldades, os desafios e as dores da vida. A resposta de Jesus para o nosso choro é clara: "Não há mais motivo para chorar. Eu venci a morte".

Talvez você também esteja chorando por frustrações, decepções ou expectativas que não se cumpriram. Assim como Maria Madalena diante do túmulo vazio, só vemos restos do que um dia nos deu esperança. Mas Jesus, o Cristo ressurreto, vem ao nosso encontro para enxugar nossas lágrimas e nos lembrar que não há mais motivo para chorar. Ele está vivo e a vitória já foi conquistada.

Ore comigo

Senhor Jesus, obrigado porque tu me conheces pelo nome e estás sempre ao meu lado, até nos momentos mais difíceis. Em teu nome, oro, amém.

LEITURA BÍBLICA
Atos 9:17-18

13
DEZEMBRO

Evidências da presença do Espírito Santo

A presença do Espírito Santo precisa produzir um estilo de vida e resultados diferentes na pessoa e no lugar onde ela está. Ninguém pode dizer que recebeu poder do alto se permanecer como antes. De igual modo, por onde passarmos, temos de levar conosco a presença do Espírito de Deus, de modo que essa seja a nossa marca.

Talvez um dos maiores exemplos de transformação seja o apóstolo Paulo. Antes de sua conversão, ele "respirava ameaças de morte contra os discípulos do Senhor" (cf. Atos 9:1) de forma incansável. Entretanto, após se encontrar com Jesus Cristo e receber o batismo do Espírito Santo, a vida de Paulo se tornou uma vida de dedicação incansável e corajosa à pregação do evangelho, ao ensino da Palavra e a um relacionamento de intimidade com Deus.

A presença do Espírito Santo na vida dele produziu frutos para a eternidade. Por onde o apóstolo passava, segundo o poder de Deus nele, pessoas se convertiam e conheciam o caminho, a verdade e a vida, Jesus Cristo. Ele deixou de ser conhecido como o perseguidor de cristãos e passou a ser conhecido como um grande exemplo de homem cheio do Espírito.

O Espírito Santo nos capacita a viver uma vida de santidade e poder, e assim pode atuar por nosso intermédio. O Espírito pode produzir em nós dedicação incansável e corajosa, uma característica indispensável àqueles que carregam consigo a presença do Espírito.

Ore comigo

Meu Deus, que o teu Espírito produza em mim frutos eternos e transforme a minha vida e o meu caráter por completo. Em nome de Cristo Jesus, amém.

LEITURA BÍBLICA
Mateus 5:16

Vida de efeito

Normalmente, as pessoas gostam de frases de efeito. Falam, postam e compartilham esse conteúdo em busca de reconhecimento, elogios e curtidas. Por que, então, não podemos ter uma vida que produza efeitos? Que agrada a Deus, não às pessoas? As frases de efeito podem causar impacto por um breve momento, no entanto, a vida de efeito gera frutos por toda a eternidade.

Como, porém, podemos viver dessa forma? A Bíblia nos instrui a viver de maneira agradável a Deus, de modo que o mundo saiba que somos diferentes. Encontramos essas orientações na pregação de Jesus no Sermão do Monte (veja Mateus 5—7), mas também em como ele viveu quando estava nesta terra. Os ensinamentos e o estilo de vida de Jesus devem ser o nosso referencial e o nosso modelo de como deve ser a nossa conduta. Tudo em nós deve apontar para Cristo.

No entanto, não podemos ter uma vida de efeito por nossos próprios esforços, e sim pelo poder do Espírito Santo, que atua em nós e nos transforma de glória em glória. Uma vida de efeito produz o fruto do Espírito, que é "amor, alegria, paz, paciência, amabilidade, bondade, fidelidade, mansidão e domínio próprio [...]" (Gálatas 5:22-23).

Quando você vive uma vida de pureza e santidade, o impacto dela faz as pessoas começarem a ver que é Cristo quem vive em você (cf. Gálatas 2:20). Quão bom é refletir o caráter do Senhor Jesus em cada palavra, em cada atitude. Em tudo o que fizer, que Cristo seja visto em você. Essa é a vida de efeito agradável a Deus.

Ore comigo

Deus, que o teu Espírito me conduza a viver de maneira agradável a ti e me conforme à semelhança a Cristo. Em nome de Jesus, amém.

Reflexos da graça de Deus

Se alguém perguntar o que você é e no que crê, espero que sua resposta não precise de rótulos, mas que sua vida seja a maior evidência do seu cristianismo. Os primeiros a serem chamados de cristãos em Antioquia foram reconhecidos porque a vida deles evidenciava a transformação que o evangelho havia produzido neles.

Nosso desafio é sermos conhecidos pela graça de Deus refletida em tudo o que somos e fazemos. Para isso, é essencial conhecer o evangelho, viver de acordo com ele e estar pronto para defender nossa fé. Muitas filosofias distorcem a mensagem de Jesus, é nossa responsabilidade conhecer a verdade e viver à altura da graça.

A transformação acontece quando conhecemos, vivemos e somos transformados pelo evangelho, como aconteceu com os primeiros cristãos em Antioquia. Lá, a luz de Cristo resplandeceu nas vidas transformadas. Nosso desafio é refletir o evangelho em cada palavra e ação; conhecer a Bíblia; viver a verdade de Deus; e ser um reflexo da sua graça. Que o mundo possa ver em nós o testemunho vivo do amor e poder de Cristo. Que nossa fé seja clara, autêntica e inegociável, e que nossa vida seja uma propaganda favorável do evangelho para o mundo.

Que sejamos vistos como verdadeiros embaixadores de Cristo, refletindo seu amor, pureza e santidade. Que as pessoas possam ver em nós a graça de Deus em ação, assim como Barnabé viu em Antioquia. Que sejamos um testemunho vivo, propagando o evangelho por meio de nossa vida.

Ore comigo

Senhor, ajuda-nos a conhecer o evangelho e vivê-lo de forma plena. Que nossa fé seja autêntica, marcada pela transformação em Cristo. Amém.

LEITURA BÍBLICA
Hebreus 10:37

Você não viu ainda, mas vai ver

Às vezes, passamos por momentos de seca espiritual, em que parece que nada está acontecendo. As orações parecem não ser ouvidas e as promessas de Deus parecem distantes. No entanto, assim como o servo de Elias, que foi diversas vezes olhar para o horizonte em busca de sinais de chuva, somos chamados a perseverar e confiar. O fato de não vermos nada ainda não significa que Deus não está agindo. Ele está preparando o terreno, organizando o céu para liberar a sua bênção sobre nós.

Talvez hoje você sinta que nada mudou, como o servo de Elias que voltava dizendo: "Eu não vi nada". A espera pode ser dolorosa, mas é também um convite de Deus para alinhar nossa vida com a vontade divina. Elias sabia que a chuva viria, mas antes disso, restaurou o altar, colocando em ordem o que estava quebrado. Da mesma forma, quando há desordem em nossa vida, Deus nos chama a reparar o altar do coração, abandonando influências que nos afastam dele.

Assim como o servo de Elias, talvez você precise olhar várias vezes, mas não desista. Deus já está movendo o cenário a seu favor. No tempo certo, você verá nuvens formarem-se como sinais de bênçãos a caminho. Lembre-se de que não existe céu aberto sobre uma vida sem altar. Busque-o, ore, abandone o que o Espírito aponta, e observe como ele fará o impossível em sua vida. É hora de colocarmos a nossa casa em ordem, restaurarmos o altar do Senhor em nossa vida e esperarmos o milagre.

Continue firme! Você não viu ainda, mas vai ver.

Ore comigo

Senhor, ajuda-me a colocar minha casa em ordem e a restaurar teu altar em minha vida. Que eu possa confiar no teu agir. Em nome de Jesus, amém.

Estenda a mão e experimente o milagre

Quando Jesus diz ao homem com a mão ressequida: "Estende a sua mão", parecia impossível aquilo acontecer. Afinal, o homem nunca teve a capacidade de usar a mão, como poderia simplesmente estendê-la? Mas Jesus, em sua graça e poder, desafiou o impossível.

Para vivermos milagres, precisamos enfrentar e superar oposições externas e internas. Muitas vezes, há impossibilidades diante de nós — barreiras que parecem intransponíveis. Jesus, porém, nos convida a não nos render a elas. A limitação desse homem era física, visível a todos, mas nós também carregamos nossas próprias limitações, sejam elas emocionais, espirituais ou mentais.

Jesus sabe de nossas lutas internas. No entanto, mesmo com a visão completa de quem somos, ele nos convida a agir pela fé. Ele diz: "Estenda a mão", ou seja, "faça o que parece impossível".

Assim como aquele homem provavelmente vivia escondido, sentindo vergonha de sua condição, nós também, em nossas fraquezas às vezes preferimos nos esconder. No entanto, Jesus nos encontra onde estamos, mesmo que tentemos fugir de sua presença. Não há lugar onde ele não possa nos encontrar.

Quando aquele homem estendeu a mão, ele experimentou o milagre. Da mesma forma, Jesus está nos chamando a confiar e agir, mesmo quando a lógica humana ou a religião nos dizem que não é possível. A graça de Deus não conhece barreiras, e todo momento é apropriado para receber a cura e a restauração de Cristo.

Ore comigo

Senhor Jesus, tu conheces o meu coração e sabes das minhas lutas. Confio em ti e creio que és capaz de me restaurar, curar e transformar. Amém.

LEITURA BÍBLICA
Gálatas 5:25

Andar pelo Espírito

Aristóteles, filósofo grego, tinha um hábito diferenciado para ensinar seus alunos. Enquanto outros mestres se sentavam para lecionar, ele ensinava enquanto caminhava, e os discípulos o seguiam. Por isso, seus seguidores eram conhecidos como "peripatéticos", que significa "itinerante". Aristóteles buscava, por meio desse método, mostrar que todo lugar, em todo tempo, é uma oportunidade para aprender.

Podemos aplicar esse exemplo na nossa vida espiritual. Nós temos um mestre muito maior do que Aristóteles: o Espírito Santo de Deus, que nos ensina e ministra ao nosso coração. Precisamos entender que, se desejamos fazer a vontade de Deus, não podemos nos limitar a receber as instruções da parte do Senhor apenas no ambiente do culto. Temos de compreender que o Espírito Santo deseja nos instruir e falar conosco quando estamos no carro, no mercado, no trabalho ou fazendo as tarefas básicas do dia a dia.

O Espírito de Deus nos ensina continuamente; precisamos apenas estar atentos à sua voz. Andar pelo Espírito não é ir à igreja uma ou duas vezes na semana, ler a Bíblia algumas vezes no mês ou falar "Deus abençoe" quando nos despedimos das pessoas. Andar pelo Espírito é viver uma busca contínua pela presença de Deus. Andar pelo Espírito é assumir o compromisso diário de obedecer à vontade soberana do Pai, de conhecer mais profundamente a Palavra, de testemunhar os feitos e o caráter de Jesus em tudo o que fazemos e falamos.

Ore comigo

Santo Deus, graças te dou por me conceder o privilégio de receber as tuas instruções e orientações por intermédio do teu Espírito. Amém!

Deus luta nossas batalhas

Quando olhamos para o tamanho dos nossos inimigos e das nossas lutas, as adversidades podem nos fazer pensar que o futuro é incerto. Deus, porém, nos lembra que há esperança para o nosso futuro porque quem peleja as nossas batalhas é o Senhor.

Com Jesus no centro da nossa história, os inimigos que não conseguimos vencer são derrotados. Jesus nos garante que ele pode vencer os inimigos que enfrentamos no dia a dia. Nossa esperança está firmada no fato de que o Senhor luta por nós.

Ao prometer esperança para o futuro do povo de Israel, Deus estava declarando seu poder de restaurar e mudar a sorte de um povo quebrado pelo pecado e desobediência. Essa mesma promessa vale para nós hoje. Se confiarmos em Deus, ele mudará nossa realidade e transformará nosso lamento em júbilo. Ele é o Deus que restaura, que traz esperança e muda a nossa história.

Às vezes, olhando para as circunstâncias e para o tamanho dos desafios, é fácil sentir que não há esperança. Nossa visão é limitada, e os recursos parecem pequenos demais diante das dificuldades. No entanto, quando olhamos para o que Deus pode fazer, tudo muda. A Palavra nos lembra que nosso futuro está nas mãos daquele que tem planos perfeitos. Ele nos promete restaurar, transformar e dar-nos uma nova esperança. Quando nossos planos falham, o plano de Deus prevalece, pois ele é quem muda nossa sorte e reconstrói tudo o que foi quebrado. Como o oleiro molda o barro, assim Deus molda a nossa vida.

Ore comigo

Senhor, ajuda-me a confiar em ti, não nas minhas forças. Sei que podes mudar a minha sorte e me conduzir à vitória. Em nome de Jesus, amém.

20
DEZEMBRO

LEITURA BÍBLICA
Salmos 60:12

Abraçando o chamado de Deus

Você não tem ideia do que Deus pode fazer se você acreditar que tudo é possível ao que crê. O medo não pode mais governar ou escravizar você, pois Jesus restaura sua verdadeira identidade.

Deus quer que você entenda que o encontro com ele muda a sua história. O Senhor quer ajustar a sua mentalidade segundo a verdade da Palavra. Ele declara: "Eu sou contigo, você é valioso, um guerreiro e nasceu para vencer". Deus nos fez para algo maior. Gideão achava que não tinha valor, e Davi foi menosprezado, mas Deus os usou para realizar grandes coisas. O mundo pode tentar colocar sobre seus ombros o fardo da incapacidade, mas Deus acredita em você.

Com Deus ao seu lado, nada pode derrotá-lo. Nenhum problema é grande o suficiente para impedir quem decide fazer as coisas com a força e a coragem que vem do Senhor. Deus está chamando você para sair da caverna, para parar de viver na opressão e no medo, como Gideão, que malhava trigo no lagar com medo de ser descoberto pelos inimigos. O medo distorce sua percepção de si mesmo, mas Deus lhe deu um espírito de ousadia, de conquista.

O Senhor deseja que você experimente um novo tempo. Seus melhores dias estão por vir. Suas maiores conquistas estão a caminho. Através da sua vida, Deus fará grandes coisas, assim como fez com Gideão, Davi, Pedro e Paulo. Você não foi chamado para viver escondido, mas para enfrentar os desafios no poder que vem do Senhor.

Ore comigo

Senhor, liberta-me de toda opressão e insegurança. Que eu possa viver plenamente o que tu planejaste para a minha vida. Em nome de Jesus, amém.

21
DEZEMBRO

LEITURA BÍBLICA
Mateus 14:28-31

Ponha o pé na água e experimente o sobrenatural de Deus

Hoje, você está disposto a pôr o pé na água? Deus quer levá-lo a águas profundas, a experiências novas. Para isso, você precisa pôr o pé na água pela fé sem hesitar.

O rio Jordão estava transbordando quando Deus mandou o povo pôr o pé na água. O Senhor prova nossa fé nos momentos mais difíceis. Quando o rio está cheio, ele nos diz: "Você não disse que confia em mim? Então, ponha o pé na água". É nesse ato de fé que o milagre se manifesta. Ele acontece no exato lugar onde exercitamos a nossa fé.

Lembre-se da mulher com o fluxo de sangue em Marcos 5. Quando ela decidiu que, se apenas tocasse a orla das vestes de Jesus, seria curada, rompeu a multidão e exerceu fé. No momento que tocou a orla, imediatamente saiu poder de Cristo. Sua fé a levou a fazer o que ninguém estava disposto a fazer. Hoje, você pode estar se sentindo sem esperança, pôr o pé na água é o convite de Deus para experimentar transformação.

Quando os sacerdotes puseram o pé na água, todo o povo que vinha atrás deles passou em terra seca. Isso nos ensina que a nossa fé pode abrir caminhos para outros. Deus está esperando você ousar, molhar o pé e confiar.

Mergulhe nas águas da graça de Deus. Se é tão maravilhoso pôr o pé na água, imagine mergulhar por completo!

Ore comigo

Querido Deus, tu és o rio de águas vivas onde coloco meus pés pela fé, crendo que tu perdoas os meus pecados e mudas a minha vida. Em nome de Jesus, amém.

LEITURA BÍBLICA
Mateus 14:28-29

Passos de fé

A história de Pedro é conhecida, o homem que andou sobre as águas. Sabemos que ele estava em conflito, que as ondas e os ventos tiraram seu foco fazendo-o afundar, mas quem mais colocou o pé para fora do barco além dele?

Todos os dias o Senhor nos chama a andar sobre as águas. A cada desafio, ele continua dizendo: Venha! A verdade é que quem não der um passo de fé não vai chegar no lugar que Deus sonhou. Nos caminhos do Senhor, que são mais altos, e nos pensamentos que não são os nossos (Isaías 55:8-9), nem sempre haverá chão e será preciso colocar os pés na água.

Cada um de nós, assim como Pedro, pode contar que, em algum momento da vida, precisou andar sobre as águas. Aquele dia em que a gasolina do carro ia acabar, mas você confiou e foi; o dia em que o gás durou um pouco mais até que o pagamento chegasse... são inúmeros os testemunhos em que o Senhor lhe disse "venha" e você foi!

Neste dia, o Senhor só deseja trazer à sua memória aquilo que lhe dá esperança (Lamentações 3:21) e relembrá-lo que, ao chegar diante de situações intransponíveis, basta lembrar-se do que ele um dia já fez. Deus não muda e jamais mudará! Ele continua convidando você a dar passos de fé, diariamente, pois essa é a vida com ele. Hoje ele quer saber se, mais uma vez, você está disposto a colocar os pés para fora do barco. E então, qual a sua resposta?

Ore comigo

Sim, Senhor, seguirei com meus pés para fora do barco e meus olhos fixos em ti. Meu coração permanecerá aquecido pelo teu agir em mim. Em nome de Jesus, amém!

LEITURA BÍBLICA
Marcos 5:28

23 DEZEMBRO

Tocando em Jesus

Você sabia que tem coisas que só estão esperando uma atitude de fé da sua parte para acontecer? Deus já está com tudo preparado, aguardando você para liberar o sobrenatural. Foi assim com a mulher do fluxo de sangue, que determinou em seu coração que, se tão somente tocasse na orla do manto de Jesus, seria curada, e assim foi!

Quantos de nós não ficamos amortecidos pelo sofrimento e desistimos de dar um passo de fé! Passamos a repetir um discurso gospel de: seja feita a vontade de Deus quando, na verdade, não cremos mais na manifestação do seu poder. A vontade do Senhor ainda é a mesma: curar, salvar, restaurar, se manifestar e dar glória ao Pai.

O Senhor espera por homens e mulheres que estejam dispostos a arriscar, assim como aquela mulher. Ela poderia ter sido pega e apedrejada, mas nada conseguiu mudar seu pensamento de que, ao tocar em Jesus, o milagre aconteceria.

Há quanto tempo você não toca em Jesus? Há quanto tempo não se arrisca e apresenta a ele uma fé radical, que custa tudo? O Senhor conta com o seu sim para proporcionar a você experiências novas, milagres, sinais e maravilhas. Ele não mudou e ainda quer nos dizer: “A sua fé te curou! Vá em paz e fique livre do seu sofrimento” (Marcos 5:34).

Ore comigo

Senhor, não quero apresentar a ti discursos prontos, mas uma fé viva e ativa. Restaura minha coragem e ousadia para ver o Senhor manifestar teu poder. Em nome de Jesus, amém!

LEITURA BÍBLICA
Mateus 1:18-21

O mistério da encarnação

Uma das coisas mais fascinantes e belas do evangelho é a encarnação do Filho de Deus, um ato sobrenatural. Os acontecimentos fogem do padrão: uma moça virgem prometida em casamento a um rapaz de repente recebe a visita de um anjo que diz que ela geraria o Salvador do mundo por meio do Espírito Santo. Seu noivo também recebe a visita do anjo para assegurá-lo de que a criança gerada viria para salvar o povo do pecado.

Eis o mistério da encarnação: Por que Deus precisou tomar forma humana? Por que ele, em seu plano, decidiu visitar aquela jovem e nela gerar, pelo Espírito Santo, o Salvador do mundo? Por que esses maravilhosos acontecimentos tiveram de acontecer para que o próprio Deus se tornasse carne e viesse habitar entre os homens?

O anjo diz claramente que Jesus viria para salvar o povo do pecado, como bem sabemos. Contudo, há algo a mais envolvido no porquê da encarnação. Jesus veio como homem para que Deus manifestasse a verdade de si mesmo para o homem. Ele é a revelação do próprio Deus, como veio a afirmar posteriormente: "Quem vê a mim vê o Pai" (cf. João 14:9).

A imagem de Deus revelada em sua criação foi comprometida quando o pecado entrou na humanidade. Portanto, a encarnação é parte do plano de Deus de revelar sua real natureza sem a interferência do pecado. Quando olhamos para Jesus, vemos o próprio Deus. A encarnação tem como objetivo que possamos ver, na pessoa de Jesus, a plenitude da glória divina.

Ore comigo

Eu te louvo, Pai querido, pois enviaste teu Filho amado e perfeito a este mundo para revelar a tua glória e trazer salvação! Graças te dou, amém!

O verdadeiro Natal

Em um tempo em que as pessoas se apoderam do Natal e o celebram pelos motivos errados, dando-lhe cada vez mais ênfase comercial e mundana, é necessário que resgatemos o significado do verdadeiro Natal. De nada adianta um feriado cheio de presentes, decorações festivas deslumbrantes e mesas fartas se não houver a essência do Natal: Jesus Cristo.

A celebração do nascimento do Filho de Deus é o que traz sentido a esta data. Aquele que revela a plenitude da glória de Deus se desfez de sua glória e veio ao mundo como homem em simplicidade. O nascimento de Jesus nos mostra tanto seu caráter divino quanto seu caráter humano. Ao tomar forma humana, Deus se identificou com a humanidade. Ele veio para sentir o que sentimos, sofrer nossos sofrimentos e morrer a morte que merecíamos.

O nascimento de Cristo trouxe ao mundo que jazia nas trevas a luz da esperança. Deus se compadece conosco de tal modo que não nos deixou perecer em sofrimento. Ele enviou seu Filho para trazer a salvação aos perdidos.

Portanto, nesta data, celebremos o verdadeiro Natal ao nos lembrar de sua essência, que é o nascimento de Jesus Cristo, nosso Senhor e Salvador. Celebremos sua vida e sua vinda gloriosa, pois, por meio delas, podemos contemplar a glória de Deus em plenitude. Celebremos aquele que se fez homem para habitar entre nós, conhecer nossas dores e nos mostrar a maneira como devemos viver.

Ore comigo

Eu te louvo, Pai, por tua glória e graça reveladas em Jesus. Que toda a minha vida celebre o que fizeste por mim por intermédio do teu Filho. Amém!

LEITURA BÍBLICA
Josué 3:17

Legado

Muito do que vivemos é fruto daquilo que nossos pais plantaram. Seja para o bem ou para o mal, o fato é que, de alguma forma, as atitudes dos que vieram antes de nós refletirão no nosso presente. O versículo de reflexão de hoje conta algo que nos leva a pensar sobre isso.

Josué convocou o povo a aproximar-se do Senhor e a ouvi-lo. A mensagem era de esperança, o cumprimento da promessa da terra prometida. O Senhor expulsaria todos os inimigos do seu povo e também os guiaria na travessia do rio Jordão. Então, a arca da aliança, que representava a presença de Deus, foi à frente, garantindo a eles um caminho seguro.

O rio transbordava, e foi preciso fé da parte dos sacerdotes que iam à frente do povo carregando a arca. Contudo, tão logo colocaram os pés na água, o Senhor fez com que a correnteza fosse represada e todo o povo atravessasse em terra seca. Tanto Josué como Calebe já haviam visto Deus fazer isso no mar Vermelho, quarenta anos antes, mas os demais faziam parte da nova geração, a que nasceu no deserto.

Foi preciso que alguém se mantivesse fiel a Deus para ensinar a nova geração a crer nesse Deus que abre rios e mares. A fé que apresentamos hoje pode ser crucial para a próxima geração. A depender do legado que estamos construindo, eles pisarão em terra seca... ou não!

Ore comigo

Senhor, quero ser como Josué e Calebe: fiel até o fim. Por isso, demonstraram à nova geração, o poder do Deus a quem serviam. Ajuda-me a construir um legado que glorifique o teu nome. Amém!

LEITURA BÍBLICA
Salmos 119:105

Nossa bússola

Todas as vezes que nos deparamos com coisas fora do lugar, práticas erradas e valores invertidos, nossa atitude, como cristãos, deve ser recorrer à Palavra. A Bíblia é o nosso manual de fé e prática, ela é a bússola que guiou e guia o povo de Deus. Foi para isso que ela nos foi deixada.

Jesus, em muitos dos seus ensinos, repetiu trechos da Palavra. Ele recitou e argumentou com textos de Davi e do profeta Isaías, por exemplo. Ele venceu o próprio Satanás com a célebre frase: "Está escrito" (Mateus 4:4-7). Ele sabia da importância da Palavra, pois era o Verbo encarnado.

Quando perdemos a bússola, ficamos sem rumo. Assim também é quando não nos guiamos conforme a Palavra de Deus nos orienta. O verso do dia nos faz refletir em como ela é necessária para o nosso caminhar; a lâmpada que ilumina o nosso caminho, o Norte sempre apontado pela bússola, aquilo que não nos deixará perdidos ou estagnados.

Neste dia, o Senhor chama nossa atenção para a importância da sua Palavra. Nela temos todas as respostas, a solução para os mais diferentes problemas. Seu valor excede ao pão nosso de cada dia, uma vez que não vivemos apenas daquilo que alimenta nosso corpo físico, e sim, do que alimenta nosso espírito (Mateus 4:4).

Que sejamos guiados por ela em tudo e meditemos no que o Senhor nos deixou escrito, pois é na Bíblia que estão contidos os segredos da vida e da morte.

Ore comigo

Querido Deus, obrigado porque tu não me deixaste sozinho nem perdido. Antes, me entregaste uma bússola pela qual quero me guiar e seguir, a tua Palavra. Em nome de Jesus, amém.

LEITURA BÍBLICA
Marcos 11:17

Habitando em nós

Quando nos reunimos como povo Deus, na maioria das vezes, o fazemos na Igreja, que também é chamada de casa de oração. O ajuntamento solene, tão comum no nosso país, é proibido em outros continentes e, por isso, devemos ser gratos. Estar reunidos é uma dádiva e, por isso, devemos compreender seu significado.

Se a igreja é casa de oração, então nada mais é que um lugar para relacionamento, um lugar de comunhão com Deus. Não podemos nos esquecer do sentido original das coisas. Deus nos fez para viver em comunhão com ele e com o próximo. Ele instituiu sua Igreja, um lugar de reverência onde sua presença é manifesta.

O livro de Atos nos conta como aqueles que são chamados de os pais da Igreja viviam sempre unidos, tendo tudo em comum e aprendendo das doutrinas dos apóstolos, a saber, a Palavra de Deus. E fala de como também se dedicavam à oração. Eles estavam na igreja (no pátio do templo e também nas casas), mas também sabiam que, cada um de nós é chamado para ser a de casa de Deus.

Deus fez de nós, um lugar para habitar (1Coríntios 3:17), e hoje o Senhor nos chama a reflexão sobre como temos vivido e cuidado desse relacionamento, tanto de nós com nossos irmãos, como com ele. Tem existido comunhão? Temos nos dedicado à oração? São as regras do Senhor que tem prevalecido nessa casa? Aquele que escolheu estar entre nós é digno de encontrar em nós um bom lugar para habitar.

Ore comigo

Pai querido, encontre em mim um lugar para habitar. Quero ser uma casa de oração, conectada com o céu e o teu coração. Em nome de Jesus, amém!

LEITURA BÍBLICA
Juízes 6:25

29
DEZEMBRO

Faça um altar para o Senhor

O livro de Juízes menciona o chamado de Gideão para liderar uma grande libertação do povo de Israel. Antes disso, Deus exigiu obediência e santificação: ele deveria destruir o altar de Baal e fazer um altar para o Senhor, seu Deus. Isso mostra uma verdade absoluta: Deus não compartilha sua glória com nada nem ninguém. Ele nos chama para um relacionamento no qual ele é o centro de tudo, o único digno de nossa adoração.

Em nossa caminhada, permitimos muitas vezes que "altares" como pecado, orgulho, distrações ou ídolos da atualidade ocupem o espaço que deveria pertencer somente a Deus. Mas o chamado de Deus para nós é claro: ele deseja que vivamos em santidade e compromisso total. Ao derrubarmos esses altares e consagrarmos nossa vida, preparamos nosso coração para experimentar seu grande poder.

Ao restaurarmos o altar de Deus em nosso coração e buscarmos uma vida consagrada, de comunhão e renúncias aos "altares" que o mundo nos oferece, podemos vivenciar um avivamento espiritual, a paz que ultrapassa quaisquer circunstâncias e o agir poderoso do Senhor em nós e por meio de nós.

Hoje, Deus nos convida a examinar o nosso coração e derrubar qualquer altar que roube o espaço dele em nossa vida. Restaurar o altar do Senhor é abrir espaço para que ele se manifeste de maneira plena, trabalhando em nós e por meio de nós para sua glória e para a edificação e expansão do seu Reino.

Ore comigo

Senhor, ensina-me a buscar comunhão contigo e levantar um altar da adoração a ti. Que a tua glória se manifeste em mim e por meio de mim. Em nome de Jesus, amém.

LEITURA BÍBLICA
Lucas 5:13

Eu quero!

Estamos caminhando para o findar de mais um ciclo e, talvez, você já tenha tirado um tempo para relembrar tudo que aconteceu ou não neste ano que finda. Com certeza houve conquistas, mas também desafios; é sempre assim. Contudo, em tempos de reflexão, uma coisa não pode faltar: sinceridade.

Jesus vê além dos nossos disfarces e sabe se, como Naamã, passamos o ano escondendo feridas debaixo de uma armadura (2Reis 5:1), enquanto travávamos as guerras da vida. Sem exposição e vulnerabilidade, não há cura. A mulher do fluxo de sangue passou por isso e o leproso descrito no verso do dia, também!

O nosso relacionamento com Deus não consiste em uma via de mão única. Existe a ação dele, mas também existe a nossa. No caso desse leproso, assim que ele viu Jesus, logo correu e prostrou-se com o rosto em terra: “Se quiseres, podes purificar-me” (Lucas 5:12). Assim como esse homem, precisamos reconhecer que precisamos de ajuda, não nos preocupar com o que os outros pensam, sair da zona de conforto e correr em direção a Cristo. Então, sua atitude para nós não será diferente da que teve com aquele leproso.

Ainda hoje o Senhor nos toca. Ele não tem medo de nossas feridas; antes, sua vida opera em nós. Ele continua dizendo: “Eu quero! Quero que fique limpo; quero que seja curado; quero te ajudar; quero uma nova vida para você, quero que sejas salvo... Sim, eu quero!”

Ore comigo

Pai querido, abro mão da armadura com a qual venho lutando e escondendo minha vulnerabilidade. Venho a ti humildemente, pois sei que, se quiseres, podes me ajudar a escrever uma nova história. Em nome de Jesus, amém!

Muito mais

Ao buscar o significado da palavra "esperança", nos depararemos com o ato de esperar por algo e o fazer com certa expectativa, confiança e disposição. Contudo, ao meditar no versículo do dia, vemos que é possível esperar por algo da forma errada, o que nos torna os mais miseráveis dos homens.

O salmista Davi muitas vezes declarou colocar sua esperança somente em Deus. No salmo 39, por exemplo, diz: "Mas agora, Senhor, que hei de esperar? Minha esperança está em ti" (Salmos 39:7). Quando Paulo fala de nos tornarmos os mais miseráveis dos homens é se referindo àqueles que esperam, mas não o fazem como Davi.

Muitos são os que confiam em carros e cavalos (Salmos 20:7), ou seja, em condições financeiras, posição ou mesmo na força do próprio braço. A vida de fé nos convida a caminhar em estradas que não têm chão e a esperar pelo que não vemos, como o mesmo apóstolo nos lembra: "Mas, esperança que se vê não é esperança. Quem espera por aquilo que está vendo?" (Romanos 8:24).

Como crianças, devemos confiar que o Pai sabe de tudo e não precisamos nos preocupar nem sequer com as coisas mais essenciais da vida (Mateus 6:25). Neste último dia do ano, somos convidados a refletir no fato que existe uma esperança maior, que vai além da natural e a não cairmos na tentação de nos movermos apenas por aquilo que podemos entender ou os nossos olhos podem ver pois, em Deus, sempre existirá muito mais!

Ore comigo

Querido Deus, perdoe-me por manter minha esperança nesta terra. Quero confiar nas coisas do alto. Que no próximo ano eu possa declarar minha esperança em ti. Em nome de Jesus, amém!

Nuvens de palavras

Uma Nuvem de palavras é formada pelas palavras que tiveram maior ocorrência em determinado período em uma fonte de dados. Vamos usar o seu devocional como fonte de dados. Se preciso for, revisite as páginas, folheie e releia seus escritos e reflita sobre o seu ano.

Em seguida, preencha a nuvem com as palavras que mais foram usadas por você. Lembre-se de deixar no centro e com cor e letras maiores as mais importantes.

Chegamos ao final deste ano!

Sua sensação é de "Ufa!", de "Aleluia!", de "Glória a Deus!", ou de "Obrigado, Senhor"? Confesso que, no decorrer do ano, várias vezes passei por sentimentos diversos e, como é comum a todos nós, nem todos foram positivos.

Uma certeza, porém, carrego comigo: "Ebenézer, até aqui o SENHOR nos ajudou" (cf. 1Samuel 7:12). Como é reconfortante saber que construímos juntos um tempo precioso diante do nosso Deus e que ele está ao nosso lado hoje, como esteve ontem e prometeu estar todos os dias até o fim dos tempos (cf. Mateus 28:20).

Agradeço-lhe a companhia e espero que este devocional tenha sido abençoador para a sua vida de tal modo que você tenha o desejo de espalhar a mensagem aqui contida a todos ao seu redor.

Nós nos encontramos amanhã, no ano que vem!